Miriam Pielhau

Fremdkörper

Miriam Pielhau

Fremdkörper

 mvgverlag

Bibliografische Information der Deutschen Nationalbibliothek:
Die Deutsche Nationalbibliothek verzeichnet diese Publikation in der Deutschen Nationalbibliografie; detaillierte bibliografische Daten sind im Internet über http://d-nb.de abrufbar.

Für Fragen und Anregungen:
Fremdkoerper@mvg-verlag.de

2., unveränderte Auflage 2009

© 2009 by mvg Verlag, ein Imprint der FinanzBuch Verlag GmbH
Nymphenburger Straße 86
D-80636 München
Tel.: 089 651285-0
Fax: 089 652096

Umschlaggestaltung: Die Werkstatt Weiss, München
Umschlagabbildung: © Stephan Pick, Köln
Satz: Jürgen Echter, Landsberg am Lech
Druck: GGP Media GmbH, Pößneck
Printed in Germany

ISBN 978-3-86882-027-2

Weitere Infos zum Thema:

www.mvg-verlag.de
Gerne übersenden wir Ihnen unser aktuelles Verlagsprogramm.

INHALT

1

HOCHZEITSTAG

Auf der Spüle steht ein Teller mit Essensresten. Eingetrocknete, plastikharte Nudeln, rötlich-braune Soße und fleischige Krümel. Kombiniere, kombiniere: Diese Indizien weisen auf die Spaghetti bolo vom Dienstagabend hin. Nicht gestern. Sondern Dienstag vor einer Woche. Dienstag. Also: eine hübsche, 8 Tage alte, farblich absolut nicht mehr ansprechende, organische Kruste. Ein Seufzen wogt sich durch meinen Brustkorb. Mein Liebster ist absoluter Experte solcher – ich nenne sie mit dem Humor der Resignation – Projekte. Die Fragestellung und zur wissenschaftlichen Überprüfung freigegebene These ist dabei immer die gleiche: Was passiert wohl mit Biomüll in Raumtemperatur bei ausreichender Sauerstoffzufuhr und der konsequenten Verweigerung von Spülmittel und Schwamm? Auch wenn sich die Antwort (»Vergammeln!«) nicht verändert hat, seit wir uns Träume, Bett und Miete teilen, nimmt diese Versuchsreihe irgendwie kein Ende. Mich macht das kirre. So was. Und so kommt es, wie es in einem anständigen Haushalt halb zehn abends in Deutschland kommen muss: Das Weib meckert. Laut. Und lang. Und vor allem langweilig. Weil er die Sätze schon so gut kennt, dass er sie mitsprechen kann. Taktisch total unklug finden sich im Schimpfschauer überproportional oft die Worte »immer« und »nie« und »du«. Die ganzen BRIGITTE-Dossiers über harmonische Partnerschaften, sie haben nichts genützt. Natürlich nicht. Die Dame des Hauses echauffiert sich also aufs Feinste. Dabei weiß sie genau, dass das gar nichts bringt. Außer Ärger. Und zwar ihr. Und das auch noch doppelt. Wut, über seine Unordentlichkeit und ihre Kleinkariertheit. Danach geht es weiter wie immer. Sie grunzt. Er schmunzelt. Beide jeweils ein wenig vor sich hin. Dann nimmt er sie voller Liebe in den Arm und gelobt hoch und heilig Besserung. Das Versprechen hält. Zumindest bis zur nächsten biochemischen Studie. Zwei wie ganz schön viele auf der Welt. Ein Mittwochabend im frühen Frühling. Eigentlich alles ziemlich normal. Wenn da nicht diese Un-Normalität in ihrer Brust wäre.

Während der Groll sich trollt, macht er Platz für Gedanken an morgen. Morgen ist der 27. März. Und der ist besonders. Besonders schön. Aber auch besonders aufregend. Schön, weil wir an diesem Tag vor einigen Jahren geheiratet haben. Herrlich heimlich. In Las Vegas. Ohne Elvis. Mit Herzklopfen. Zwei, die nicht aus dem Spiele-Paradies abgeholt werden wollten. Und aufregend wird der morgige Tag, weil die Ärztin dann sagt, was das für ein dummes Ding ist, das mir seit geraumer Zeit Kummer macht.

Der Tag beginnt – natürlich – da, wo der vorangegangene aufgehört hat: extrem gemütlich im Bett. Wir haben uns beide heute freigenommen. Beim Versuch, zu planen, wie die nächsten Stunden schön und möglichst schön romantisch gestaltet werden können, muss ich mir ziemlich schnell eingestehen: Meine Gedanken sind so klar wie die WG-Fenster meines Bruders. Gar nicht. Ich bin ziemlich zerzaust – auf wie im Kopf. Heute um 14 Uhr kann ich das Ergebnis meiner Biopsie, also der Gewebeprobe, erfragen. Um 14 Uhr. Erst. Es ist jetzt 8 Uhr. Das bedeutet noch grauenvolle sechs Stunden der auf die Probe gestellten Geduld vor mir. Bäh. Heute fühlt sich Warten so endlos und quälend lang an, wie als 5-jähriges Kind das Warten aufs Christkind. Wenigstens liefen damals super Sachen im Fernsehen. Mein TV-Überbrückungsprogramm dagegen ist jämmerlich. Ich muss mir Menschen ansehen, die sich unhöfliche Sachen mit grammatikalisch fragwürdiger Syntax an den Kopf werfen. Oder Seifenopern, die das auslösen, was Seife so tut, wenn man sie schluckt: Brechreiz.

Daher nehmen sich meine Gedanken die ihnen zustehende Freiheit und schweifen ab. Die vergangenen Tage gehen mir durch den Kopf. Und, sagen wir mal so, es gab wirklich angenehmere in meinem Leben. Gestern musste eine Gewebeprobe aus der Brust entnommen werden, weil auf dem zuvor angefertigten Mammografie-Bild zwar kein Knoten, aber verdächtige Verästelungen zu sehen waren. DCIS – ein duktuales Carcinoma in situ, wie wir schnell lernen müssen. Eine Karzinom-Vorstufe. Nichts Gutes, aber kein Grund, den Glauben daran zu verlieren. Eine Vorstufe. Noch kein »echter« K … Das sage ich seit dem Befund meinem Herzenskerl immer wieder mal laut – und mir selbst innerlich, leise tausendmal hintereinander. Auch heute. Erst recht jetzt. Dann ist es endlich halb zwei. Ich befinde, dass ich getrost eine halbe Stunde zu früh dran sein darf und wähle die Nummer meiner Radiologin. Nach außen mache ich mein bestes Es-wird-schon-nichts-sein-Gesicht. Ich weiß nicht, wie überzeugend meine Vorstellung ist, vertraue aber auf mein darstellerisches Talent, während sich in mir Angst und Hoffnung ein packendes Kopf-an-Kopf-Rennen liefern. Es kommen durchaus Ellenbogen zum Einsatz.

Während es tutet, muss ich an den Knubbel denken, den ich vor zwei Wochen in meiner Brust gefühlt, dem ich aber keine weitere Bedeutung beigemessen habe. Es lebe die Devise: »Was ich nicht wichtig nehme, ist es auch nicht.« Das Gesicht meiner Internistin taucht vor mir auf. Nicht besonders glücklich. Sie hatte bei mir vor einigen Tagen, kurz nach der Entdeckung des Knubbels, aufgrund meiner stark geschwollenen Lymphknoten am Hals eine Art Pfeiffer'sches Drüsenfieber diagnostiziert. (Das war zu meiner Studentenzeit sehr verbreitet. Jaja. Weil man als Student die Lebensabschnittsgefährten pro Semester zwei bis sieben Mal wechselt. Schon klar. Was hatte das bitte schön jetzt in meiner schon vor Langem eingeläuteten postakademischen Ära zu suchen?) Als ich ihr von meinem Tastbefund in der Brust berichte, bleibt das fest einkalkulierte: »Ach, das ist nichts«, aus. Stattdessen schickt sie mich zu meiner Gynäkologin. »Am besten heute noch.« Die sucht per Ultraschall nach der Ursache meines Übels. Findet nichts – und genau deswegen, dass ich dringend zur Mammografie gehen soll. Noch am selben Tag. Die plötzliche Eile allerorts hätte mich stutzig werden lassen müssen. Doch das schier endlose Vertrauen in mein persönliches Happy End wirkt wie ein Tranquilizer für die Seele. Spitzensystem mit prima Sicherheitsprogramm, unser Körper. Kaum etwas, das mich aus der Ruhe bringen kann. Noch nicht einmal dieser doch recht würdelose und durchaus schmerzvolle Vorgang des Brustscreenings, dem ich mich plötzlich ausgesetzt sehe. Meine schönen Stücke Fraulichkeit werden also abwechselnd zwischen diese Plexiglas-Platten gequetscht, bis sie trotz ihrer Fülle den flachestmöglichen Zustand erreicht haben. Das sieht nicht nur scheußlich aus, sondern tut mindestens genauso scheußlich weh. Allein: das Wissen um den Sinn dieser Übung macht die Sache aushaltbar. Die Bilder meines Busens machen auf den ersten Blick einen fantastischen Eindruck. Allerdings leider nur auf mich. In den Zügen der Ärztin lese ich Besorgnis. Das gute, gesunde Gewebe sieht gleichmäßig scheckigfleckig aus. Eine Mammografie-Sinfonie in dunkel- und hellgrau. Was ihr nicht gefällt, das sind die weißen, zackigen, Ypsilon-ähnlichen Linien. Mikroverkalkungen. Aha. Zur Sicherheit soll das Gewebe probiert werden. Wieder geht alles ganz schnell. Termin schon am übernächsten Tag. Die Stunden jener Ungewissheit hätten quälend sein können. Waren sie aber nicht. Unerschütterlich meine Überzeugung, dass das alles gut ausgeht. Was soll denn schon sein? Sind wir nicht alle ein bisschen Wonderwoman? Bis jetzt immer unverwundbar. Selten beim Arzt. Nie wirklich krank. Ich treibe Sport, esse gesund und gut und habe auch keine familiäre Vorbelastung bei diesem Thema. Im Gespräch sage ich zu Thom: »Außerdem bin doch noch viel zu jung für ... für ... für diese Sache.« Versuch der Beruhigung, bei dem es mir schwerfällt, das Wort auszusprechen. Das fiese K-Wort. Das für eine Krankheit steht, mit der ich allzu oft kahle Köpfe, fahle Gesichter und den Tod in Verbindung gebracht habe. Das passt nicht in das Bild, das ich mir von meiner kleinen Welt gemalt habe. Denn im Pielhau'schen Paradies fließen Milch und Honig in Strömen, Bambis dopsen wie Doktor Schnaggels über Felder und Wiesen und alle sind glücklich und gesund. Diese K-Krankheit aber, die ist furchtbar. Und furchtbar weit weg. Menschen bekommen leider K ... . Andere. Aber doch nicht ich.

Am Tag der Biopsie laufe ich mit dem Selbstvertrauen wie nach einem Bad in Drachenblut in der Klinik auf. Erst im Wartezimmer kriechen langsam Zweifel an meiner Wird-schon-Theorie in mir nach oben. Warum ist die Lächelquote der mich betreuenden Ärzte in den vergangenen Tagen so niedrig? Warum muss alles so schnell gehen? Warum hat mich bis jetzt keiner entwarnt oder ermutigt? Und: Warum hat noch keiner gesagt, was auch im Internet steht, dass nämlich 80 Prozent aller Biopsien einen gutartigen Befund liefern? (Und damit bestimmt natürlich unbedingt auch bei mir.) Was ich zu diesem Zeitpunkt nicht weiß, später aber durch vermutlich nervtötendes Nachfragen erfahren sollte: Schon damals befürchten alle das Schlimmste. Die Prinzessin würde unglücklicherweise nicht glücklich bis an das Ende ihrer Tage leben.

Zunächst muss die Prinzessin sich allerdings einmal mehr ganz und gar unmajestätisch bäuchlings in die Horizontale begeben. Die betroffene Brust entblößt und durch eine Öffnung im Tisch dem Arzt zur Gewebeentnahme freigegeben werden. Immer wieder knallt die spießähnliche Gerätschaft in mein weibliches Weichteil, wovon ich (Halleluja, Betäubung) weder etwas spüre noch sehe. Aber die Geräusche reichen, um den Vorhang in meinem Kopfkino zu heben. Der Film, der sich da abspielt, kreist um eine naive, gänzlich unmedizinische Frage: »Kann der mit dieser Kanüle nicht die ganzen vermaledeiten X- und Ypsilon-Äste raussaugen, wenn er schon so rumstochern muss? Dann wäre dieses Aktenzeichen wenigstens gelöst.« Der Wunsch ist Vater der Idee. Doch der Herr im weißen Kittel ist nicht der Weihnachtsmann und die Liege hier kein Gabentisch. Und so bleibt es beim enttäuschten Gedanken an eine unerfüllte Bitte. Das Pieks-Prozedere dauert glücklicherweise nicht wirklich lang. Die Assistentin bemüht sich um Aufmunterung, als sie abschließend sagt: »Na ja, wenn es denn etwas Bösartiges sein sollte, dann sind Sie ja wenigstens noch früh dran, nicht?« Dankeschön. Das ging daneben. Wirkung fürchterlich verfehlt. Bösartig? Ich will nix Bösartiges. So steht es nicht in meinem Drehbuch. Das hier war bis jetzt mein Märchen. Und ich möchte Bestimmer sein, was das Ende angeht. Und mein »Ende aller Tage«, an das ich gefälligst glücklich und zufrieden heranleben will, ist jetzt schon mal gar nicht gekommen. Punkt.

Punkt. Punkt. Komma. Strich. Strich allerdings mit Mundwinkeln nach unten. Wieder warten. Meine Geduld wird strapaziert. Erstaunlicherweise und mit einer den Umständen entsprechend verwundernden

Gelassenheit halte ich die zähen 24 Stunden ganz gut aus. Bis jetzt. Herzklopfen bis zur Gurgel.

Am anderen Ende der Leitung geht jemand ans Telefon. Mein Optimismus ist in dieser Sekunde einen Hauch größer als die Furcht vor einer Horror-Diagnose. Dementsprechend energetisch frage ich: »Na, Frau Dr. Gonzalez – was haben Sie denn Schönes gefunden in meiner Brust?« Sie zögert. Und raunt: »Wollen wir das nicht um 14 Uhr hier bei mir besprechen?« Das körpereigene Martinshorn nimmt seinen Betrieb auf. Und mein Herz beginnt zu rennen. Warum hat sie nicht einfach gesagt: »Nichts. Wir haben nichts gefunden. Es ist alles gut. Der Verdacht war unbegründet. Schönes Leben noch, Prinzessin. Glücklich und zufrieden, möglichst.« Das heißt noch nichts. Das heißt alles noch nichts, hämmert es in mir. Dennoch spüre ich eine ausgewachsene Hysterie aufkommen. Meine Stimmbänder hat sie schon erreicht, als ich ziemlich luftlos krächze: «Sagen Sie mir wenigstens eine Tendenz ...« (Bescheuert. Es gibt ja nur schwarz oder weiß. Aber es ist längst kein Einzelfall in der Menschheitsgeschichte, was ich gerade erlebe, dass die Angst den Verstand frisst. Restlos. Auch die Krümel.) Die Pause fühlt sich lang an. Sehr lang. Herzlich willkommen zu einem jener Momente im Leben, die man sonst nur aus Filmen kennt. Die Zeit scheint stehen zu bleiben. Alles verlangsamt sich. In mir und um mich. Und gleichzeitig wird alles schwer. Die Beine, der Hörer in der Hand, der eigene Atem. Marie Gonzalez scheint selbst etwas um Fassung zu ringen. Sie räuspert sich: »Es ist nicht gutartig.«

Rrrrummmms. Der Unfall ist eingetreten. Hat es außer mir noch jemand gesehen? Ich habe mich eben in die Fahrbahnmitte der A2 zwischen Berlin und Hannover gestellt, Höhe Magdeburg, zur Hauptverkehrszeit. Ein polnischer Laster hat mich frontal an seinen Kühlergrill geklatscht. Und da klebt sie nun, die Masse Mensch, die mal Miriam war. Denn mehr ist von meinem Ich gerade nicht mehr übrig. Der Fall, der nicht eintreten durfte. Mein persönlicher, privater, ureigener Un-Fall. » ... Nicht gutartig ... nicht gutartig ... nicht gutartig ...« Das verdammte Echo im Kopf hört nicht auf. Ich gebe den Hörer aus der Hand, starre vor mich hin und fühle mich plötzlich unglaublich leer. Das Einzige, was ich in diesem

Hohlraum spüre, ist ein immer stärker werdender Schmerz. Wunde, entzündete, blutende Innenwände meiner Körperhülle. Es puckert. In der Brust. Im Kopf. In den Ohren. Ich höre und fühle nichts mehr. Außer Sturmwellen aus Blut, die mich fluten. Auf diesen Aufprall war ich nicht vorbereitet. Leider gibt es für so etwas keinen Airbag. Fuck it. Was mache ich jetzt? Ich ... erst einmal gar nichts. Thom nimmt mich in den Arm. Und bringt so meine Seele nach dem Crash in die stabile Seitenlage.

Er hat das Telefonat übernommen. Im Hintergrund murmelt er Fragen, seufzt hin und wieder ein »Hm ...« und vereinbart Termine. In mir steigen Bilder auf, die ich weder mag noch in irgendeiner Form verhindern kann.

Ich sehe mich in einem offenen Sarg. Stopp. Ich will das nicht. Bleich, grau und ohne Haare. Weg mit dem Bild. Weg. Ich sehe meine zierliche, geliebte Mutter, die weinend zusammenbricht. Meinen bärigen Vater, der hilflos schreit. Nicht weinen. Es wird alles gut. Meine Geschwister mit roten, verquollenen Augen. Ich sehe Thom, wie er weint und mich schüttelt, als würde mich das wieder lebendig machen ... Nicht, Liebster. Ich bin doch hier. Von mir gibt es aber nicht nur dieses leblose Ich, sondern auch einen Schatten. Unbemerkt von meiner Familie steht mein Schatten-Ich in einer Ecke und führt ein Zwiegespräch mit Gott: »Warum? Was hab ich so sehr falsch gemacht? Ich habe mich doch immer bemüht, so zu leben, wie du es gut findest. Warum darf ich nicht auch alt werden und Kinder und Enkelkinder haben? Warum?« Meine Kehle verengt sich unangenehm. Eine unsichtbare, aber monströse, kräftige Macht würgt mich. Und auch wenn ich sie nicht sehen kann, so kenne ich diese Gewalt schon. Ich hatte bereits einmal das zweifelhafte Vergnügen, ihr zu begegnen. Damals sind wir vor der Tsunami-Welle in Thailand geflohen. Meine Widersacherin hat einen einfachen, sehr hässlichen Namen: Todesangst.

Minuten des schweigenden Schocks. Schrecklich laute Stille. Kaum hörbares Atmen. Langsam kriechen meine Muskeln aus ihrer Starre hervor und versuchen sich in Zeitlupenbewegungen. Endlich, endlich,

endlich lösen sich Tränen aus den Augen und es plumpsen fiepsige Töne aus mir heraus. Erbärmlich klingt das. Die Rinnsale aus Salz werden schnell viele und strömen über die Wangen. Zunächst ein leises Schluchzen, erfährt das Weinen langsam die Wucht der Verzweiflung. Es fließt aus mir heraus. Als hätte sich alles im Körper verfügbare Wasser hinter den Augen versammelt und nur darauf gewartet, dass der Schleusenwärter das Tor aufmacht. »Ich will nicht sterben, Thom! Noch nicht. Wir hatten doch noch so viel vor. Ich will nicht schon bald tot sein.« Zum ersten Mal, seit wir uns kennen, ist auch er sprach- und trostlos. Das Einzige, was ich spüre, sind warme Tropfen an meinem Hals. Und das unkontrollierte Zittern, das diesen sonst so stabilen Kerl durchfährt. Und so sitzen wir auf unserem Bett. Zwei wässrige Wesen, ein Doppelhäufchen Elend. An unserem Hochzeitstag.

2

DER K-KLUB

»Ich habe ... K... – ich habe das also.« Nach einer kleinen Weile bringe ich diesen Satz über die vom Heulen trockenen und aufgeplatzten Lippen. Mann-o-meter. Was ist da gerade passiert? Das war ein Erdbeben. Meine heile Welt wurde erschüttert. Mein ausgefeilter Lebensplan auch. So wie mein Glauben daran, dass alles einen Sinn hat. Denn diese Diagnose halte ich für reichlich sinnlos. Nicht nur bei mir. Bei allen. Die ganze Scheiß-K-Krankheit ist es. Mein Kopf wusste genau das selbstverständlich schon immer. Mein Herz fühlt es gerade jetzt zum ersten Mal. So sehr, dass es wehtut. Überhaupt tut nichts nicht weh in diesem Augenblick. Alles ist schmerzhaft. Jeder Gedanke, jede Faser, jede Bewegung. So fühlt sich wohl porentiefe Hilflosigkeit an. In aller Schwäche bleibt noch ein kleines Plätzchen für bittere Ironie und ich heiße mich selbst willkommen. Na, dann. Tusch. Fanfare. Wir begrüßen unser neues Mitglied im K-Klub.

»War es das jetzt?«, frage ich mich abends. Habe ich wirklich schon kapiert und akzeptiert, dass nun mal ist, was ist – nämlich augenblicklich nichts wirklich gut? Mein Kopf bockt noch ordentlich und sieht nicht ein, dass offenkundig wenige Stunden reichen, um so einen Schock zu verkraften. Also bewege ich mich in Hab-acht-Stellung in meinen eigenen Gefühlen vorwärts, auf der Hut vor dem nächsten Tiefschlag.

Hinter uns liegt ein Nachmittag in der Radiologie. Wir sind natürlich noch hingefahren nach der telefonischen Desaster-Diagnose. So, als würde das das Ergebnis verbessern. Im Institut wurde ich quasi klinisch geprüft. Wie jede anständige Hautcreme. Befund- und Lagebesprechung. Dr. Gonzalez wiederholt das Unaussprechliche und bereitet mich auf die nächsten Schritte vor. Eine Magnet-Resonanz-Tomografie (MRT) soll nach dem unguten Ergebnis der Gewebeprobe Aufschluss darüber geben, ob und wenn ja, was für ein garstiger Gesell es sich da in mir bequem gemacht hat. Und was mit meinen Lymphknoten wirklich los ist. »Wieso? Was könnte denn da sonst noch sein, außer der Drüsenerkrankung, die schon festgestellt wurde? Ist doch alles klar so weit.« Ich bin miserabel im Versuch darin, mir Unsicherheit nicht anmerken zu lassen. Dr. Gonzalez macht wieder das Gesicht. Hochgezogene Augenbrauen, kurzes Zögern, Luft holen: »Nun ja, wir müssen ausschließen, dass sich in den Lymphknoten schon Krebszellen befinden.« Und nach einer kleinen Pause: »Oder sonst wo im Körper.« Furcht sackt als flaues, schweres Gefühl in den Bauch. Ich sehne mich nach guten Nachrichten. Jetzt allerdings gilt es erst einmal herauszufinden, wie gravierend die schlechten sind.

Die MRT wird sofort durchgeführt und der Tumor ist alsbald ausgemacht. Er ist nicht riesig, aber auch nicht mehr winzig. Also schnell raus damit. Sagt Dr. Gonzalez. Mir geht das alles ein bisschen zu fix. Zu meiner natürlichen Abneigung gegenüber Ärzten und Krankenhäusern beziehungsweise allem, was an nicht gesund sein erinnert, kommt eine ausgeprägte Angst, um nicht zu sagen Panik, vor Operationen. Das hat nichts mit den Herren und Damen Doktoren oder ihren schicken Wirkungsstätten zu tun. Ich mag mich nicht, wenn ich nicht funktioniere. Und sowohl Arzt als auch Ambulanz sind eindeutige Zeichen fürs Funktionsuntüchtigsein. Deshalb. Seufzen. »OP? O.k. ...« Von der Notwendigkeit der bevorstehenden muss mich selbstredend niemand mehr überzeugen. Nur: Muss das wirklich schon so bald sein? Es muss. Natürlich. Zeit zum Zögern bleibt nicht sonderlich viel. Denn bis zum Tag X muss ich einiges an Untersuchungen über mich ergehen lassen.

Zehn Tage hat meine Seele, um den Wissensvorsprung des Kopfes aufzuholen und gleichzuziehen. Zehn Tage, um mich von einem kleinen Teil meiner einst gesunden Brust und einem weitgehend unbeschwerten Leben zu verabschieden. Zehn Tage, um mich darauf vorzubereiten, dass ich nach der OP zwar hoffentlich frei von bösartigem Gewebe bin, dafür aber mit neuen Narben leben muss. Und zwar nicht nur den körperlichen.

In zehn Tagen wird operiert. Und dann wird das, was mich kaputt machen würde, aus mir rausgeholt. Das ist der medizinische Plan. Und Pläne sind gut. An Plänen kann ich mich orientieren. Sie geben mir und meinem Leben Struktur und damit Halt. Soweit der positive, der pragmatische Teil. Den anderen lerne ich auf unliebsame Weise kennen, als wir beide später am Abend endlich ein wenig zur Ruhe kommen. Wir lassen diesen unwirklichen Tag noch einmal Revue passieren. Leider und logischerweise bleibt das ersehnte Aufwachen aus dem Albtraum aus. Was die immer noch befremdliche Wahrheit nicht besser macht. Wir liegen auf unserem sonst sehr gemütlichen Sofa und erzählen uns unsere ungemütlichen Gedanken. »Thom?« – »Hm?« – »Ich hab Angst.« – »Hm.« – »Allerdings weiß ich noch nicht einmal genau, wovor genau.« – »Na, dass das ab jetzt unser Leben bestimmt. Auf unbestimmte Zeit.« Spricht es, und dann stockt er. Ich spinne den Gedanken auf meine Art und Weise weiter. Wohl wissend, dass er das nicht würde hören wollen: er, ein gut aussehender Mann in den knackigsten, allerbesten Jahren seines Lebens. Ich: K-Patientin. Bin wahrlich keine gute Partie. »In guten wie in schlechten Zeiten«, flüstert er da plötzlich leise. »Das haben wir uns doch versprochen.« Und weiter: »Versprechen muss man halten. Denn die besseren Tage, die kommen auch wieder.« Ich muss schlucken.

Jetzt heißt es aber, nicht nur die nächsten Tage, sondern Wochen und Monate zu überstehen. Und mit dieser verfluchten Angst leben zu lernen. Angst, dass diese Krankheit mein Dasein schneller beendet, als wir uns das beide gewünscht haben. Die Angst, einfach ziemlich bald auf ziemlich blöde Art zu sterben. Das ist es doch, was den Schrecken dieser Krankheit ausmacht – die Tortur (der Therapie) und der Tod. Der so unweigerlich, so ungnädig, so unwiderruflich daherkommt.

Es braucht ein paar Tage, bis ich lerne, dass das ganz und gar nicht der Fall sein muss. Dass – im Gegenteil – so eine Geschichte in der Mehrzahl der Fälle doch einen versöhnlichen Ausgang haben darf. Aber an diesem Abend scheint der Gevatter mit der dunklen Kutte unsichtbarer Dritter im Raum zu sein. Und das hält die Laune auf Gefrierpunkt-Temperatur. Und dennoch: Angst ist nicht alles. Wir machen uns auch Mut. Gegenseitig. Und jeder sich selbst. Reden uns Zuversicht und Hoffnung so lange ein, bis wir daran glauben. Was tatsächlich funktioniert. Genauso wie gemeinsam beten. Gott bekommt eine sehr, sehr lange Liste an Wünschen und Bitten. Dieses Mal nicht nur von uns, sondern auch für uns. Da hat er einiges abzuarbeiten, der Gute. Als wir spät in der Nacht beschließen, schlafen zu gehen, habe ich das angenehme Gefühl, dass das »Wir schaffen das!« überwiegt.

Mitten in der Nacht, im Bett liegend, im Dunkeln, von unheimlicher Stille umhüllt, überwältigen mich noch einmal die Gedanken und Eindrücke der vergangenen Stunden. Wen wundert es. Ich versuche, nicht zu sehr zu zucken und zu vibrieren, als ich zum letzten Mal an diesem Tag ziemlich heftig weinen muss. Wenigstens einer von uns soll etwas Schlaf bekommen. Ein rührseliger, wenngleich idiotischer Gedanke. Dass Thom zu seiner Bettseite gerollt gerade dasselbe Täuschungsmanöver versucht, wird er mir erst später erzählen. Während die Tränen ins Kopfkissen tropfen, führe ich, wie ziemlich oft in der Einsamkeit der Dunkelheit, ein lautloses Gespräch mit meinem alten Herrn. Und das dreht sich ausschließlich um die eine, immer wiederkehrende Frage: »Warum? Warum jetzt? Warum ich?« In andere Worte oder fantasiereichere Phrasen lässt sich die ratlose Leere dieser Stunden nicht packen. Ich weiß nicht, ob es eine Halbschlaf-Illusion oder doch schon ein handfester Traum ist, in dem mein Gott sich zu mir auf die Bettkante setzt und mir lächelnd die Gegenfrage stellt: »Warum ich – fragst du. Wer denn dann, wenn nicht du?« Die Antwort bleibe ich ihm selbstredend schuldig. Selbst den Menschen, die ich am allerwenigsten mag, würde ich dieses K-Ding nicht wünschen. Natürlich nicht. Niemand würde das. Also wird mir allmählich etwas sehr Simples und gleichermaßen leider ziemlich Schweres klar: keine Frage mehr nach dem Warum. Warum? Darum.

Irgendwann in den frühen Morgenstunden bin ich dann mit vermutlich dicken Augen, ziemlich schwerem Herzen und großer emotionaler Erschöpfung eingeschlafen. Traurig sein. Hoffnung haben. Angst kriegen. Mut verlieren. Mut fassen. Das war alles ganz schön anstrengend. Trotzdem bin ich schon wenige Stunden später wieder wach und schlurfe, wie eigentlich immer, etwas träge ins Bad. Es ist erwartungsgemäß ein Spiegelbild des Grauens, das sich mir da bietet. Ziemlich blass, ziemlich verquollen und ziemlich dünnhäutig blicke ich einer mir in diesem Moment fremden Frau entgegen. Ich versuche eine Veränderung in meinem Gesicht festzustellen. So als müsste die Diagnose neben der akuten optischen Derangiertheit noch andere sichtbare Spuren hinterlassen haben. Irgendein Zeichen, ein Makel, ein Stempel. Ein kleines Wiedererkennungsmerkmal aller K-Klub-Mitglieder. Finden kann ich dergleichen natürlich nicht. Eine ganze Weile gestatte ich mir diese stumme »Zweisamkeit« und erforsche mein Gegenüber. Ich hüstle ein bisschen vor mich hin. Räuspere mich und rüttle damit die Stimmbänder wach. Der Mund öffnet sich einen kleinen Spalt. Und er sagt etwas, wenn auch sehr leise: »Ich habe Krebs.« Kein Erdspalt, der sich öffnet. Und auch sonst keine der Angelegenheit angemessene, spektakuläre Reaktion. Noch nicht mal ein kleiner Donnerschlag. Der Satz wird wiederholt. Mit lauterer und festerer Stimme: »Ich habe Krebs.« Pause. Und wieder: »Ich – habe – Krebs. Krebs. Krebs. Kreeebs!« Zwar bemerke ich das Wasser, das sofort in meine Augen schießt, meine Spannung rund um die Mundwinkel und den allzu bekannten unsichtbaren Würgegriff, doch ich reiße mich am Riemen. Nur weil der Krebs zurzeit in mir ein Zuhause hat, heißt das noch lange nicht, dass er die Hausordnung verändern kann. Und gemäß der Pielhau-Paragrafen bin ich in der Regel ganz schön stark, ziemlich zäh und sehr ausdauernd. Denn, Herr Krebs, ich lasse Sie nicht zu. Damit das klar ist. Ich habe nämlich noch sehr viel vor. Es gibt einige Länder, in die ich noch keinen Fuß gesetzt habe, die auf mich warten. Ein Haus hätte ich gerne. Und Kinder. Es gibt Menschen, die mich brauchen. Kurzum: ein Leben, das von mir gelebt werden will. Und das werden Sie ganz bestimmt nicht ändern. Sie sind allenfalls eine Hürde, eine Herausforderung. Aber doch nicht meine letzte. Kapiert? Ja. Sie mögen mich gestern vielleicht kurz in Ihrer Gewalt gehabt haben. Ja. Ich habe bemerkt, wie Sie versuchten, meine Moral zu demontieren. Meine Seele zu besetzen. Das lasse ich nicht zu. Heute muss ich Ihnen ins Gesicht sehen und feststellen: Verachtung. Mehr habe ich nicht übrig für Sie. Ihre Tage sind gezählt.

Ergo: ein Stück Stärke ist zurück. Wie auch sonst in meinem bisherigen Leben, bin ich überhaupt nicht willens, eine Fremdbestimmung zu akzeptieren. Erst recht nicht, wenn es eine gute Chance gibt, dass ich das direkte Duell gewinne. Die Schultern spannen sich nach hinten. Kinn hoch. Brust raus. Beide. »Wollen wir doch mal sehen, wer hier zuletzt lacht.« Ich leg schon mal vor. Hahaha. Sicherlich keine Krankheit, die so einen bescheuerten Namen hat. Haha. Zur Seite mit dem seitwärts laufenden Krebs. Das werde ich ihm schon beibringen, das flüchten und sich verflüchtigen.

Ein durch und durch dusseliger Dialog im Angesicht der K-Katastrophe. Ich weiß. Aber: Ein bisschen Fassungslosigkeit ist schon drin, wenn die eigene Welt um selbige ringt.

Ich will heute eine neue Zeitrechnung für mich beginnen. Tag 1 nach dem bisher schlimmsten Schlag in einem Leben. Und eben dieser Tag startet mit meiner Kampfansage. Ich habe das Visier bereits runtergeklappt und mein Schwert gezogen. Also, ich wäre dann so weit.

3

DIE GEFÄHRTEN

Die Rüstung sitzt. Was ich noch brauche, sind Mitstreiter und Weg-
gefährten. Daran mangelt es noch ein wenig. Zu groß die Verantwor-
tung, als dass sie neben mir von einem allein, Thom, getragen werden
könnte. Oder? Aber: Wem sage ich überhaupt Bescheid? Und wie? Ich
verbringe den Tag grübelnd und unsichtbare Gräben ziehend. Unruhig durchwandere ich in Kreisen unsere Gemächer, das Telefon in der
Hand. Immer wieder wähle ich Nummern, um kurz vor dem Freizei-
chen aufzulegen. So sehr reden mein Beruf ist, so wenig Worte fallen mir gerade ein. Tja, es passiert einem eben nicht jeden Tag, dass
man Krebs hat. Und auch noch anderen davon erzählen muss. Es ist
nicht nur die eigene Angst, die mich hemmt. Sondern die Angst vor der
Angst der anderen. Die Angst vor der Reaktion und meiner Reaktion
darauf. Die Angst vor dem Schmerz, den der Schmerz der anderen
auslösen wird. Ist das kompliziert. Aber ganz für mich behalten kann,
will und darf ich es nicht länger. Nach etwa zwei Stunden, die ich damit
zugebracht habe zu überlegen, wie ich wem sage, dass ich dooferweise
recht ernsthaft erkrankt bin, wage ich den ersten Anruf. Bei Mama. Die
Scheu davor ist unglaublich groß. Ich weiß nicht, wie sie die Nachricht
verkraftet. Wir sind uns sehr nah. Schon immer gewesen. Durch Höhen
und Tiefen in unseren Leben. Habe Sorge, dass ihre Sorge um mich sie
zu sehr grämt. Dass sie es nicht aushält. Dass sie verzweifelt. Und leidet.
Und weint.

Es kommt so anders. »Hallo Mama. Ich bin's. Na, wie geht's dir?« Die
Stimme hält sich stabil. Unverfänglicher Einstieg. Es läuft. »Gut. Aber,

sag mal, was ist denn los?« Ich bin kurz etwas beleidigt ob der misslungenen Täuschung. Aber so ist das halt. Versuche niemals den siebten Sinn deiner Mutter zu hintergehen. Geht sowieso daneben. Wie jetzt. Ich hole tief Luft, spare mir also die vorher sorgsam zurechtgelegten Small-Talk-Bausteine, und berichte. Meinen Worten aufmerksam folgend, entfährt ihr, als ich das Unheilvolle verkünde, nicht mehr und nicht weniger, als ein ziemlich zartes »Ach ...«. Kein Aufschrei, kein Klagen, kein hörbares Entsetzen. Nicht vor meinen Ohren. Gleichwohl ahne ich, dass sie all das nachholen wird, sobald wir aufgelegt haben. Der Gedanke an ihr Wehklagen macht mir Ziehen im Bauch. Doch augenblicklich gibt mir ihre demonstrative Stärke unendlich viel Kraft. Aus diesem kleinen Telefon kommt gerade so viel Energie. Ein phänomenales Medikament, diese Mutterliebe. Das heißt: Eine weitere wichtige Verbündete in meinem Feldzug gegen den verhassten Feind ist ausgemacht. Und ich stelle fest: Die positive Energie eines anderen geliebten Menschen wird zu meiner eigenen. Toll. Spitzensystem. Das will ich mir merken. Für dunkle Stunden.

Als wir unser Gespräch beenden, bin ich etwas gelöster. Nicht nur, weil sie es den Umständen entsprechend gut aufgenommen hat, sondern weil es sich erleichternd anfühlt, die Last mit den Liebsten zu teilen. Dennoch entscheide ich mich dafür, nur noch einer Handvoll weiterer Menschen das Gewicht dieser Nachricht zuzumuten. Die Reaktionen sind so unterschiedlich wie die Charaktermerkmale und Wesenszüge der Freunde, mit denen ich spreche. Gloria ist meine ältere Schwester, die ich nie hatte. Meine Sex-and-the-City-Freundin. Ihr fällt es hörbar schwer, mit dem Schicksal ihrer »Kleinen« klarzukommen. Sie hat zwar auch Angst. Aber die nach außen getragene Zuversicht überwiegt. Von jetzt an wird sie fast täglich anrufen, SMS-Nachrichten schreiben oder E-Mails. Kurz: liebevolle Omnipräsenz, die mich in den Arm nimmt. Aus Sorge, Fürsorge und um mir mit Geschichten ihres Sohnes, meinem Patenkind, ein Stück »normales« Leben zu schenken. Kira wird von blankem Entsetzen geschüttelt. Krankheit und Tod sind nicht ihre Lieblingsthemen. Deswegen hat sie darum bisher sehr erfolgreich einen ziemlich großen Bogen gemacht. Was sicherlich nichts außergewöhnliches ist, sondern sie mit vielen eint. Problematisch, dass sie sich plötzlich unweigerlich damit konfrontiert sehen muss. Denn ich bin ihre Konfrontation. Kira wird aus Freundinnenliebe diese, ihre persönliche Büchse der Pandora öffnen und das Thema Vergänglichkeit in ihr Leben lassen. Bedeutet: Sie stellt ihr Für-mich-Dasein über ihre Angst des Irgendwann-nicht-mehr-Daseins. Fiona – seit eh und je mein All-American-Girl. Eine Frau, die chronische Wangen-Verspannungen haben müsste, wenn es so etwas gibt – weil sie so viel lacht. Immer. Und überall. Ihre ersten Worte sind die der Hoffnung und des Mutes: »Die Freundin meiner Mutter hatte das auch. Ziemlich genau vor einem Jahr. Sie war schon wieder zweimal beim Friseur. Dann schaffst du das ja wohl auch.« Spricht es mit einer Leichtigkeit, die mir für einen Moment die ganze Schwere des Augenblicks nimmt. An dieses Telefonat werde ich mich oft erinnern, wenn es mal wieder nicht so gut geht. Und zu guter Letzt entfährt es Eva: »Ach, Miri … es klingt so doof. Aber es trifft irgendwie immer die Falschen.« Ich weiß, wie sie es meint. Daher muss ich lächeln. Und an meinen schlauen Gott denken. Jaja, ich weiß: Wenn ich die Falsche bin, wer ist dann die Richtige?

Ich halte den Kreis derer, denen ich von meinem »neuen Lebensumstand« erzähle, klein. Sehr klein. Ich will nicht, dass so viele Bescheid wissen. Denn erstens hat meine persönliche Behörde dem Krebs die Aufenthaltsgenehmigung verweigert. Insofern ist es nur noch eine Frage der Zeit, bis er ausreisen muss. Und zweitens: Je mehr es sind, die eingeweiht sind, umso realer wird es. Umso mehr tut es weh. Umso mehr Macht und Einfluss würde dieser Krebs bekommen. Diesen Gefallen tu ich ihm nicht. Ich nicht. Aber andere.

4

JEDER WEISS ES

»Sie wissen es.« Pause. Und dann leise und selbst ziemlich ge- und betroffen: »Es tut mir leid, Miri.« Mit »sie« meint meine Managerin die Reporter einer großen deutschen Zeitung. Ihre Worte treffen mich gänzlich unvorbereitet. Für einen Moment die Deckung vernachlässigt, schon rauscht die Information wie eine harte Linke in mein Gesicht. Diese Zeitung, kein Kumpel der Privatsphäre. Wenn die es heute wissen, wissen es morgen alle. Mir wird kotzübel. Und hysterisch zumute: »Das müssen wir leugnen. Abstreiten. Alles Quatsch.« – »Haben wir versucht. Sie haben offenkundig einen Informanten, der ziemlich genau über deinen Zustand Bescheid weiß. Vermutlich aus dem Krankenhaus. Und jetzt wollen sie von dir ein paar Aussagen dazu.« Schweigen. Wieder dieses Herzklopfen, diese Stiche in der Brust, wie vor wenigen Tagen, als ich erfuhr, was mit mir und meinem Gewebe los ist: »Auf gar keinen Fall. Ich rede nicht mit denen. Mit niemandem. Das geht doch keinen was an.« Und dann mit der Lautstärke der Empörung: »Die dürfen nicht einfach gegen meinen Willen allen erzählen, was gerade in meinem Leben passiert.« So sehe ich das. Dumm nur, dass die das allerdings deutlich anders sehen. Einen Nachmittag lang versuchen wir die geplante Veröffentlichung zu verhindern. Von Reden bis Rechtsanwalt. Vergeblich. Zur gleichen Zeit informiert meine Managerin die Leute, mit denen ich momentan zusammenarbeite. Wäre nicht so schön, wenn sie das Ganze aus der Zeitung erfahren. Denn, und damit kann ich mich nicht anfreunden, die Story wird erscheinen. Ich kann nichts dagegen tun. Schon wieder so eine Situation, wo fremdbestimmt über mich und mein Leben verfügt wird. Wie sehr ich das hasse. Und wie sehr mich das verletzt. Ich könnte heulen. Dieses Mal vor ungebändigter Wut. Wie verträgt sich das mit einem Mindestmaß an Menschlichkeit? Unter dem Deckmantel der Chronisten- und Informationspflicht, dem feist formulierten Ansinnen, »sie von Anfang an durch die Krankheit zu begleiten«, werden allerhand schmutzige Finger in meine offene Wunde gelegt. Hätte man nicht warten können, bis wenigstens ein bisschen Schorf darüber gewachsen ist? Meine Diagnose ist doch erst so wenige Tage alt. Ich weiß doch noch nicht einmal, ob ich diese Sache, dieses Jahr überlebe. Aber gut, dass vorsorglich schon mal die Republik über mein Elend in Kenntnis gesetzt wird. Herzlichen Dank auch. »Hoffentlich bauschen sie die Sache nicht so groß auf«, denke ich noch vor dem Einschlafen. Und mache mein Handy vorsichtshalber aus. Falls die Geschichte jemand lesen sollte, will ich morgen am Telefon nicht dauernd dasselbe erzählen oder auf Kurzmitteilungen antworten müssen.

Dezent und unauffällig geht anders – komischerweise sind das die ersten Gedanken, die ich habe, als mir tags darauf die Titelseite ins Auge sticht. Dann erst registriert mein Geist, was über die Pupillen via Sehnerv ins Hirn transportiert wurde. Ich stolpere rückwärts wieder aus dem Kiosk. Und zwar ohne, wie eigentlich geplant, Milch zu kaufen. Aufgebracht überbringe ich Thom die neuen, ganz schlechten Nachrichten: »Die haben das auf den Titel gesetzt. Nicht irgendwo im Innenteil.« – »Hast du eine Zeitung mitgebracht?« – »Natürlich nicht.« Ich bin entrüstet. Und entwaffnet. Mir wird anders. Auf einmal ist das Schlimme nicht nur für mich schlimm. Sondern Gesprächsthema bei vielen Leuten. Die Allerallermeisten davon mir nicht persönlich bekannt. Das fühlt sich an, als hätte man mich splitterfasernackt ausgezogen im Fernsehen zur besten Sendezeit gezeigt. Ich fühle mich bloßgestellt und vorgeführt. Hüllen- und schutzlos. Meine Intimzone im Mittelpunkt des Interesses. Ich schäme mich. Ohne zu wissen, wofür.

»Und was machen wir jetzt?« Ich bin komplett handlungs- und entscheidungsunfähig. Kein greifbarer Gedanke in den Synapsen. Wir überlegen kurz. Nicht rausgehen heute. Nicht ans Telefon. Handy ist sowieso aus. Und kein Fernsehen. Aus meiner Zeit als Moderatorin eines Boulevardmagazins weiß ich noch zu gut, dass ein Thema, das in dieser Zeitung auf der ersten Seite diskutiert wird, ziemlich sicher in allen Sendungen dieser Geschmacksrichtung aufgegriffen wird. Auch wenn ich mich überhaupt nicht persönlich dazu äußere. Übelkeit flutet Mund und Magen. Am liebsten würde ich jetzt abhauen. Irgendwohin, weit und lange weg, wo mich keiner kennt. Wo ich Ruhe habe. Und am besten auch keine Krankheit. Stattdessen ist die Couch mein Exil und Luftlöcher starren das Freizeitprogramm. Und wie ich da so liege und glotze und rotze, stelle ich fest, wie wahnsinnig verwundbar Wonderwoman doch ist. Sonst so stark. Jetzt gerade aber sehr zart. Schon immer gewesen? Oder erst geworden? Ich weiß es nicht. Weiß nur, dass ich dringend einen Mechanismus entwickeln muss, der mich vor dem nächsten großen Trauma schützt. Bald gehen mir nämlich die (Trost-) Pflaster aus. Wer weiß schon, wie viele Verletzungen das Schicksal noch in seiner großen, undurchsichtigen Wundertüte für mich hat? Ich fühle mich überfordert mit der Situation. Nicht nur, dass ich ein wirklich gravierendes medizinisches Problem lösen muss. Nein, ab heute nehmen Millionen von Menschen auch noch Teil daran – ohne, dass ich sie darum gebeten hätte. Und auch damit muss ich zurechtkommen. Mit einem ausgewachsenen Aufmerksamkeits-Defizit-Syndrom wäre die Sache ein großartiges Geschenk. So ist es mir ein Geschwür, das mir – artgerecht – auf den Magen schlägt. Dieses elende Gefühl im Bauch, der Brechreiz, die alles überwältigende Kraftlosigkeit und doch gleichzeitig das Wissen darum, dass ich gefälligst bitte schön kämpfen muss – und sei es nur zum eigenen Schutz.

Letztlich sind diese Gefühle erste Vorboten dessen, was mich in den kommenden Monaten erwarten wird. Mal sind es Medikamente, mal Momente, die fiese Versuche wagen, mich immer wieder niederzuschmettern oder auszuknocken, meine Psyche mürbe zu machen. In der anderen Ecke des Rings: mein durchaus ausgeprägter Dickkopf. Denn nur einem nicht näher definierten Starrsinn, demzufolge ich es überhaupt nicht einsehe, nach- geschweige denn aufzugeben, ist es zu danken, dass ich mich immer wieder berappele. Und nicht den totalen Nerven- und noch schlimmer Seelenzusammenbruch erleide.

»Nichtsdestotrotz«, murmele ich vor mich hin, »brauche ich eine Art Frühwarnsystem« – und das muss ich mir in meinem Kopf so zurecht-bauen, dass eben jenes mich möglichst früh warnen möge. Will hei-ßen: Bevor die Katastrophe eintritt, spiele ich das Worst-case-Szenario durch, versuche es zu akzeptieren, um dann auf das Seelen-SOS mit meinem eigenen Rettungskonzept reagieren zu können. Salonfähig gemacht könnte man so einen Plan ganz prima als »Triple S« Soul Security System vermarkten. »Das Soul Security System – der Airbag für Ihre Seele. Sie haben Liebeskummer? Müssen den Tod Ihres Hun-des verkraften? Oder die Tatsache, dass Sie mit 30 aussehen wie ein Frührentner? Kein Problem. Triple S, Ihr Fallschirm für den seelischen Absturz. Heute schon fühlen, was morgen passiert. Und dann tut es nur noch halb so weh.« Oder so. Ob so etwas wirklich funktioniert? So, wie gute Autofahrer brenzlige Situationen vorhersehen und deswegen frühzeitig bremsen, so müsste man schmerzhafte Ereignisse doch auch vorherfühlen können. Und damit schon ein Stück vom Weh nehmen. Der Haken an der Sache: Das mit der Zeitungsveröffentlichung hätte ich mir vorstellen können bis zum Umfallen. Umgehauen hätte es mich trotzdem. An die Reaktionen mag ich jetzt noch gar nicht denken. Die nächsten Tage werden, sagen wir, interessant.

5

DER FEIND IN MEINER BRUST

Die Vision und meine Aufgabe ist klar: Ich brauche einen Panzer. Womit ich wieder bei meiner persönlichen Umprogrammierung wäre: Im Prinzip ist es die zeitweise Abkehr von meiner Happy-End-Lebensphilosophie. Was mich nicht – bumms – zum Pessimisten macht. Vielmehr scheint mir die Stunde gekommen, meinen immer noch leider nur träge funktionierenden Kopf dazu zu benutzen, nicht nur Dinge vorherzudenken. Sondern auch ihre Konsequenzen. Wenn es sein muss, bis zum unschönen Ende. Ich will mich nie wieder so kalt erwischen lassen. Der Gedanke an den Moment der Diagnose lässt mich einmal mehr frösteln. Schauer jagen sich hektisch gegenseitig meinen Rücken runter. »Was – für – eine – große – Scheiße ...« Gehört sich nicht, solch vulgäres Vokabular. Tut aber gut. Einmal ausgesprochen, kann man damit ja nun auch arbeiten. Das bedeutet, die »Scheiße« ist gekommen, um zu bleiben. Zumindest bis zur Operation. Danach hat es sich »ausgeschissen«. Hoffentlich verläuft alles glatt. Ganz anders fühlen sich meine Lymphknoten an. Leider. Nach so vielen Tagen immer noch sehr dick und knotig. Und irgendwie macht jeder Arzt, der die Dinger in Augenschein nimmt, ein besorgtes Gesicht. Also muss ich zu Ende denken, was bis jetzt keiner ausgesprochen hat: Mein Krebs könnte gestreut haben. Und was bedeutet das dann? Ist bald alles um mit mir? Mann. Wie blöd. Das hatte ich mir ehrlich gesagt anders vorgestellt mit meinem Leben. Da muss doch was zu machen sein. Ich setze mich zum ersten Mal seit der schrecklichen Kunde an meinen Computer und beginne meine Recherche. Was für ein Stichwort gebe ich ein? Ich fange mal mit dem einfachsten an: »Brustkrebs.«

»In Deutschland ist das Mammakarzinom mit einem Anteil von 28 Prozent aller Krebsneuerkrankungen die häufigste Krebserkrankung bei Frauen. Jede achte bis zehnte Frau erkrankt im Laufe ihres Lebens an Brustkrebs.« Was? So viel? Da kann ich ja in meinem Freundinnenkreis durchzählen und mich darauf vorbereiten, dass ich in spätestens 30, 40 Jahren Gesellschaft bekomme. »In der westlichen Welt ist Brustkrebs die häufigste Todesursache bei Frauen zwischen dem 30. und 60. Lebensjahr.« Och nö. Z.I. Zu viel Information. Das will ich nicht wissen. Ich habe nämlich keine Lust, vorzeitig abzutreten. Sagte ich bereits. Die weiteren Angaben, die auf dieser Seite gemacht werden, machen zunächst wirklich Mut. Gut erforschte Form des Krebses. Bei Früherkennung ganz prima Heilungschancen.

»Metastasen + Brustkrebs« liefert dann nicht mehr ganz so schöne Erkenntnisse. »Die 5- beziehungsweise 10-Jahres-Überlebensrate ohne Krebszellen in den Lymphknoten beträgt 84 Prozent beziehungsweise 67 Prozent, mit Lymphknotenbefall 67 Prozent beziehungsweise 47 Prozent.«

Vor allen Dingen der Online-Rechner zur Überlebenszeit mit metastasiertem Brustkrebs beschert ein Ergebnis zum Weglaufen. Oder anders ausgedrückt: In spätestens fünf Jahren bin ich mit einer nicht zu verachtenden Wahrscheinlichkeit tot. Und ich glaube an Wahrscheinlichkeitsrechnung. Denn ich gehöre zu dem kleinen Anteil von Mathe-Mädchen in diesem Land. Ja. Ich mochte das. Und ja. Ich war da auch noch gut drin.

(Was ich übersehe und was mir erst viel später auffällt, ist, dass diese Statistik von 1992 war. In der Zeitrechnung der Brustkrebsforschung: sehr überaltet, fast steinzeitlich. Und davon gibt es so viel im Netz: grandios antike Daten. Das ist umso fataler, als dass sie einen nicht fröhlich machen, diese Zahlen. Dabei taugt Frohsinn eigentlich ganz gut im Gefecht.)

Dahin mein Kämpfergeist. Die Rüstung fängt an zu rosten. Sind wohl zu viele Tränen draufgetropft.

Thom steht plötzlich hinter mir und will wissen, nach was genau ich suche. Ich erkläre ihm, dass es mich nervös macht, nicht genau zu wissen,
was Sache ist. Und vor allem, wie es weitergeht: die nächsten Tage und
übrigens auch den Rest meines Lebens.

Wir reden über das, was wir gefunden haben. Natürlich hat auch er sein
Wissen mithilfe des Internets aufgebessert. Aber wirklich Mut machend
ist das alles nicht. Liegt das an der ärztlichen Vorsicht, wissenschaftlichen Unwägbarkeiten oder der medizinischen Ausdrucksweise? So
ein einfaches: »Liebe Brustkrebspatientinnen. Das wird schon«, könnte
Motivationsmirakel bewirken. Müssen wir selbst machen. Daher verab-
reden wir, uns nur das Positive zu merken. »Ist heilbar – Forschung sehr
weit – Therapiemethoden immer wieder verbessert.«

Und dann bekomme ich von ihm das, was im Nachhinein betrachtet
nach der freundlichen und nicht sparsamen Portion Liebe das Zweit-
beste war, was er mir hat geben können: striktes Internetverbot. Wenn
wir etwas wissen wollen, dann möchte er sich darum kümmern, die
entsprechenden Informationen zusammenzutragen. Und vor allen
Dingen will er sie filtern. Mir ist zunächst nicht wohl bei dem Gedanken. Soll der ganze Dreck und Schmodder wirklich an ihm allein hängen bleiben? »Ja, er soll«, sagt Thom mit einer verantwortungsvollen
Entschlossenheit, die keinen Widerspruch akzeptiert. Ich versuche mir
meine eigene Meinung zu diesem Modell zu bilden. Es stimmt schon:
die Gefahr, sich bei der Suche in verzweifelten Foren-Einträgen zu verlieren und jedes von Laien eingetragene Symptom und dessen unguten
Ausgang auf sich zu beziehen, ist groß. Mit jeder schlechten Nachricht,
jedem traurigen Verlauf, von dem ich lese, wird das Häufchen Elend,
das ich bin, größer. Das hat Thom in den vergangenen Stunden bestens
beobachten können. Also will er jetzt lieber alles auf sich alleine nehmen – um mich nicht mehr so am Boden zerstört zu erleben. Das ist
ziemlich tapfer. Und hat eine angenehme Nebenwirkung: Bin ich stark,
kann er es auch sein. Daher besser nicht zu oft schwach werden, sonst
fällt auch ihm das Starksein schwer.

6

EIN SCHWEIN RUFT MICH AN

Zwei Tage nach der Veröffentlichung, quälende und ziemlich zähe 48 Stunden, habe ich mir mediale Isolation verordnet. Heute, so beschließe ich, muss der Wiedereintritt ins soziale Netzwerk vorbereitet werden. Als ich mein Mobiltelefon einschalte, passiert das, was ich mir in meinem Kopf so oft in den vergangenen Stunden ausgemalt habe. Komisch, wenn es dann wirklich so ist. Es hört einfach nicht auf zu bimmeln. Eine Kurzmitteilung nach der anderen landet auf meinem Telefon. In dieser ungekannten Penetranz finde ich den Mitteilungston, den ich irgendwann mal gedankenlos ausgesucht habe, ganz schön anstrengend. Könnte aber auch sein, dass mein Nervenkostüm einfach etwas überlastet ist. Der Ordner Posteingang ist es jedenfalls alsbald. Und das Gebimmel stoppt. Ich klicke mich mit argwöhnischer Vorsicht durch diesen Nachrichtenwust. Das Schöne: Es gibt kaum Anlass zu Bluthochdruck. Viele gute und auch ein paar gut gemeinte Mitgefühlsbekundungen. Erstere könnten von zweiteren zwar nicht weiter entfernt sein, doch immerhin erkenne ich trotz umnachtetem Geist die ehrenhafte Absicht dahinter an. Überdies treffen die meisten den richtigen Ton. Was in diesem speziellen Fall heißt: Sie rühren mich mal wieder zu Tränen. Bekannte, Freunde, Familienmitglieder. Menschen, die irgendein positiv besetztes Gefühl zwischen Mögen und Lieben für mich empfinden, schreiben ... ja, was eigentlich? So unterschiedliches: Der eine drückt sein pures Entsetzen aus und Wut über diese »unangebrachte Ungerechtigkeit des Schicksals«. Die andere bietet Umarmung und Trost und Küsse auf Wunsch »24 Stunden. Auch als »Telefon-Notfall-Service«. Ein Dritter kommt pragmatisch mit Mutzusprechung und Ernährungstipps um die Ecke. »Beeren sind besonders gesund in deinem Fall. Du packst das.« Diese Botschaften zeigen etwas recht Hübsches und Hoffnungsfrohes: In 160 Zeichen lassen sich viel Liebe, Zuversicht und Mut packen. Mit 160 Zeichen kann man ein Zeichen setzen. Ich bin nicht allein.

Nur einige wenige schießen mit angemahnten Wissenslücken und der Bitte, selbige doch dringend zu schließen, übers Ziel hinaus. Interessanterweise fallen viele dieser wenigen in die Schublade derer, von denen ich ansonsten nur genau zweimal im Jahr höre oder lese. Zu Weihnachten und zu Ostern. Jeweils eine schmerzhaft unoriginelle Massen-SMS. Gieriges, neu-gieriges Pack. Während ich mich schon über den Berg wähne und das Feedback für erträglich erachte, signalisiert mir eine letzte verbliebene Mitteilung das Unvermeidliche: Na-tür-lich hat auch die Mailbox einiges aufgezeichnet. Vorweg, ich habe aus der Sache etwas gelernt. Fürs wie auch immer geartete, nun folgende Leben selbstverständlich: Die feinfühligen, vorsichtigen Bekannten schreiben eine SMS. Die Unverschämten rufen an. Und zwar mehrmals. Seltene Ausnahmen bestätigen diese Regel. »Sie haben 27 neue Nachrichten.« Ich lasse mich mit der Schwere von zwei nassen Säcken auf unseren Küchenstuhl plumpsen und seufze. Na, dann mal los. »Empfangen – vorgestern – um ...«

»Hallo Miri. Sag mal, stimmt das, was in der Zeitung steht? Das wäre ja furchtbar. Aber die schreiben ja so oft Mist. Ich hoffe, da ist nix dran. Melde dich mal.« Nein, erst mal nicht. Nicht böse sein. Pieps. »Ich habs gelesen. Ich muss sagen, ich bin ziemlich geschockt. Ich hoffe, es geht dir und euch einigermaßen. Wünsche euch Kraft.« Vielen Dank. Nehme ich gerne an. Pieps. »Hey, grauenhaft. Alles. Einfach grauenhaft. Melde dich, falls du was brauchst. Wenn nicht, ist auch o. k.« O. k. Dann noch nicht. Pieps. »Hallo. Hab vorhin schon mal angerufen, warum meldest du dich nicht?« Oh Mann. Weil ich das noch nicht kann. Pieps. »Schlimm das Ganze. Aber musstest du das unbedingt dieser Zeitung verkaufen?« Bitte was? Glaubst du das wirklich? Nicht dein Ernst. Pieps. »Hallo, ich weiß, wir hatten seit ein paar Jahren keinen Kontakt mehr. Du hast ja ganz schön Karriere gemacht. Naja, egal. Ich wollte mal hören, wie es dir so geht?« Schlecht zur Zeit. Danke der

Nachfrage. Aber lustig, dass du dich ausgerechnet jetzt meldest. Pieps. »Ich glaub das ja alles nicht. Die schreiben so viel Müll. Die Medien sind sowieso der letzte Dreck. Ruf mal zurück.« Um was zu tun? Oder bist du von der Müllabfuhr? Pieps. »Hey ... was für'n Wahnsinn. Titelseite. Dass dir das noch mal passiert. Irre. Ich würde sagen, du hast es geschafft.« Ja, ich habs geschafft – deine Nummer zu löschen. Und zwar gleich. Pieps. »Hi, ich bin's. Ist das noch dein Anschluss? Jaja, ich weiß, wir haben lange nix mehr voneinander gehört. Aber jetzt, dachte ich, ich melde mich mal. Es geht dir ja nicht so gut. Kannst dich immer bei mir melden, wenn dir danach ist ...« Schön. Das letzte Mal habe ich das um mein Abi rum gemacht. Mal schauen, ob wieder ein Jahrzehnt vergeht. Insofern ... »Ach ja, und wenn du für meine Tochter ein Autogramm schreiben könntest, das wäre toll. Muss ja nicht sofort sein.« Gerne. Kein. Problem. Puh. Pieps. »Ruf mal zurück.« Nein. Pieps. »Ich noch mal. Wieso rufst du nicht zurück?« Weil – ich – nicht – möchte. Manno. »Wie kannst du nur mit so etwas PR machen wollen? Find ich nicht gut. Sorry.« Sorry, aber das kann doch nicht sein, dass das die Leute denken. Mein Herz rast. Pieps. »Hey. Hab gehört, du hast Brustkrebs. Wie geht's denn jetzt weiter bei dir? Musst du die Brust abgenommen bekommen? Bei meiner Tante war das so. Die ist mittlerweile leider tot. Aber: Muss ja nicht so sein. Berichte mal, sobald klar ist, was gemacht werden muss.« Wie wäre es damit: Ich halte direkt eine Live-Pressekonferenz bei Phoenix ab, wenn es so weit ist. Viersprachig inklusive Gebärdendolmetscher für Hörgeschädigte. Pieps. »Alles halb so schlimm. Früh erkannt stand in der Zeitung. Kopf hoch.« Von wem hat der eigentlich meine Nummer? Pieps. »Ja, hallo Miriam Pielhau. Sie kennen mich nicht. Mein Name ist Hannes Stock aus der Redaktion des Berliners. Ich wollte nur sagen, wenn Sie sich bei uns äußern möchten – vielleicht mit einer exklusiven Gegendarstellung – melden Sie sich gerne.« Schwein. Würg. Pieps.

Es dauert fast eine Stunde, bis ich mich durch die Anrufnachrichten durchgehört habe. Mein linkes Ohr glüht. Gesund kann das nicht gewesen sein, diese Handystrahlung. So dicht am Kopf, so lange. Soll ja angeblich krebserregend sein. Aber – hahaaa! – hab ich ja schon. Hm

... Galgenhumor gegen sich breitmachende Unruhe, der allerdings gerade überhaupt nicht gegen sich im Hals breitmachende Klöße hilft. Ich lege das Handy auf den Tisch. Und zwar schön mit dem Display nach unten. Das ist eine Macke. So kann ich mich besser vor dem »Auge« meines Telefons verstecken. Danach ist mir gerade sehr. Schon wieder. Ich fühle mich beobachtet. Dabei bin ich zu Hause. In der Küche. An meinem Lieblingsplatz. Mir ist unwohl zumute, weil der Telefonterror das klargemacht hat, was ich eigentlich schon längst hätte kapiert haben müssen. Nämlich, dass jetzt alle Bescheid wissen. Alle ... Leute, die ich mag und die ich weniger mag. Freunde, Nicht-Freunde, Arbeitgeber und Arbeitnehmer. Ex-Liebhaber, die mir in Gedanken immer noch auf die Schulter klopfen, weil die Trennung so harmonisch war. Und die anderen auch. Die nörgeligen Nachbarn meiner Eltern genauso wie die Kommilitonen meiner Geschwister. Ich habe keinen Einfluss darauf. Ich finde das nicht fair. Aber um Fairness darf ich in diesem Spiel nicht bitten. Schon klar. Ich spule mir die Nachrichten noch einmal im Kopf und vor meinem geistigen Ohr ab. Dabei wird schnell deutlich, dass es für mich definitiv eine ganz wichtige Aufgabe gibt in den nächsten Tagen. Und die wäre: mein Adressbuch aufzuräumen. Aufräumen nicht im Sinne von Unordentliches ordnen. Nein, Aufräumen in bester Schwiegermama-Manier: Wegschmeißen. Ich muss in diesen Stunden ganz schnell lernen, was ich ehrlicherweise bisher überhaupt nicht gut konnte. Was ich mir nie gestattet habe. Wovon ich glaubte, dass es keiner verdient hätte. Und dass es unangebracht wäre. Ich muss lernen, Menschen auch mal nicht zu mögen. Das hört sich so leicht an. Für mich ein kleiner, feiner Akt der Unmöglichkeit. Wie soll das gehen? Leute doof finden. So sehr, dass ich nichts mehr mit ihnen werde zu tun haben wollen. Widerstrebt mir sehr. Das hat natürlich einen Grund und der liegt irgendwo in einer vorpubertären Erziehungseinheit. Ich bin groß geworden mit einem homophilen Menschenbild, das besagt: Jeder trägt etwas Gutes an und in sich. Und Macken sind, wenn nicht entschuld-, so aber zumindest seit Sigmund Freud irgendwie erklärbar. Jeder hat Fehler. Ich, zum Beispiel, kann in der Sache mit einer vorzeigbaren Summe aufwarten. Meine Freunde halten einiges aus. Aber auch ich bemühe mich. Ich habe immer versucht, das zu sehen, was unter der über Jahre gewachsenen Kruste aus Ego, Angst oder Selbstzweifeln liegt. Eigentlich ein Wesenszug, den ich an mir mag. Der aber zurzeit nicht gebraucht wird. Denn wenn mich zu viele gute Bekannte, entfernte Kollegen oder gar Fremde mit gewaltsamen Einbrüchen in meine Privatsphäre bedrohen, dann tausche ich eben die Schließmechanismen aus. Und den neuen Schlüssel bekommen nur wenige. So. Ich lerne also, mich zu trennen. Anfangs fällt es mir schwer, später hat es fast etwas Befreiendes, die unnötigen Kontaktkoordinaten meines Computers und auch des Telefons in den Orbit des universellen Datenmülleimers zu schicken. Stolz sehe ich mir meinen keimfreien Kommunikationskasten an. »In ist, wer drin ist.« Die Menschen auf meiner Speicherkarte sind in meinem Leben sehr angesagt – und die werden so schnell nicht aus der Mode kommen. Das wiederum weiß ich sehr genau.

Ein erstes Häkchen an meiner inneren To-do-Liste. Ich blicke auf den nächsten Punkt: Rückrufe. Auf dem Zettel vor mir habe ich, also known as Käpt'n Pflichtbewusst, die Namen derer notiert, die mich um eine Meldung gebeten haben. Oder die ich gerne in einer ruhigen Minute sprechen würde. Die Hälfte davon ist bereits hinfällig, bevor ich mit dem Abarbeiten der Namen begonnen habe. Denn: Es gibt sie ja nicht mehr in meinem Adressbuch. Seit eben. Wohltuend. Wegstreichen von einer Liste ist mindestens so befriedigend wie Löschen. Das, was übrig bleibt, ist überschaubar – und Inhalt der zweiten Lektion dieses Tages. Normalerweise hätte ich eine weitere Stunde damit zugebracht, all die auf Meldung wartenden mit einem freundlichen Anruf und einem noch freundlicheren Gespräch, von der Plauderei bis ans Eingemachte, zu bedenken. Ich denke kurz daran. Und es sträubt sich alles in mir. Wieder und wieder dieselbe Geschichte erzählen. Immer wieder: »Ach, wie schrecklich«, zu hören, macht es nicht weniger schrecklich für mich. Also gönne ich mir Aufschub, verordne mir eine Sprechpause und den anderen zwangsläufig eine Wartezeit. So ganz unhibbelig kriege ich das aber nicht hin. »Ich muss mich zurückmelden. Das bin ich diesen Leuten schuldig.« Das Pflichtgefühl läuft Patrouille in meinem Vorderkopf. Es braucht ein paar Tage bis zur Erkenntnis, dass mir hoffentlich die meisten zurzeit verzeihen, dass ich nicht ganz so zuverlässig bin wie sonst.

Abends im Bett nehmen mich die schönsten Anrufe und Nachrichten des Tages mit in den Schlaf. Denn davon gab es ja auch einige. »Ihr habt schon so vieles gemeinsam geschafft. Ihr schafft auch das.« – »Ich habe im Dom eine Kerze angezündet für dich.« – »Ich hab dich lieb.« – »Wir haben positive Energie gesammelt und hier von München aus auf die Reise zu euch geschickt. Spätestens morgen müsste etwas da sein. Wenn nicht, reklamiere ich noch mal.« – »Ich bin für euch da.« – »Na, Power Puff Girl. Dann zeig dem Krebs mal, was bockig ist.« – »Du bist in meinem Gebet.« Pieps.

7

KEIN SKLAVE DER ENKLAVE MEHR

Ein paar Tage später hat mein Verstecken-vor-allen-Spiel ein Ende. Ich muss wieder raus. Aus meinem Bett. Aus dem Haus. Raus in die Welt. Also, in die öffentliche. Schon vor Wochen, lange bevor ich wusste, dass mein Leben einen von mir nicht geplanten Umweg nehmen würde, hatte ich zugesagt, Gast in einer Sendung von einem Kollegen zu sein. Ein lustiger Mann, der lustige Shows moderiert. Ich mag solche Auftritte von Zeit zu Zeit ganz gerne. Die Gründe sind zu banal und fürwahr zu eindimensional, um einer intellektuelleren Prüfung standzuhalten. Aber müssen sie ja auch nicht, denn: ich treffe bei diesen Gelegenheiten mir angenehme, manchmal gar befreundete Kollegen. (Ich frage nämlich immer, wer sonst noch so kommt. Im Zweifel sage ich ab.) Dann reden wir mal kluges, häufiger dummes Zeug vor und vor allem während der Sendung. Im Optimalfall amüsiere ich mich und das Publikum zweieinhalb bis vier Stunden, je nach Länge der Aufzeichnung. Und bei der After-Show-Party gefalle ich mir wohl in der Rolle der schick von der Stylistin eingekleideten Tussi de luxe, mit einem Gläschen Schampus in der Hand (oder zwei oder drei, zahlt ja die Produktionsfirma). Heute bin ich nicht so lässig wie sonst. Es ist mir ein bisschen merkwürdig zumute. »Meinst du, irgendjemand sagt irgendwas?« Mächtig schlaue Frage, mit der ich Thom da konfrontiere. Er kennt sein Weib mittlerweile gut genug, um zu wissen, welche Angst da gerade in mir hochkriecht: »Ich glaube nicht. Wer sollte da was sagen? Herzliches Beileid wohl kaum.« Stimmt. Nein. Tot bin ich noch nicht. Und auch nicht auf dem Weg dorthin.

Stattdessen befinde ich mich auf dem Weg nach Berlin-Adlershof, wo gleich Showtime angesagt ist. Ich habe keinen blassen Schimmer, wie ich reagieren soll, wenn mich jemand auf das Thema anspricht. Auf mein Thema. Denn Details erzählen möchte ich nicht. Aber über Anteilnahme, das habe ich auch bei den »schönen« SMS gemerkt, freue ich mich. Mitgefühl tut gut. Mitleid überhaupt nicht. Im Zweifel halte ich es mit der thailändischen Art, heiklen Situationen zu begegnen: sie weglächeln. Vielleicht hätte ich diesen Termin doch absagen sollen? Auch wenn es sehr kurzfristig war. Andererseits sehe ich es ganz und gar nicht ein, mich fortan noch mehr zu verschanzen und zu vermummen, als ich das ohnehin schon tu. Was für ein Mummenschanz wäre das? Mich gibt's noch. Und das sollen sie sehen. Wenn diese Zeitung schreibt, wie krank ich bin, dann werde ich ja wohl allen zeigen dürfen, wie gesund ich mich fühle. Und auch aussehe, nebenbei bemerkt. Auf dem Studiogelände, in meiner Garderobe und dem Raum, wo die Gäste geschminkt werden, ist alles wie immer. Mitarbeiter grüßen freundlich, winken über den Hof oder nicken mir zu. Ich merke an kleinen Gesten, dass die Sache nicht an allen spurlos vorübergezogen ist. Manch ein Händedruck und manche Umarmung dauern den einen spürbaren Augenblick länger als üblich. Die obligate Begrüßungsfloskel: »Na, alles gut bei dir?« (in der Medienbranche sehr beliebt, inflationär gebraucht, auch von mir. Aber an und für sich eine Unverschämtheit, weil sie immer impliziert, dass alles super-duper-fein ist. Ist es aber nicht immer. Deswegen: Frechheit, wird ersetzt durch ein ernst gemeintes: »Wie geht es dir denn?« Meine Antwort ist zugegeben ziemlich plakativ und abgedroschen, aber immerhin ehrlich: »Den Umständen entsprechend gut. Eigentlich sehr gut. Tut ja nix weh.« Das alles mündet in der Begegnung mit dem Moderator. Ich werde gerade angemalt. Gepudert und getupft und geschminkt und liege den Umständen entsprechend entspannt in meinem Stuhl. Er nähert sich sachte von hinten, was ich durch den Spiegel natürlich bestens verfolgen kann, legt seine Hände auf meine Schultern und drückt sie. Einmal von oben, einmal von der Seite, streichelt kurz. Das wars. Eine kleine Geste der Nähe – und kein Wort. Hat gereicht. Bin dankbar über die Zurückhaltung. Seine. Und die von allen anderen. Denn in diesem Moment merke ich, dass die Augen –

mal wieder, ich mutiere zur Heulsuse – wässrig werden. Würde ich jetzt noch über mein Thema reden müssen, dann wäre die Fassung ganz dahin. Ich konzentriere mich auf die Ereignisse, über die wir gleich in der Sendung plaudern werden, gehe in Gedanken schon einmal die Showtreppe hinunter und stelle mir die Reaktion der Menschen auf mich vor. Dabei kommt mir zum ersten Mal eine Frage in den Sinn, die ich mir vor lauter Kreiseln ums eigene Ego in dem ganzen Dilemma, vor lauter Schwindelgefühl durch das Drehen um die eigene Achse bisher nicht gestellt habe – obwohl sie quasi ständig »Hier!« schreit: Wie würde ich mich verhalten, wenn ich nicht Betroffene, sondern Kollegin, Freundin, Angehörige eines Krebskranken wäre? Wie käme ich mit der eigenen Hilflosigkeit zurecht? Wie würde ich versuchen, den Spagat zwischen Hilfsbereitschaft und Nicht-bedrängen-Wollen hinzukriegen? Würde ich die richtigen Worte finden? Und die richtige Anzahl? Nicht zu viel, und auch nicht zu wenig. Ich lasse alle Händedrücker, Komm-ich-will-dich-mal-umarmen-Menschen und mitfühlenden Blicke des Tages noch einmal an mir vorbeiziehen – und kann lächeln. Nicht das schwer zu deutende, weil immer gleiche Thailand-Lächeln. Sondern ein wirklich glückliches. Gratulation, alles richtig gemacht, ihr alle. So. Und jetzt Konzentration auf gute Unterhaltung.

Ein paar tiefe Atemzüge in den Bauch später hat sich die Ruhe ganz und gar meiner bemächtigt. Ich verwickele die Maskenbildnerin in ein banales Gespräch über ein Klatsch- (Britney, hohle Nuss – armes Mädchen, Spears) und dann ein Frauenthema (Depilation, Schmerz, ja). Ich bin ganz gut im Small-Talk. Außerdem quatsche ich mich damit auf Temperatur und lasse den Spontaneitätsmotor warmlaufen. Das ist seit Jahren ein Ritual in der Maske. Eine Visagistin, die mit mir arbeitet, ist nämlich nicht nur zuständig und verantwortlich für Make-, sondern tatsächlich auch mein persönliches Warm-up. Auch, wenn sie das in der Regel nicht weiß. Aber meistens, so auch heute, funktioniert das bestens. Die Show beginnt. Die Leute sind gut drauf, die Couch sehr bequem, wir sind das Volk und das Volk hat Spaß. Apropos Spaß. Eine merkwürdige Feststellung mache ich während der Aufzeichnung. Oder aber meine Antennen sind aufgrund meines etwas angekrampften Innenlebens heute hypersensibel. Ich bemerke: Ohne ein Fips-Asmussen-

Gedächtnis-Witze-Feuerwerk abfackeln zu wollen, nicht jeder meiner Späße zündet so, wie ich es kenne. Lacher ja. Aber stellenweise sehr – hüstel – verhalten. So, als dürfte man ja gar nicht so, wie man eigentlich wollte ... Ich bilde mir ein, dass das ebenfalls mit Unsicherheit zu tun haben muss. Ob man nun über einen Witz aus dem Mund einer so kranken Frau lachen darf oder nicht. Ich finde: ja. Natürlich. Niemand muss päpstlicher sein als der Papst, also in meinem Fall betroffener, kränker als die Betroffene, Kranke. Mehr noch: Nicht nur weglächeln ist ein guter Mechanismus, weglachen funktioniert fast noch besser. Denn lange nach der Sendung später in den heimischen Federn wird mir klar: Zum ersten Mal seit über einer Woche habe ich drei Stunden lang nicht an mich (und uns) gedacht, über mich (und uns) nachgedacht oder um mich (und uns) Sorgen gemacht. Und noch ein Kapitel kann ich schreiben in meinem Tagebuch für den Umgang mit der Katastrophe: auch für so ein fundamentales beziehungsweise Fundament erschütterndes Ereignis wie Krebs ist die richtige Ablenkung zur richtigen Zeit eine super Sache, um sensationell gut drauf zu kommen.

8

TOP-JOB

Montags ist Rock 'n' Roll angesagt. Im Sinne von: Da geht die Post ab, Stress-o-meter, da hab ich viel zu tun, yeehah. Ich habe seit ein paar Monaten eine neue Sendung, die montagsabends live aus Köln gesendet wird. Die Show macht nicht nur Spaß, sondern mich auch sehr glücklich. Das Team ist ein ganz besonders tolles, die Chefs mögen meine etwas unorthodoxe Art zu moderieren und bekommen auch keine Panikattacken, wenn es darum geht, einmal ein Lob auszusprechen. Und die Verantwortlichen des Senders wiederum geben mir gerade zurzeit das mollig-warme Gefühl, dass sie wie eine Festung hinter mir stehen und wir eine schöne, lustige, große Zukunft miteinander haben werden. Egal, wie meine sehr naheliegende (Zukunft) sich jetzt entwickelt. Das ist alles andere als selbstverständlich. Im Gegenteil: sogar leider eher selten geworden im Bereich Fernsehen und daher umso kostbarer. Ich wusste das bisher schon immer sehr zu schätzen. Dieser Tage wird die Loyalität meiner Arbeitgeber zu einer unversiegbaren Energiequelle. Denn weder Julia und Axel vom Sender noch Borris, Rainer und Pamela von der Produktionsfirma zeigen irgendwelche Ermüdungserscheinungen, wenn es darum geht, mir – in jedweder Form: SMS, E-Mails, Wagenräder aus Blumen – kundzutun, wie sehr sie mich schätzen, mich unterstützen wollen und bei mir sind, bis »wir das alles durchgestanden haben«. Holla! Bin zutiefst beeindruckt. Und auch berührt. Aber das hat auch wieder mit Tränchen zu tun, deswegen betone ich es nicht so. Der Support zeigt Sofortwirkung. Noch vor der OP beschließe ich Folgendes: Wenn es der Gesundheitszustand erlaubt – meine Ärztin jedenfalls tut es, die habe ich schon gefragt – will ich in zwei Wochen wieder arbeiten. Nicht, weil ich der unglaubliche Hulk bin, übermenschlich mit einer Spur selbstzerstörerischer Selbstüberschätzung, sondern: weil es guttut. Das merke ich auch an diesem Montag. Es ist meine erste Sendung nach Bekanntwerden der Sache. Aber eigentlich ist alles wie immer. Und wie früher. Als wirklich noch alles gut war. Ein bisschen habe ich auch zur Normalität am Set beitragen können. Durch Verhaltensregeln. Eigentlich nur eine, aber offenkundig eine wirkungsvolle, wie sich zeigen wird.

»Ich habe den Eindruck, keiner weiß genau, wie er jetzt am besten mit dir umgehen soll. Mitgefühl zeigen: ja oder nein. Darüber reden wirst du ja sicher nicht,« das hatte meine Managerin ein paar Tage vorher noch mit mir diskutiert. Meine Antwort war klar: »Nein. Bestimmt nicht. Daher würde ich sagen, wie immer. Also wie immer immer. Ganz normal. Am besten so tun, als wäre wirklich nichts geschehen. Das hilft mir am meisten. Auch für die Konzentration auf die Show.« – »Guter Plan. So machen wir es. Ich gebe das weiter. Denn diese Info wird alle sicherlich erleichtern. Weil es die Situation deutlich entspannt.« Gesagt, getan. Nämlich so getan, als wäre nix. Alle halten sich daran. Keine krampfigen Gesten oder ungelenke Bemühungen, sich mir mit irgendeinem der Lage angemessenen Gefühl zu nähern. Denn: Was ist schon angemessen und was eigentlich genau meine Lage? Wie kann ich von anderen verlangen, etwas zu erkennen und zu verstehen, was selbst ich nicht immer so genau zu definieren weiß? Heißt: Business as usual. Annika macht mir wie immer eine Karaffe Pfefferminztee auf Eis zu meinen sehr gesunden (natürlich!) und hübsch anzusehenden Gemüsesticks mit Quarkdip in der Garderobe. Stephan holt mich zur Durchlaufprobe ab. Ephraim, der Autor, bekommt in den Moderationspausen sein, also mein, Fett weg für die meiner nicht ganz ernst gemeinten Ansicht nach kaaatastrophalen Texte, die er mir vorbereitet hat. Alles. Wie. Immer. Abends, kurz vor der Sendung: Ich stelle mich ins Studiorund, begrüße das Publikum, mache Späße vornehmlich und wie sich das gehört auf meine Kosten und will gerade wieder hinter die Bühne gehen, um mich in den letzten Minuten vor Start noch einmal zu sammeln, da ruft einer: »Miriam, du schaffst das!« Alle – inklusive mir – wissen, dass er nicht die Liveshow meint. Ich drehe mich um und lächle etwas hilflos in die Menge. Dann flüchte ich mich in die Kulisse. Prompt schließt sich mein Hals. Ich schlucke gegen Widerstand und die Augen werden nass. Ich ärgere mich gerade etwas über mich selbst. »Das hat den ganzen Tag so spitze geklappt. Und jetzt wirft mich ein einziger Satz aus der Bahn«, denke ich. »Bin eben doch nur halb so stark, wie ich es mir bisweilen vormache.« Vielmehr Sentimentalität kann ich mir aber auch schon nicht mehr erlauben. Die Sendung beginnt. Wieder ein, zwei tiefe Atemzüge und es kann losgehen. Das Publikum erhebt sich applaudierend von seinen Plätzen, während ich mich auf der Showtreppe bemühe, nicht mich, sondern einen möglichst eleganten Auftritt hinzulegen. Die stehenden Ovationen sind selbstredend durch nichts gerechtfertigt. Doch die Botschaft kommt an. Wieder bin ich gerührt. Gestatte mir aber keinen emotionalen Ausfall mehr und gehe mit größtmöglicher Professionalität zur Tages-, also Abendordnung über. Die Sendung läuft gut durch. Ich habe keine verdächtigen Aussetzer, das angedachte Konzept geht auf, die Quote am nächsten Morgen erfüllt selbst hohe Erwartungen. Alle sind froh. Und ich bin es auch. Ich beklopfe selbst meine Schulter und befinde: Ich kann es also noch. Selbst mit so einem Scheiß-Krebs in der Brust. Warum auch nicht? Als ich am frühen Dienstagmorgen im Flugzeug sitze, auf dem Weg zurück nach Berlin, nach Hause, bin ich dementsprechend gelöst. Ich blicke auf die Wolken von oben und denke bei mir: »Wenn du das das nächste Mal siehst, ist der Dreck raus aus deinem Körper.« In 48 Stunden werde ich operiert. Und das ist gut so. Denn es ist Zeit, dass sie das Böse in mir (es fällt mir immer noch schwer, den Krebs beim Namen zu nennen) wegmachen. Und: Es ist Zeit, Abschied zu nehmen. Von meiner Brust. Die hinterher ganz sicher nicht mehr so sein wird, wie sie 32 Jahre meines Lebens war.

9

DIE LIEBLINGSBRUST

Der Morgen vor dem Tag der Operation fängt an wie so viele in letzter Zeit. Erstens: Ich bin als Erste noch vor der Sonne wach. Und unruhig. Also stehe ich lieber auf. Zweitens: Ich gehe nackig ins Bad und gucke mich mal bewusst, mal schläfrig abwesend im Spiegel an. Drittens: Ich rede mit mir selbst. »Warum bist du denn krank geworden, hm? Was hat dich denn so bekümmert? Warum ist das ein unlösbarer Kummerknoten geworden?« Spreche es aus und nehme ein bisschen vorwurfsvoll mein Corpus delicti, meine Sorgen-Brust in Augenschein. Ich erinnere mich immer wieder daran, wie ich vor vielen Wochen eine merkwürdige Veränderung beobachtet habe, die ich aber fälschlicherweise nicht als Warnsignal deutete, weil ich nicht wusste, dass es eines hätte sein müssen. Wenn ich meine Arme hob, so zeigte meine eine Brust eine zentimeterlange, deutliche Kerbe. Wie eine nach innen ziehende Naht. Einiges unterhalb der Brustwarze. Und das, obwohl – wie sich zeigen sollte – der kleine, gemeine Tumor in der oberen Hälfte der Brust saß. Da diese Auffälligkeit wieder verschwand, habe ich dem Ganzen keine weitere und erst recht keine schwerwiegende Bedeutung beigemessen. Alle medizinischen Alarmglocken hätten wohl zu diesem Zeitpunkt schräg und laut geschrillt. Aber ich bin nun mal keine Ärztin und ohnehin nicht gerne Patient. Insofern wundert es wenig, dass ich das potenzielle Problem flugs weggeleugnet habe. Das geht jetzt nicht mehr. Verärgert blicke ich mir selbst auf den Busen. »Was soll das Spektakel? Wieso machst du dich jetzt so wichtig?« Diese gemischten Gefühle zwischen Sorge, Anklage und Ratlosigkeit sind mir nicht neu. Das Emotionstrio gehört zu meinem Leben und zu meiner Seele. Daher hilft die Erfahrung im Umgang damit, also sie laut zu artikulieren. Das Verlautbaren nimmt Last. Gib dem Unaussprechlichen einen Namen und es verliert an Schrecken – so in etwa.

Ich sehe und fasse sie ein bisschen an, meine runde, weiche Brust. Und werde natürlich sentimental dabei. Auf dieses Gefühl habe ich dieser Tage situationsgemäß ein Abo. Schon als 14-Jährige, gerade ins BH-fähige Alter gekommen, mochte ich diese eine lieber als die andere. Es war meine schönere. In Form und Größe minimal anders als ihr Pendant. Kaum wahrnehmbare Unterschiede. Aber anders und eben besser. Zunächst dachte ich, wie vermutlich 90 Prozent aller Mädchen zwischen 12 und 15, die mittendrin stecken in den selbst entdeckten Unsicherheiten, die das pubertäre Zeitalter für einen parat hält, das sei eine Fehlkonstruktion. Aber im Gespräch mit meinen Mädels hat sich schnell das ergeben, was biologische Gesetzmäßigkeit ist. Nämlich die Tatsache, dass die Brüste äußerst selten 100-prozentig gleich aussehen und es fast immer eine schönere gibt. Bei jeder Frau. Es sei denn, der Busen wurde nachbearbeitet und ist aus 100 Prozent Plastik. Von meiner Lieblingsbrust in äußerlich unbeschädigtem Zustand muss ich mich heute verabschieden. Wie blöööööd. Ich starre mir selbst minutenlang dahin, wofür ich jedem Kerl verbal ordentlich einen einschenken würde. Außerdem frage ich mich kurz, ob ich saudämlich war, die wiederholten Playboy-Angebote auszuschlagen, mich gegen sehr viel Geld sehr nackt fotografieren zu lassen. Denn die werden mir in Zukunft sicher keinen Blumenstrauß mehr schicken »mit lieben Grüßen von der PLAYBOY-Redaktion«, um Tage danach mal die Bereitschaft zu einer Zusammenarbeit abzuklopfen. Also, war ich doof? Nein, war ich nicht. Der absurde Gedanke macht glücklicherweise nur ganz kurz bei mir halt und verzieht sich dann wieder dahin, wo er hergekommen ist. In die Nutzlosigkeit. Dennoch tritt der Kern des Ganzen eine Suche los. Ich verlasse das Bad und tapse in unser Wohnzimmer. Die Fotobände und Mappen sind mein Ziel. Vor allen Dingen die in den hinteren, den versteckten Reihen. Ha-Ha! Ich frage mich, wo meine ganz bestimmten Strandbilder sind? In welchem Urlaub habe ich mich ohne Bikini-Oberteil fotografieren lassen? Und wenn ja, hoffentlich sieht das gefälligst auch gut aus. Keiner will fotografische Baumel-Busen-Memos, ist doch klar. Ich werde ziemlich schnell fündig und kann mich entspannen. Das Foto-Material ist einwandfrei. Egal wem, ich kann beweisen und mich daran erinnern, was für eine narbenfreie Spitzenbraut ich mal war, wenigstens oben rum. Auch, wenn das eigentlich niemanden mehr interessieren sollte. Außer den Mann, mit dem ich seit fünf Jahren verheiratet bin. Ich rede mit dem fünf Jahre alten Ehemann darüber: »Dir ist es egal, ich weiß, aber mir ist es wichtig, dass ich immer nachsehen kann, wie ich vor der schlimmen Sache aussah. Es sind zwar vermutlich nur ein paar Nähte. Aber wer weiß. Ich hätte gerne ein Originalbild von mir. So, wie ich mal gedacht war. Und nicht wie die Krankheit mich gemacht hat. Weißte?« – »Klar. Wenn du was ganz Aktuelles willst, dann lass uns Fotos machen.« Hilfe. Der Überrumpel-Lkw fährt auf mich zu. »Jetzt? Fotos von mir?« – »Ja. Von dir. Deinen Brüsten. Wie auch immer. So, wie du es willst.« Der Lkw fährt an mir vorbei, ohne mich zu erwischen. »O. k. Ähm ... aber ich schmink mich noch ein bisschen. Dann hat es was von professioneller Aktfotografie und nicht den fleckigen Charme einer hastigen Last-minute-Aktion.« Die es ja letztlich ist. Ich brauche viel länger als sonst, um mich aufzuhübschen. Meine Hände zittern, die leicht zu rührende Unterlippe auch. Time to say goodbye. Das Fotografieren selbst ist dagegen ein schmerzloser Vorgang. Mein Liebster knipst, ich bringe mich in Pose, er knipst, ich pose und kann unbesehen darauf vertrauen, dass er nur die schönen Winkel wählt. Der Digitaltechnik sei es gedankt, dass ich mich vom guten Ergebnis sofort selbst überzeugen kann. Dem abtrünnigen Busen, meiner (seufz!) Lieblingsbrust, wurde ein Denkmal gesetzt. Eines für mich. Eines für uns. Und für alle, die ich es wissen lassen möchte. Das muss reichen. Ich speichere diese Bilder auf meinem Computer. Morgen ist OP-Tag. Ab morgen wird alles anders. So fühlt es sich jedenfalls an. Alles auf seine Art neu. Aber auch irgendwie endlich alles gut.

10

MACHT KAPUTT,
WAS MICH KAPUTT MACHT

Mein Kopf dröhnt. Seit Tagen schon. Aber heute morgen so intensiv und vibrierend wie ein aufgedrehter Verstärker. Das Herz schlägt so heftig in den Hals und die Schläfen hinein, dass ich felsenfest davon überzeugt bin, man müsste es auch von außen pulsieren sehen. Alienherz, das Beulen in meinen Brustkorb boxt. Ich starre mit großen, ehrlich gesagt deutlich panischen Augen an die Zimmerdecke. Der Ort: das Krankenhausbett. Auf meinem Oberkörper ist mit Edding bereits eine kleine Landkarte aufgemalt, mit allen Wegen, die das Skalpell gleich gehen soll. Und auch der Wächterlymphknoten – brustseits aus betrachtet der erste einer langen Reihe – wurde durch injizierte Flüssigkeit markiert. Während der Operation wird er mit einem Schnellschnitt auf Tumorzellen untersucht. Ist er sauber, sind es alle dahinterliegenden Lymphknoten auch. Und darauf kommt es jetzt an. Das wäre richtig wichtig. Für meine Prognose und die Gefahr eines Rückfalls. Ich habe in den vergangenen Tagen oft mit meinem alten Herrn darüber geredet, dass er doch bitte dafür sorgen möge, dass zu all dem Übel nicht auch noch befallene Lymphknoten kommen. Ich hoffe, er ist zurzeit nicht überlastet und hat ein Ohr für mich. Bitte, bitte, bitte. Amen.

»Warum wirkt dieser Beruhigungssaft nicht?«, die unangenehme Hysterie in meiner Stimme ist nicht zu überhören. Oder anders gesagt: Formal und emotionslos betrachtet bin ich eine Zellhalde Angst. Meine Mutter ist glücklicherweise da, außerdem eine sehr liebe Freundin, die einen extrem guten Draht nach oben hat und den auch glühen lassen will, während ich bearbeitet werde, und mein Liebster. Alle drei versuchen, so gut es geht, meine Aufregung in Grenzen zu halten. Ein aussichtsloses Unterfangen. Kurz bevor es losgeht bin ich nur noch mit Thom allein. Plötzlich wollen sie mich, schneller als gedacht, in den OP-Saal schieben. Dabei habe ich mich noch gar nicht von meiner Familie verabschiedet. Was, wenn ich nicht mehr wach werde? Wenn irgendetwas schiefgeht und das hier meine finalen Momente sind? Halt. Das geht so nicht. Stopp. Zurück. Ich muss doch etwas .... und ich will außerdem ... Selbst das Denken funktioniert nur lückenhaft. Wenigstens Thom an meiner Seite behält die Nerven und redet pausenlos auf mich ein. »Alles wird gut. Wenn du wieder aufwachst, ist das Schlimmste vorbei.« – »Aber wenn ich nicht mehr aufwache ...« – »Natürlich wachst du wieder auf. Die machen das hier jeden Tag. Mach dir keine Sorgen.« – »Und ihr? Macht ihr euch Sorgen? Das dauert ja jetzt ein paar Stunden.« Mein Schädel brummt. Es puckert und pocht, als wollte da jemand ausbrechen. »Mach dir um uns keinen Kopf. Wir warten und sind da, wenn du wieder zu dir kommst.« – »Thom, ich hab so Angst. Das alles macht mir Angst. Die Krankheit. Und die Operation jetzt. Was, wenn ich nicht mehr aufwache ...« (mein Verstand funktioniert nicht mehr, und das Beruhigungszeug noch nicht) – »In drei Stunden ist alles vorbei. Und du bist wieder gesund. Versuch daran zu denken.« – »Und wenn Lymphknoten befallen sind?« – »Dann nehmen sie die weg. Du gehst hier krebsfrei raus.« – »Ich will wieder aufwachen ...« (Der Saft zeigt langsam, dass er was kann.) – »Das wirst du. Und dann sind deine Eltern und Donna da. Und ich bin bei dir, die ganze Zeit mit jedem Gedanken und jedem guten Gefühl. Keine Angst, mein Mädchen.« – Ich hole tief Luft und murmel dann, deutlich leiser: »Ich mag das nicht, einfach ausgeknockt zu werden und dann so ausgeliefert zu sein.« (Halleluja, das Zeug wirkt.) – »Das mag keiner. Aber es geht ja nun mal nicht anders. Unser schönes, gesundes Leben danach – nimm das mit in die Träume.« Meine Operateurin kommt vorbei. Die kenne und mag ich schon eine ganze Weile. Sie betreut mich seit der Diagnose. Dr. Anja Lauckmann, eine gut aussehende, groß gewachsene Frau von aristokratischer Eleganz und Zurückhaltung. Mit ganz feinen Händen, die jeden Tag richtige Drecksarbeit machen: nämlich

Krebs aus den Brüsten von Frauen rausholen. Ihre ruhige Art und ein liebevolles: »Keine Sorge. Ich kümmere mich um Sie«, helfen mir ein bisschen, Vertrauen in die Fähigkeiten derer zu haben, die dafür viele Semester hoffentlich hart studiert und bitte sehr nicht zu oft gefeiert haben. Dann stößt die Anästhesistin zu uns. Ihrem geschulten Scanblick entgeht sie natürlich nicht, die offensichtliche Unruhe formerly known as Panik. Warme Hände und Worte tun ihr Übriges. Ich rassel noch einmal schnell all meine tiefsten Befürchtungen vor ihr herunter und sie versichert mir, dass ihr »noch keine so junge Patientin auf dem Tisch liegen geblieben ist«. Gut, das geht sensibler. Aber das ist mir mittlerweile herzlich egal. Thom muss jetzt gehen. Ich höre noch die drei Lieblingsworte von ihm und ihr: »Schlafen Sie gut«, dann fühle ich, wie die Narkose meinen Körper und mit leichtem Verzug meinen Geist lahmlegt und in diesen eigentlich gar nicht so üblen schmerz-, sorgen- und angstfreien Zustand bringt. Meine beiden letzten Gedanken vor dem großen, schwarzen, weichen Loch weiß ich noch: Erstens: Hoffentlich dauert es nicht so lang, damit es für meine Familie nicht so nervenaufreibend ist, und zweitens: Wahnsinn. Jetzt bin ich weg.

Das erste Gebrabbel, das ich drei Stunden später, gerade frisch vom (OP-)Tisch genommen, von mir gebe, weiß ich nicht mehr. Daher habe ich es mir erzählen lassen. Kann nicht verkehrt sein, zu wissen, was man im Zustand geistiger Umnachtung so von sich gibt. Meine Ärztin, die mich auf- und wieder zugemacht hat, ist die erste Person, die mit mir redet. Kaum in der Lage dazu, weil sich Mund und Zunge noch wabbelig anfühlen, überrolle ich sie dennoch direkt mit meiner augenscheinlich wichtigsten Frage: »Waan Lümfknodn betroffn?« – »Ja.« – Ich seufze. Jammern geht noch nicht. Ist zu anstrengend. »Wievielehabensierausge ...?« – »Ein gutes Dutzend. Wie viele davon wirklich befallen sind, das zeigen erst die genaueren Untersuchungen. Jetzt ruhen Sie sich aber erst einmal aus.« Die Ermunterung zum Schlaf lasse ich mir nicht zweimal sagen und nicke noch einmal postnarkotisch weg. Thoms Streicheln holt mich zurück ins wache Leben. »War's schlimm für euch?« – »Was meinst du?« – »Na, das Warten die ganze Zeit.« – »Nein. Es ist alles gut. Wir sind alle da.« – »Alle ... alle ... daaa ...« Wieder rollt der Kopf, in dem es immer noch klopft und drückt, zur Seite, wieder schlummere ich ein bisschen vor mich hin. So geht das noch einige Male, bis ich endlich in einem ansprechbaren, wenn auch nicht ansprechenden, Zustand bleibe und mich daran erfreuen kann, dass meine Familie um mich ist. Donna hat ganz viel gebetet. Wie gesagt: Sie und Gott, die beiden sind so so (so, also Mittelfinger gekreuzt über Zeigefinger). Jetzt kann eigentlich nichts mehr schiefgehen.

Ich betrachte meinen Verband, der über beide Busen geht. Der Mull ist so fest gespannt, dass mein Oberkörper richtiggehend burschikos wirkt. Obwohl ich weiß, dass diese Kompression so sein muss, fummel ich (Mama sagt: »Lass das doch lieber.« Ich: »Will aber.«) mit Daumen und Zeigefinger so lange vorsichtig die Bahnen zur Seite, bis ich mich überzeugt habe, dass alles hügelig wie eh und je ist. Und zwar links wie rechts. Man weiß ja nie, ob die sich am Ende nicht doch ein ums andere Mal vertun. Und am falschen Früchtchen rumschnippeln oder zu viel wegmachen. Die zukünftige Narbe – oder sind es mehrere? – kann ich zu meinem großen Bedauern noch nicht prüfend unter die Lupe nehmen. Da kleben feste, pflasterähnliche Vierecke drüber. Schade. Ich übe mich in Geduld. Wenngleich nicht in allen Belangen. Denn als ich am frühen Nachmittag zu meiner eigenen Begeisterung feststelle, dass mein Blutdruck wieder auf einem Niveau ist, an dem ich nichts auszusetzen weiß, wähle ich die präsenile Bettflucht. Runter von dieser ausgebeulten Matratze. Die Mama hat das, was man in so einer Situation als anständige Mutter haben muss: Einwände. Aber da sie mich nicht stoppen kann, steht sie mir lieber mit physiotherapeutischem Rat und ihrem Unterarm als Stütze zur Seite. Meine Tour über den Krankenhausflur ist kurz, langsam und etwas wackelig, okay. Aber das Gefühl, nach diesem wichtigen Schritt des Gesundwerdens – der OP – wieder einige eigene echte Schritte zu machen, ist unbezahlbar. Ich bin wieder hergestellt. Eine Woge Glücksgefühl breitet sich warm und kribbelnd in mir aus. Ich weiß, dass in meinem Körper jetzt nichts mehr ist, was da nicht hingehört. Das, was mich kaputt machen würde, ist selbst kaputt. Ätsch. Der Abend auf Station 112 wird tatsächlich fröhlich. Daran kann sogar der Kopfschmerz nichts ändern, der sich in den vergangenen Stunden nur kurze Auszeiten genommen hat. Am liebsten hätte mich Thom wahrscheinlich bekocht. So wie so oft zu Hause, wenn wir uns eine feine Zweisamkeit gestalten. Da er sich, auch auf mein Anraten hin, den Küchenchef der Krankenhaus-Kantine nicht zum Feind machen will, – nachher spuckt der mir sonst noch in die Schonkostsuppe – wählt er die unauffälligere Variante: Er holt was Leckeres vom Thai-Imbiss. In meinem Traum in dieser Nacht will ich auf einer Reispapierrolle durch ein Land fliegen, in dem Kokosmilch und Honig fließen und Saté-Spießchen in meinem Garten wachsen. Hossa, der Krebs ist tot.

11

SO EINEN DICKEN HALS

Die Nacht war gut. Ich habe schnell, tief und schmerzfrei geschlafen. Der modernen Medizin und ihren legalen Drogen sei Dank, nehme ich an. Ich will gar nicht so genau wissen, wie hoch die Dosis Schlaf- und Schmerzmittel war. Fest steht, ich muss bis zur Augenbraue damit vollgepumpt worden sein. Denn ich fühle mich ausgeruht wie lange nicht mehr, immer noch glücklich, und so fit, dass ich jetzt am liebsten meine Koffer packen und nach Hause fahren würde. Meine Ärztin hat dummerweise etwas dagegen. Und es ist auch erst 5 Uhr 27. Also begebe ich mich wieder auf Wanderschaft im Krankenhausflur. Allein. Ohne Mamas oder irgendeinen anderen Unterarm. Die Schwestern gucken ein bisschen irritiert bis besorgt, ich werfe ihnen so etwas wie »Kreislauf stabilisieren« zu und sie lassen mich gewähren. Mal abgesehen davon, hätte ich mir das Laufen auch nur schwer verbieten lassen. In solchen Angelegenheiten kann ich bisweilen ziemlich zickig sein. Zurück im Bett tastet sich meine rechte Hand instinktiv vor zu meinem Hals. »Mensch, die sind ja immer noch so dick,« murmel ich vor mich hin. Meine überdimensionierten Lymphknoten, das habe ich in den vergangenen Tagen mitbekommen, machen alle nervös. Nicht etwas, sondern sehr. Selbst mein wiederholtes: »Ich habe doch diese Virus-Erkrankung. Das Virus wurde in meinem Blut nachgewiesen. Das dauert jetzt halt, hat die Internistin gesagt. Geht aber wieder weg«, scheint niemanden dauerhaft zu beruhigen. Ich halte es, wie früher auch, mit meiner festen Überzeugung, dass alles gut wird. Das gelingt mir nur bis zum Mittag.

Meine Familie hat einen strategisch lobenswerten Bespaßungs- und Anwesenheitsplan entworfen, nach dem gerade meine Mutter und Thom am Krankenbett sitzen, als sie, ich nenne sie mal »Dr. Olga«, ins Zimmer stürmt. Bei Dr. Olga handelt es sich um eine reizend aussehende, polnische Assistenzärztin mit einem immer lieben Lächeln im Gesicht, aber leider mageren Deutschkenntnissen. Normalerweise hätte ich die Herausforderung »Kommunikation mit Händen und Füßen« dankend angenommen. In diesem Fall lähmt mich der Schock. Denn Dr. Olga verkündet, lächelnd natürlich:»Wirrr misssen Liimfknottn norrchmall tscheckn. Ullltraschall.« – »Aber ... das haben wir doch schon vor Tagen gemacht.« – »Jätzt is da, Speziaaalist.« – »Jetzt? Sofort?« – »Ja.« Lächel. »Gaaans schnäll.« Lächel. Schnell, warum denn jetzt schon wieder schnell? Vielleicht gab es durch die Operation Anzeichen, dass in meinen Lymphknoten am Hals auch noch Tumorzellen sind und es hat mir einfach noch keiner gesagt. Wenn ja, dann heißt das überhaupt nichts Gutes. Mir dämmert allmählich der Grund für die ärztliche Besorgnis allerorts. Von den Lymphbahnen am Hals bis zu meinem Kopf ist es nicht mehr weit. Und eben dieser Kopf tut mir seit Tagen ziemlich weh. Das gruselige Schreckgespenst heißt Metastasen. Ein Tochtertumor im Hirn. Oh nein. Oh nein. Oh nein. Kein Tumor im Hirn, bitte. Die gerade frisch gesammelte Welle an Optimismus spült sich mit einer Flut Tränen aus, die ich nicht mehr zurückhalten kann, während ich mich mit Thom schlurfend auf den Weg zum »Speziaaalisten« mache, Herrn Dr. Gericke. Warten zieht die Zeit unglaublich in die Länge. Unfassbar, wie weh einem 10 Minuten tun können. Wie zäh, langsam und qualvoll die Sekunden verrinnen. Eine mir aufmunternd zunickende Assistenzärztin versucht sich als Mutmacher. »Da wird schon nichts sein. Aber es ist gut, dass Dr. Gericke sich das ansieht. Der ist unsere Koryphäe. Der sieht und erkennt und findet alles.« Und bei mir hoffentlich nichts. Kurz darauf kommt er und am ehrfürchtigen Blick der Assistenzärztin lässt sich ablesen, wie viel Bewunderung und Respekt er in diesem Haus offenkundig genießt. Dr. Gericke wirft seine Maschine an und einen konzentrierten Blick auf das, was er da sieht. Sehr konzentriert. In meinem angeschlagenen Zustand befinde ich, eindeutig zu konzentriert. Wieder tropft es aus meinen Augen.

Ich kann einfach nicht mehr. Alles ist bisher immer schlimmer geworden. Zunächst hieß es, es sei »nur« eine Krebsvorstufe entdeckt worden. Noch nicht so furchtbar Furcht einflößend. Dann haben sie doch einen Tumor gefunden. Einen, den man per Ultraschall nicht sehen, maximal erahnen konnte. Das Brust- und Drüsengewebe von jungen Frauen ist so dicht, da zeigen sich die Knoten nicht so offensichtlich. Damit nicht genug: Der Tumor war leider auch nicht mehr der Allerkleinste. Und weiter geht es: Bei der Operation sehen und entfernen sie befallene Lymphknoten. Noch weiß ich nicht wie viele. Und jetzt habe ich mal wieder ziemlich große Angst. Panik, dass ich doch noch nicht frei von entarteten Zellen bin, sondern das Böse möglicherweise bis in mein Hirn gewandert ist. Mein Nervenkostüm ist dünn geworden. Ich kann schlechte Nachrichten nicht mehr ertragen. Und auch nicht das bange Warten darauf. Beziehungsweise auf irgendwelche Ergebnisse, die irgendwelche Ärzte für irgendeine unbestimmte Zeit wieder ruhigstellen. Bis der nächste mit seiner Idee zur Lösung des (dicke Lymphknoten am Hals-) Problems kommt: Denn das sind meistens sehr endliche Diagnosen. Ich mag das alles nicht mehr aushalten müssen. Mein Auffangbehältnis für Negativ-Schlagzeilen ist voll.

Mir fallen just in diesem Zusammenhang absurderweise die Besuche im Waxing-Studio ein. Haarlos glücklich dank Heißwachs. (Ja, ich gehe da regelmäßig hin. Ja, man muss ein bisschen masochistisch veranlagt oder ziemlich tapfer sein. Denn es tut − ja − sehr weh. Jeder, der etwas anderes sagt, lügt.) Erst vor ein paar Wochen war ich da, mich frühlingsfein zu machen. Das heißt: Enthaarung mit Heißwachs an den Stellen, die bitte sehr glatt und glänzend sein sollen. Die Unterschenkel zum Beispiel. Als meine persönliche Herrscherin der Härchen damit fertig ist, sagt sie: »Sollen wir die Oberschenkel nicht auch machen? Da ist nicht viel. Aber nichts ist besser als wenig. Und dann ist das auch schön glatt und weich.« − »Gerne. Weich ist gut.« (Außerdem ist es mit dem Waxing wie mit dem Tätowieren: Hat man einmal damit angefangen, kann man nur schwer aufhören). Eine Viertelstunde später strahlen meine Schenkel leuchtend rot gepunktet, aber: Sie sind härchenfrei. »Die Unterarme auch noch, oder?« Dieses Mal kommt der

Vorschlag von mir. Aber sicher doch. Ein paar Rrraaatschs darauf sind die Arme – bis zur Schulter! – von der selbst feinsten Behaarung befreit. Der Schweiß steht mir auf der Stirn. Und auch ein bisschen unter den Achseln. Wo sich wenige Minuten darauf zumindest kein Haar mehr befindet. Je länger der Schmerz andauert, umso weniger halte ich ihn gut aus. Dementsprechend quengelig blicke ich drein, als mein Wachs-Weib, das jeden Streifen entfernter Haare zufrieden abnickt, flötet: »So, und zu guter Letzt gucken wir mal, was über der Oberlippe so wächst. Vielleicht reicht da ja auch zupfen.« Uääääh. Das tut weh. Wenn ich Haare auf den Zähnen hätte, meine Depiladora hätte mir die auch noch weggewachst. Ich weigere mich an welchen Stellen auch immer weiterzumachen. Nach einer Stunde Dauer-Aua reicht es. Ich kann nicht mehr. Schmerz-Pause, bitte. Und: Genauso ist es mit schlechten Nachrichten. Irgendwann reicht es. Irgendwann ist auch mal gut. Und irgendwann ist jetzt.

Dr. Gericke sieht mein nasses Gesicht, zuckt zusammen und beschwichtigt mit fast väterlicher Weichheit: »Nein. Nein. Nicht doch. Soweit ich sehe, ist alles gut. Schauen Sie hier ...« Er erklärt mir detailliert, was die Farben und Schattierungen auf dem sonst dunklen Monitor zu bedeuten haben. Ich gebe zu, ich höre nur halb hin. Thom ist ja da, der wird mir das nachher noch einmal erzählen können. Alles. Ist. Gut. Das hat der »Speziaaalist« eben gesagt. Kein Krebs am Hals und auch nicht im Kopf. Juchheee. Ich bedanke mich beim großen Chef mit einem Kurzgruß, der nur so lange dauert wie die Fahrt im Fahrstuhl. Als die Tür sich öffnet, begegne ich Dr. Olga. Mit aufgerichtetem Daumen zeige ich ihr an, dass es optimal gelaufen ist für mich. Sie seufzt auf. Ein definitiv erleichtertes Seufzen. Und dann lächelt sie wieder. »Daas isd sährr gudd. Säähr gudd.« Ihre Anteilnahme und Fröhlichkeit über das Ergebnis machen mir klar, dass jedwedes Ungeschick oder fehlendes Feingefühl ihrerseits wohl auf das Konto der Sprachbarriere geht. Ich stürme, so schnell das geht mit meinem Tropf-Trolley in der rechten und den Drainage-Beuteln für die Wundflüssigkeit in der linken Hand, in mein Zimmer und rufe meiner wartenden Mutter schon im Türrahmen zu: »Alles gut, Mama. Alles ist gut!« Ihre Reaktion werde ich nie vergessen. Seit Tagen saß sie ruhig und gefasst an meinem Bett. Hat mir Hoffnung zugesprochen oder meine Tränen weggetupft. Mich gehalten und liebkost. Sich selbst so sehr zurückgenommen und zusammengerissen, dass ich bloß nichts von ihrer eigenen Angst und vermutlich recht großen Sorge um mich mitbekomme. Jetzt reißt sie ihre Ärmchen und die zur Freude geballten Fäuste in die Luft und springt in ihrem Stuhl einmal auf und ab. Das sieht sehr süß aus und beschert meinen Tränendrüsen eine weitere Arbeitseinheit. Immerhin schaffe ich es, nicht schon wieder loszuheulen. Ich kann nur vermuten, wie viel Anspannung und Verzweiflung sich in diesem Jubel über die gute Nachricht soeben explosionsartig gelöst haben. Einmal mehr hebt mein Gedächtnis-Männchen seinen kleinen, mahnenden Zeigestock und wiederholt, was ich eigentlich weiß: »Was dir im Herzen so doll wehtut, das tut auch denen weh, denen du doll am Herzen liegst. Und womöglich sogar um ein Vielfaches mehr. Denn sie können nur zusehen und dir beistehen – und nichts wirklich tun.« Guter Hinweis, bringt mich zu einer Grundsatzfrage: Was trage ich eigentlich zum Besserwerden der Situation bei? Operiert hat mich meine – ich schließe sie immer fester ins Herz – fantastische Dr. Lauckmann. Sie wird mich auch weiter unter Beobachtung halten. Aber amtlich aktiv werden kann ich erst, wenn die Wunden gut verheilt sind. Doch bis dahin? Hm ... versuche ich weiterhin den Pfützen, die randvoll sind mit Selbstmitleid und Verzweiflung, auszuweichen, so gut es geht. Taskforce: tapfer sein. Die nächste große Aufgabe ist mir an diesem Abend näher, als ich es ahnen kann. Das soll ich am darauffolgenden Tag schon erfahren.

12

MONSTER CHEMO

Die Visite bei mir muss für meine Ärztin Dr. Lauckmann am Tag 3 mittlerweile mehr als anstrengend sein. Weil ich durchaus anstrengend bin. Ich frage sie nämlich jeden Morgen dasselbe. Höflich, lächelnd, aber mit lästiger Penetranz: »Wann darf ich nach Hause?« Sie hat sich auf einen Deal eingelassen mit mir. Auf fünf Tage Krankenhaus haben wir uns einigen können, wenn meine Wunde sich bis zum finalen Tag so verhält, nämlich verheilt, wie das im Lehrbuch steht. Heute habe ich allerdings noch ein anderes Thema, das mir auf der Seele liegt. Es sind mal wieder meine Lymphknoten. Die dicken am Hals, und die, die entfernt wurden. Dr. Lauckmann weiß selbstverständlich längst, was zu tun ist: »Wir nehmen noch einmal Blut ab, um zu sehen, ob das Virus aus dem Körper raus ist. Wenn ja, dann sollten die Schwellungen bald zurückgehen.« – »Und was ist mit denen, die Sie rausgenommen haben?« – »Diese Untersuchung ist aufwendiger. Auf das Ergebnis müssen wir noch eine Woche warten. Aber«, sie zögert nur einen kaum wahrnehmbaren Bruchteil einer Sekunde, »das ändert ja nichts mehr an der weiteren Therapie.« Ich sehe sie an mit dem Blick eines Mädchens, dem gerade die Glaskugel heruntergefallen und in tausend Stücke gesprungen ist und das trotzdem noch die Hoffnung hat, dass das irgendjemand irgendwie schon kleben kann. Selbst der erwachsene Verstand startet einen letzten, verzweifelten Versuch: »Gibt es eine Chance, dass ich um die Chemo herumkomme?« – »Nein. Eigentlich nein.« Eigentlich heißt in diesem Zusammenhang: Natürlich kann mir niemand etwas aufzwingen, was ich nicht will. Aber es wäre schulmedizinisch grob fahrlässig, mich nicht durch dieses biochemische Fegefeuer zu schicken. Das ist das Ergebnis vieler Studien, jahrelanger Erfahrung und der neueste, hochverehrte Stand der Wissenschaft. Offiziell bin ich krebsfrei: ja. Darum geht es nicht mehr. Häkchen dran an das Thema auf der Liste der zu erledigenden Dinge. Aber ich soll es schließlich bis zum (bitte: späten und natürlichen) Ende meines Lebens bleiben. Bei befallenen Lymphknoten empfiehlt sich als Vorsichtsmaßnahme und zur drastischen Senkung des Rückfallrisikos eine adjuvante, also vorbeugende Chemotherapie. Heißt: ich muss mich quälen, ohne zu wissen, ob es was bringt. Wenn es was bringt, dann viel. Vor allen Dingen viel gesunde Lebenszeit. Letztlich geht es darum, möglicherweise entstandene Mikrotumoren, die aus den befallenen Lymphknoten entwichen sein könnten, die jedoch mit keiner Messtechnik dargestellt oder eindeutig definiert werden können, zu zerstören. Bevor sie mir in 20, 30 oder 40 Jahren erneut Ärger machen könnten. Viele Konjunktive für einen Fall, der – sollte aus dem Konjunktiv ein Indikativ werden – durch die Chemiekeule verhindert werden kann.

»Sie sind jung. Sie schaffen das. Und Ihre Prognose, die Wahrscheinlichkeit eines Rückfalls, beeinflussen wir dadurch wirklich besonders positiv.« Überzeugungsarbeit muss sie gar nicht mehr leisten. Ich will, dass der Krebs nie wieder kommt. Und dafür bin ich bereit, einiges auf mich zu nehmen. Zu kämpfen! Ha. Ich habe etwas zu tun. Auch wenn ich, wie vermutlich die meisten, mit dem Thema Chemotherapie nicht die allerschönsten Assoziationen habe.
»Also gut«, stelle ich fest und erstaune mich selbst mit meinem Gleichmut. »Dann Grüß Gott Chemotherapie.« In meinem Zimmer ist es mucksmäuschenstill. Wir alle hatten irgendwie bis zuletzt gehofft, dass wenigstens dieser Kelch an mir vorübergehen möge. Sei es drum. Das, was mich erwartet, ist erst einmal nicht so erbaulich. Alle Haare fallen aus, die Patienten leben zwischen Hundeelend und Katzenjammer, sie nehmen ab und nicht mehr am gesellschaftlichen Leben teil, vegetieren nurmehr. Irgendwie schon Todgeweihte. Zumindest nimmt man das als Nicht-Betroffener so wahr. Jetzt aber bin ich betroffen. Und ich habe einen anderen Plan als den, mich wieder krank machen zu lassen von etwas, was im Dienste der dauerhaften Gesundheit steht. Daher muss

ich meine Ärztin fragen: »Meinen Sie, ich kann währenddessen arbeiten?« – »Wenn Sie möchten, warum nicht? Es gibt viele Patientinnen, die das hinbekommen.« – »Ich glaube, das würde mir sogar helfen. Weil ich eine normale Aufgabe hätte. Weil ich mich an drei Tagen pro Woche auch auf etwas anderes konzentrieren möchte als auf mein eigenes ach-so-furchtbares Schicksal. Außerdem mag ich meinen Job sehr. Und das Team. Und die Sendung. Das setzt doch lauter positive Energien frei. Ich will das versuchen.« – »Dann machen Sie das. Denn dann ist es gut. Und dann packen Sie das auch.« – »Und ... außerdem will ich seit ewigen Zeiten schon ausprobieren, ob mir kurze Haare auch stehen. Ich habe mich nie getraut. Zum einen, weil ich mich quasi nur langhaarig kenne. Zum anderen hätte ich dann ja auch noch den Mann austauschen müssen. So was machen Frauen doch nach Trennungen ... Haare ab.« Dr. Lauckmann lächelt und erklärt das Prozedere: Über viereinhalb Monate bekomme ich alle zwei Wochen meine Infusionen. Nacheinander drei unterschiedliche Cocktails. In einer ganz schön deutlich höheren Dosis als normal. Getreu dem Motto: Viel hilft viel, erst recht, wenn die Patientin noch jung ist und viel verträgt. Ich gestatte mir nicht viele Sekunden, um darüber nachzudenken, ob mir das in den Kram passt oder nicht. Ich will das durchziehen. Im Anschluss an die Zellgift-Kur die fast schon standardisierte Bestrahlung. Und das war es dann mit dem umfangreichen Intensivprogramm nach der OP. Dann beginnt mein Leben danach. Knapp sieben Monate Zähne zusammenbeißen. Davor zu stehen macht die Strecke lang. Rückblickend wird das, wie immer in solchen Fällen, ruck, zuck umgegangen sein. Und: Was ist das schon, auf eine Lebenszeit gerechnet – das muss doch hinzukriegen sein. Das kriegen wir hin. Denn in Thom habe ich einen geduldigen, ausdauernden und kämpferischen Partner, der Geduld, Ausdauer und Kampfeswillen besonders dann entwickelt, wenn mir eines der drei oder alles fehlt.

Ich habe viele Fragen. Zur erwünschten Wirkung und den unerwünschten Nebenwirkungen. Dr. Lauckmann definiert sich beinahe den Mund krümelig. Am Ende präsentiert sie mir eine Idee, die sie augenscheinlich schon etwas länger mit sich herumträgt: »Ich kenne eine junge Patientin, Ihr Alter in etwa, bis ins Detail eine sehr ähnliche Diagnose. Die hat schon ihren ersten Zyklus, also eine Infusionssitzung, hinter sich. Vielleicht sollte ich Sie mit der vor Beginn Ihrer eigenen Chemotherapie mal bekannt machen. Natürlich nur, wenn Sie mögen.« – »Gerne.« Dann äußere ich kurz meine Bedenken: »Wichtig wäre mir, dass sie niemandem erzählt, wen sie gerade als Neuling im Gremium der zukünftigen Glatzköpfe begrüßen konnte. Ich würde das mit der Chemo nämlich so lange es geht gerne geheim halten.« – »Da mache ich mir nicht so große Sorgen. Es ist eine Kollegin, also selbst Ärztin. Sie wird dementsprechend verschwiegen sein.«

13

NO PLACE LIKE HOME

Als die Schwester mir mit dem routinierten Griff jahrelanger Übung die zwei Drainageschläuche aus der Brust rupft, zucke ich zwar kurz, muss dann aber sicherlich schelmisch grinsen. Es ist doch verblüffend, wie nah die eigene Vorstellungskraft an die Realität kommen kann. Ich habe diesen Augenblick, in dem mir diese Saftablauf-Leitungen gezogen werden, so sehr herbeigesehnt (weil das ja bedeutete: ich darf heim), dass meine Fantasie den Vorgang x-mal durchgespielt hat. Und das Kuriose: Genauso, wie ich es mir ausgemalt habe, hat es sich auch angefühlt. Etwas ziepend, aber nicht wirklich schmerzhaft, höchstens unangenehm, weil ungewohnt, rutschen die Schläuche aus mir heraus. Nicht glitschig flutschend, sondern schon etwas zäh wie gegen Widerstand. Vermutlich, weil sie nach fünf Tagen einfach etwas eingewachsen sind. Was die Deckungsgleichheit von Vorstellung und Wirklichkeit betrifft, ging es mir ähnlich beim Skelett-Scan, der Szintigrafie, vor der OP. Eine andere, im wahrsten Sinne des Wortes, merk-würdige, medizinische Erfahrung. Die PET-Untersuchung liefert so eine Art Ganzkörper-Knochen-Bild, für das eine sehr geringe, radioaktive Flüssigkeit in den Körper injiziert wird, um mögliche Metastasen sichtbar zu machen. Ich wurde vorgewarnt, dass »einem sehr heiß wird, sobald das Mittel in den Blutkreislauf gespritzt wird«. Und so war es dann auch. Ein abgefahrenes Erlebnis: In weniger als zwei Sekunden schießt ein brennender Strahl von der Einstichstelle in jeden Winkel des Körpers. Da wird einem nicht nur warm ums Herz, sondern besonders an gut durchbluteten Stellen wie den Schleimhäuten zum Beispiel. Lustigerweise fühlt man recht genau die Strecke und das Streckennetz, über das das Feuerzeugs sich ausbreitet. Ich habe mich etwas erschrocken. Erstlings-Schrecken. Weil mir in meinem Leben auf diese Art und Weise eben noch nie die Temperatur nach oben getrieben wurde.

Im Moment habe ich allerdings weniger erhöhte Körpertemperatur als erhöhten Herzschlag. Das Ziel dicht und dementsprechend gestochen scharf vor Augen: Ich darf gleich nach Hause. Wie vereinbart. Und so trage ich alle Maßnahmen, die zum Auscheck-Vorgang gehören, mit hüpfender Leichtigkeit. Noch mal Blut abnehmen? Kein Problem. Verband erneuern? Klar, reißen Sie das alte Pflaster ruhig runter. Reißen. Nicht so übervorsichtig knibbeln. Es ist 8 Uhr 17, als Thom und meine Mutter das Zimmer betreten und beide ziemlich lachen müssen, als sie mich sehen. Da sitze ich, unschwer zu erkennen, seit längerer Zeit schon abreisebereit: Medizinisch rundum versorgt, habe mich gewaschen und angezogen (wie sensationell gut das trotz des immer noch unbeweglichen Arms geklappt hat. Juchhe!), die gepackte Tasche neben mir. E.T. kann nicht sehnlicher nach Hause gewollt haben als ich in diesem Augenblick.

Unser Heim nimmt mich in Form einer zum gemütlichen Bett umgebauten Couch in die Arme. Ich plumpse in die Kissen, lege mir einen Stapel DVDs zurecht und verbringe die erste Zeit daheim mit Filmen, Musik, Büchern und sehr, sehr viel Schlaf. Es scheint, als hätte ich einige Monate davon nachzuholen. Zumindest erinnere ich mich nicht, dass ich irgendwann in der Zeit, an die ich mich erinnern kann – also alles jenseits von vier Jahren – jemals so viel geschlafen habe wie in diesen Tagen. Ich vermute, dass nicht nur die körperliche, sondern auch die emotionale Erschöpfung ihren Tribut fordert. Denn es ist zwar keine Naturkatastrophe mit vielen, aber es ist eine Ego-Katastrophe mit einem Opfer passiert in meinem Leben. Und der gefühlte Schaden ist groß. Mein Ich und alles, was es gestützt hat, wurde massiv angeknackst – und meine gesammelten Lebensabschnittsweisheiten in ihren Grundfesten erschüttert. Wie war das noch: Ich bin das Ergebnis von viel Arbeit, Disziplin und Fleiß? Ich habe eine Plastikkarte vom Klub der selbst ernannten Gutmenschen, darum wird mir schon nichts

Schlechtes widerfahren? Ich lebe gesund, also werde ich nicht sterbenskrank? Boah. Was werden solche Leitsätze Lügen gestraft. Stattdessen bekomme ich durch das, was ich da gerade erlebe, einmal mehr eine kostenlose, aber umso wertvollere Lektion in Demut und Dankbarkeit für jeden schönen, gesunden, angstfreien Tag.

Angst spielt für mich eine zentrale Rolle, wenn es darum geht, in dem Stück das sich »Leben« nennt, die Stimmung zu versauen. Angst macht mich handlungs- und denkunfähig. Angst übernimmt Kontrolle. Und die gebe ich doch so ungern ab. Für mich ist Angst so etwas wie der Tod der Seele zu Lebzeiten. Das Einzige, was einen vor einem vorzeitigen, übereilten und natürlich ungesicherten Sprung in zu große Tiefen bewahrt, ist das Wissen darum, dass die Seele wieder auferstehen kann. Wenn man die Angst zum Teufel gejagt hat nämlich. Das ist aber noch nicht alles. Ich ahne, dass mir diese Krankheit, die es ernsthaft auf mein Wohl und mein langes Leben abgesehen hatte, noch etwas beibringen will. Im Crashkurs-Verfahren: ein bisschen mehr Gelassenheit. Ist das die Kunst vom Lassen? In Ruhe lassen. In Frieden lassen. Sein lassen. Was habe ich mich oft erklärt, vor mir selbst oder Freunden, was Jobs beziehungsweise meinen Berufsweg betraf. Mal ging es darum, Entscheidungen zu rechtfertigen oder − schlimmer noch − zu entschuldigen. Mal darum, die eigene Ungeduld auszuhalten, wenn Anspruch und Wirklichkeit wieder nicht übereinstimmten. Weil ich nicht immer so durfte und konnte, wie ich gern gewollt hätte. Und eigentlich immer ging es darum, dass ich auf die Zukunft gesetzt habe. Und mich wenig an der gar nicht so üblen Gegenwart gefreut habe. Weil in meinen Gedanken morgen immer alles besser wird, als es heute schon ist. Verblüffend, wie weit Vorstellung und Realität auseinandergehen können. Hahaha. Aber all das ist plötzlich unheimlich unwichtig. Wenn ich schon nicht weiß, wie viel Zukunft ich habe, dann bleibt mir ja gar nichts anderes, als das Jetzt endlich lieben zu lernen. »Locker machen, Mädchen,« sage ich mir selbst, das Couchkissen im Nacken und *The Producers* im DVD-Player (übrigens: ein großartiger Film. Lustig und böse. Da ich ihn etwa ein Dutzend Mal gesehen habe, tun gedankliche Abschweifungen dem Verständnis der Handlung keinen Abbruch).

In den Pakt mit mir selbst packe ich noch ein paar Punkte: »No more Erklärungen. No more Ungeduld. No more Druck.« Etwas mehr Reggae-Mentalität stünde mir gut zu Gesicht. Ein Leben in grün, gelb, rot. Peace. Also: (so weit es möglich ist) nur noch Spaß-Sachen machen. Keine Kompromisse mit der eigenen Lust und Leidenschaft. Das klingt für mich nach einem prima Konzeptpapier für den Relaunch des Projekts Leben. Auch wenn es gar keine echte Pilotierungsphase zum Testen und Verbessern gibt. Denn: Die Produktion läuft bereits. Und muss am Laufen gehalten werden.

14

BEWEGUNG, UM WAS ZU BEWEGEN

Mit Bleistift und Radiergummi in der Hand stehe ich im Türrahmen zu unserem Wohnzimmer. Das Gesicht zum Holz. Ich markiere mit einem Strich, wie weit ich meinen Arm schon wieder heben kann. Seitlich und vor dem Körper. Jeden Tag ein bisschen höher. Nachdem mir meine Ärztin durchaus glaubhaft versichert hat, dass selbst durch intensive Krankengymnastik (Streberin, ich) keine Narbe platzt oder innere Nähte reißen, trainiere ich den Bewegungsradius des Arms nämlich bis zur Schmerz- und Elastizitätsgrenze. Was die Maßnahmen zur Wiederherstellung meines Originalzustandes angeht, will ich extrem diszipliniert sein. Was mir – wie schon beschrieben – ganz und gar nicht fremd, sondern zutiefst zu eigen ist: die Disziplin. Bis vor nicht allzu langer Zeit war Disziplin sogar ein dermaßen wichtiger und pompöser Bestandteil meines Alltags, dass es für die Menschen um mich, und den einen natürlich besonders, äußerst mühsam gewesen sein dürfte. Disziplin in Sachen Arbeit, Ordnung, Sport, Ernährung. Gerne im Doppelpack mit einer außerordentlich ausgeprägten Form von Perfektionismus.

Bis zu einem Schlüsselmoment vor einigen Monaten. Ein Sonntaabend, nach einer sehr auslaugenden 7-Tage/70-Stunden-Woche. Sinnvoll gewesen wäre: im Nacken ein Kissen, unterm Po die Couch, in der rechten Hand ein Glas Rotwein, in der linken die des Liebsten. Ich hatte: im Nacken Verspannungen, Hummeln im Hintern, in der rechten Hand einen Putzlappen, in der linken den Schmutzwassereimer. In diesem Paradies für Frau Pril hatte ich meine Wachküssung. Wie körniger Schlaf aus den müden Augen fiel es mir: Dieser Drang, ständig in Aktion, noch machen müssen, erledigen, abhaken, das hat etwas höchst Pathologisches. Und der Handlungsbedarf ist längst überfällig. Ich sollte um meiner selbst willen (und auch dem Umfeld zuliebe) schleunigst etwas ändern. Entschleunigen. Und trainieren: nämlich das Nichtfunktionieren. Wohldosierte und wohltuende Disziplinlosigkeit. Süßer Müßiggang, gepflegte Langeweile, kultivierte Faulheit als Kraftquell. Das fiel mir, ehrlich gesagt, überhaupt nicht leicht. Und es hat auch einige Monate (!) gedauert, bis ich mich im Angesicht von Staubfahnen und jämmerlich verendeten Fliegen unterm Sofa auf selbiges drauflegen konnte, um die Fernbedienung und nicht den Feudel in die Hand zu nehmen. Auch heute muss ich mich ab und zu selbst auffordern, die zum Beispiel zur keimfreien Hygiene mahnenden Stimmen in mir einfach zu überhören. Desinfektionsmittel aller Länder vereinigt euch? Gerne, aber ohne meines. Das funktioniert. Ich habe meine Krümel-Toleranzgrenze nach oben verschoben. Und werde peu à peu besser darin. »Locker machen, Mädchen«. gilt eben auch hier.

Ausnahmen bestätigen bekanntlich ins Herz geschlossene Regeln. Und diese Ausnahme gilt für mein sportliches Programm. Hier gestatte ich es mir, jede verfügbare Energie aufzubringen. Weil ich es will, weil es guttut und weil es mir Spaß macht. Die Übungen dehnen und mobilisieren die Bereiche, die durch die OP verwundet oder verkürzt wurden. Der Türrahmen legt Zeugnis über die Entwicklung ab. Jede neue angezeichnete Höchstmarke – ein millimeterfeiner, kleiner und für mich so großer Fortschritt. Erinnert mich an Kindertage, wo wir mit Bleistift, Lineal und Datum unsere Körpergröße an der Tür festgehalten haben. Meine Grundschulfreundin Anna und ich immer im sprichwörtlichen Kopf-an-Kopf-Rennen um jeden Millimeter Wachstumsvorsprung. Heute sind wir übrigens genau gleich groß.

Die nach oben offene Skala der Mobilität, der Rahmen zwischen Küche und Wohnzimmer, bekommt also jeden Tag eine neue Bleistift-Stiege dazu. Eine Leiter zurück zur Normalität.

Auf dem Weg dorthin werde ich auch wieder regelmäßig im Fitness-
studio haltmachen. Erlaubt und erwünscht ist, was die Wunde nicht
belastet oder beben lässt: Sitzfahrrad und Crosstrainer also. Ich bin
kein großer Muckibuden-Freund. Noch nie gewesen. Weder zu meiner
sportlichsten Zeit noch jetzt. Und eigentlich war meine Mitgliedschaft
auch schon seit Monaten eingeschlafen. Was selbstverständlich nicht
für den Dauerauftrag des Beitrags gilt. Trainiert habe ich selten. Und
das ist schon übertrieben. Was ich vor mir selbst bis jetzt aber bestens
als Teil meiner mir selbst erteilten Anti-Diszplin-Lektion verteidigen
konnte. Das Vertragsverhältnis gammelt also der neu gewonnenen Lust
an der Lässigkeit zur Freude gemütlich vor sich hin. Nun soll es sinnma-
chend wiederbelebt werden. Denn Sport, dazu hat meine Institution Dr.
Lauckmann auch ein Broschüre verfasst, ist auf unterschiedlichen Ebe-
nen eine Supermedizin. Der Psyche tut es gut zu spüren, dass man trotz
und gerade wegen so einer morbiden Krankheit ganz schön lebendig
und belastbar und leistungsfähig ist. Dem Körper tut es durch Studien
nachgewiesen so gut, dass sportlich aktive (Ex-)Brustkrebspatientinnen
eine deutlich bessere Prognose haben als Sofakartoffeln. Dabei gilt: Wie
es euch gefällt. Spazieren gehen, Wandern, Schwimmen, Walking oder
aber so, wie ich es für mich bald entdecken würde. Und noch etwas
spricht dafür, dass ich schon in Woche 2 nach dem Krankenhaus die
Schweißproduktion erhöhen will: Ich muss dringend dem vielen, mo-
natlich zum Fenster rausgeschmissenen Geld hinterherfahren. Und sei
es nur auf dem Sitzrad.

Im Tempel des Körperkults ist eigentlich alles wie immer. Soweit ich
mich daran erinnere. Die Jünger der Bewegungsreligion folgen wahlweise dem Tempo des Laufbandes, dem Gewicht der Kraftmaschi-
ne oder einem der vielen Sektenführer in die Kursräume. Gepriesen
sei, was Kalorien, respektive Fett, vernichtet und Muskeln aufbaut. In
Sportlichkeit. Und Dehnbarkeit. Amen. Ich setze mich aufs Rad und
trete kräftig in die Pedale. Das Ding muss was aushalten können. Ich
habe schließlich lange in dieses Gerät investiert. Bevor ich mir ausgerechnet habe, ob ich mir allein durch meine treu und pflichtschuldig
überwiesenen Mitgliedsbeiträge nicht schon längst selbst einen Ergometer hätte leisten können, verschaffe ich dem Gedanken eine Not-

bremsung. Stattdessen genieße ich jeden Tritt, freue mich über jeden bewältigten Kilometer, spüre mit Genuss, wie mir warm wird und mein Herz unter der Anstrengung arbeitet. Die Schweißtropfen laufen am Gesicht, am Bauch und am Rücken runter. Ich schnaufe ein bisschen und stampfe noch fester zu. 50 Minuten lang geht mein eigenes kleines Straßenrennen. Ich komme zwar keinen echten Zentimeter vorwärts, schneide im direkten Vergleich mit meinen Mitradlern links und rechts eher schlecht ab, aber die Schnecke fühlt sich trotzdem wie eine Siegerin. Keinen überholt, aber Angst und Frustration sind auf der Strecke geblieben. Ausgeschwitzt und liegen gelassen.

Ein angenehmes Gefühl ist das, als ich zum Auswringen nass Richtung Umkleide wanke. Die Beine wabbelig und schwer, der Geist sortiert und fein leicht. Das war nicht einfach eine gute, es war die eine gute Entscheidung, den Sport wieder in mein Leben zu lassen. »Hereinspaziert. Herzlich willkommen! Schön, dass du da bist. Und, ja, gerne darfst du auch eine Weile bleiben.« Mein Oberkörper ist immer noch verklebt und pflasterbedeckt, deswegen hebe ich mir das nicht ganz komplikationsfreie Duschen für zu Hause auf. Der Fußmarsch zurück ist Wuppertaler Schwebebahn mitten in Berlin. Ich habe Rückenwind − Auftrieb aus Endorphinen und Serotonin, oder wie auch immer die ganzen fürs Glück verantwortlichen Hormone heißen. Das Tolle daran: Die frühlingsfrische, ja, echt dufte Laune hält an. Morgen wieder, nehme ich mir vor. Mehr noch: An diesem Abend kommt der Wunsch zur Welt, dass ich mir ab jetzt jeden Tag ein bisschen Sport gönne. Genau, gönne. Sport, als wesentliches, als mein Mittel zu dem einen Zweck, dass es mir gut gehen möge, meine Gemütslage stabil und ausgeglichen bleibe und ich aktiv etwas für mein Gesundbleiben tun kann. Endlich nicht mehr ausgeliefert. Nicht mehr nur zusehen. Selber machen. Do it yourself fürs persönliche feeling good, ums mal schön deutsch auszudrücken.

Solange der Heilungsprozess allerdings noch nicht die erste große Hürde genommen hat, solange die Narben noch nicht alt genug sind, so lange muss ich die Sporteinheiten ausschließlich mit Rad und Crosstrainer gestalten. Da Abwechslung reinzubringen ist für sich genommen schon eine schweißtreibende Angelegenheit. Später dann, wie früher schon, darf ich wieder joggen. Auf die Runden durch den wunderschönen Großstadtpark bei mir um die Ecke freue ich mich. Ehrlich. Laufen ist das Einzige, was auch meine faule Phase überlebt hat. Ohne wäre ich vermutlich ein einziges PMS. 30 Tage nonstop. Ach ja, und Yoga möchte ich endlich lernen. Ich gebe zu, ich hatte bisher gehörige Berührungsängste, weil mir drum herum immer zu viel Esoterik-Chichi gemacht wurde. Räucherstäbchen, die einem das Urteilsvermögen vernebeln, total befreite Yogalehrer, die ihr altes Ich auf irgendeinem Workshop in Goa gelassen haben, und Meditationen à la: »Ich fühle den Tisch in mir.« Nix für ungut, aber nix für mich. Schön, das Breittreten von Klischees und das sorgsame Pflegen von Vorurteilen, gell? Aber ich bin ja weicher geworden: Ich guck mir auch das alles einmal an. Denn die Idee von einer friedlichen Einheit von Körper, Geist und Seele, einer funktionierenden Wesens-WG sozusagen, macht für mich Sinn. Meine WG-Mitglieder müssen ziemlich zerstritten gewesen sein, sonst wäre ich nicht so krank geworden. So weit bin ich schon. Om.

15

ENT-DECKUNG

Die Eitelkeit klingelt Sturm in mir an diesem Morgen. Ich will es jetzt endlich wissen. Wie sieht meine Brust aus, wenn sie sich nicht mehr unter Pflastern verstecken und bedecken kann? Wenn sie zum ersten Mal das Licht der Welt nach meiner persönlichen Stunde null sieht? Zerschnitten und zerfurcht, an der Nahtstelle schweinchenrosa und knubbelig verwachsen. So in etwa? Meine noch etwas schlaftrunkene, morgendliche Fantasie malt ein Bild, das jedem Maskenbildner eine Herausforderung wäre. Was ich nicht sonderlich schick finde, klar. Dennoch kriege ich die Vorstellung eines sehr ramponierten Busens nur schwer aus dem Kopf. Heute jedenfalls werde ich erfahren, wie groß der Schönheitsfehler wirklich ist. Heute sehe ich zum ersten Mal die Brust, mit der ich ab jetzt den Rest meines Lebens verbringe. Die Vernunft, meine eigene und in Person von Thom, haben mir in den vergangenen Tagen selbstredend versucht, das immerzu Gleiche einzurichtern: »Es ist egal. Völlig egal, wie sie aussieht. Du bist gesund. Das ist die Hauptsache. Außerdem werden die Narbe doch sowieso nur du und ich je zu Gesicht bekommen.« – »Ja, schon. Aber ich habe Bilder im Internet gesehen ...« Ups. Internetverbot. Verraten. » ... also, ich habe Bilder gesehen, da tun einem die Brüste inklusive der dazugehörenden Frauen schon irgendwie ein bisschen leid. Weil so wild rumgeschnibbelt und noch abenteuerlicher vernäht wurde. Das sieht aus, als kämen die Patientinnen gerade vom Schlachtfest. Und nicht aus der Gefäßchirurgie.«

Meine Sorgen über einen unästhetischen Gewebeverschluss gründen sich nicht nur auf das entdeckte Fotomaterial, sondern auch auf meine letzte Operationsnarbe. Ein Fahrradunfall. Vor fast 20 Jahren. Damals muss noch mit dem Tacker gearbeitet worden sein. Thom muntert mich erwartungsgemäß auf: »Das ist so lange her. So grob wird heute nicht mehr geflickt. Ob du es glaubst oder nicht: Da haben die Medizin und ihre Methoden tatsächlich ein paar unbedeutende Fortschritte gemacht.« Wie sich das gehört, wenn man sich an seiner eigenen Meinung festgebissen hat, ignoriere ich diesen berechtigten Einwand. Weil Thom aber ein kluger Mann ist, lässt er mir irgendwann mein Schmollbedürfnis und das letzte Wort. Und beendet das sich im Kreis drehende Ja-aber-Gespräch auf seine Art und Weise. Die einzig wirkungsvolle zurzeit: Umarmung und Kuss. Auf dem Weg zu meiner Ärztin kreisen die Gedanken wieder um das eine Thema. Ich bin mir immer sicherer, dass ich mich auf einen nicht so schönen Anblick einstellen sollte.

Was ich erwarte, wird ganz treffend durch das Credo für perfektes Design beschrieben: form follows function. Das heißt, erst einmal den Krebs restlos entfernen. Und danach kümmert man sich um die Optik. Das stärkt meine Theorie, dass heute mal wieder ein Tag ist, um Tapferkeitsmedaillen abzustauben. Stark sein. Nicht jammern. Ich spüre, wie sich mein Soul-Security-System warm läuft. Damit es mich nicht so kalt erwischt. Also vorher im Kopf durchspielen, was ich schlimmstenfalls aushalten muss. Daher stelle ich mir brav bildlich vor, wie Dr. Lauckmann die Pflaster entfernt, ich an mir heruntersehe, vorsichtig über die Haut fahre und die ein, zwei, vielleicht drei neuen Wülste erkunde, die ab sofort zu mir gehören. Ich hole tief Luft. Wird schon. Es sind nur Äußerlichkeiten, du eitles Pferd. Also, mach nicht so einen Zirkus.

Kurz darauf sitzen wir wirklich bei meiner Ärztin. Sie befreit mich behutsam vom Verband und begutachtet als Erstes selbst, was sie da fabriziert hat. »Sie haben gute Heilhaut. Das hat sich sehr schön entwickelt«, stellt sie beruhigend und ziemlich bescheiden fest. Denn gute Heilhaut alleine macht noch keine schicke Naht. Ich nehme die 2.0-Version meines Busens unter die Lupe. Und: bin ziemlich überrascht von dem, was ich da sehe. Ein Schnitt hat offenbar gereicht. Meine eine Narbe ist nur wenige Zentimeter lang, bindfadendünn und bereits verhältnismäßig eben. Wenn man bedenkt, dass die Wunde erst zwei Wochen alt ist.

Erleichtert und zufrieden blicke ich abwechselnd auf die Naht und sehr dankbar zu Dr. Lauckmann. »Boah, das haben Sie wahnsinnig sensationell hinbekommen. Ich bin beeindruckt.« – »Wenn das weiter so gut heilt, dann wird die Narbe in einer paar Monaten noch feiner sein.« – »Danke für diese guten Nachrichten. Ist ja jetzt schon ein absolut vertretbarer Zustand.« Die zarte Linie, die mich auch in Jahrzehnten noch an das erinnern wird, was wir gerade erleben, ist, ehrlich gesagt, ziemlich unspektakulär. Retuschier- und eher unscheinbar. Hosianna. Ich bin froh.

Wenn auch nur kurz. Die Frage, die mich zurück ins manchmal so unbarmherzige Leben holt, lautet: »Was machen eigentlich Ihre Lymphknoten am Hals? Die Blutuntersuchung hat gezeigt, dass Sie keine dieser Viren mehr mit sich rumschleppen. Jetzt endlich müsste sich da mal etwas tun.« Ich muss zugeben, dass ich durch das ständige am Hals rumfummeln kein verlässliches Gespür mehr dafür habe, ob sich die unter Beobachtung stehenden Kameraden in irgendeiner Form verändert haben. Dr. Lauckmann überprüft selbst sanft tastend den Status quo – und ist sichtlich erleichtert, als sie feststellt: »Ach, die sind ja deutlich abgeschwollen. In ein paar Wochen ist davon hoffentlich nichts mehr zu merken.« In meiner Hand, in der die meines Mannes liegt, zuckt es. Wir freuen uns und drücken die Freude durch ein paar Drücker aus. Das Herz macht kleine Luftsprünge, während sich eine omnipräsente Restangst plötzlich in Wohlgefallen auflösen kann.
Viel Zeit zum Springen ist dem Herzen heute aber nicht gegönnt. Denn Dr. Lauckmann setzt nach einer kleinen Pause und etwas angestrengter Miene an: »So, und was jetzt kommt, ist nicht so ganz einfach.« Herz macht Luftsprungpause. »Das Ergebnis der entfernten Lymphknoten ist da.« Herz hält den Atem an. Im Internet, das es in meinem Leben offiziell zurzeit gar nicht mehr gibt, habe ich Kategorisierungen gefunden. Da gibt es die Unterteilung kein Befall, 1, 2 bis 4, 5 bis 8, mehr als 9. Je mehr, umso schlechter. Klar. Und bei mir? »Es waren zehn befallen.« Herz rutscht in die Hose. Scheiße. Das ist viel. Herzlichen Glückwunsch, die Kandidatin hat die Höchstpunktzahl erreicht. »Aber Sie haben alle kranken Lymphknoten entfernt?« – »Ja, die anderen nach

Nummer 10 waren alle in Ordnung.« – »Und was heißt das jetzt?« – »Laut Statistik verschlechtert das theoretisch die Aussichten. Aber ich sage Ihnen: Das heißt nichts. Nichts. Denn, und das müssen Sie sich ganz oft sagen, es ist letztlich nur eine Zahl. Tun Sie sich einen Gefallen und lesen Sie nicht, was Sie darüber im Internet finden.« Jahaaa, ich weiß, Internetverbot. »Wie das Ihre Prognose verändert und solche Sachen. Wir werden Sie durch eine wirklich harte Therapie schicken, die Sie aber schaffen werden und die Ihre Perspektive ganz, ganz toll positiv beeinflusst. Und das sage ich nicht, um es Ihnen leichter zu machen. Das ist eine Tatsache.« Ich blicke wohl ziemlich ungläubig und etwas eingeschüchtert drein, denn sie fährt fort: »Außerdem haben Sie, Sie alleine und Sie beide, bisher alles bravourös gemeistert. Sie gehen so optimistisch an diese schwere und oft genug deprimierende Aufgabe heran. Diese positive Einstellung ist von ganz großer Wichtigkeit, glauben Sie mir. Machen Sie weiter so. Dann wird das alles schon.« Zunächst kommt mir nur ein müdes Lächeln über die Lippen, dann aber etwas in den Sinn, was ich früher schon gedacht und zu meinem Motto gemacht habe: »Wollen wir doch mal sehen, wer hier klein beigibt.« (Herz sitzt wieder am rechten Fleck.) Ich werde es nämlich bestimmt nicht sein.

16

(END)STATION SEHNSUCHT

Das Kinderwunschzentrum ist eine sehr freundliche Station. Pastelltöne bestimmen das Ambiente. Überall hängen Fotos von mopsigen, drolligen Babies. Mal schläfrig, mal sich so kaputtlachend, wie das nur Säuglinge können. Und auch ein großes Gruppenbild der Frauen und Männer, die dem lahmenden Storch auf die Sprünge helfen, prangt an der Wand. Dr. Marianne Weißberck und ihr Team. Die Kindermacher der Reproduktionsmedizin. In dieser Abteilung landen Paare, selten die ganz jungen, die sich sehnlichst ein Baby wünschen, bei denen es auf natürlichem Weg aber nicht geklappt hat. Dementsprechend unglücklich und sorgenvoll sehen alle aus, die an diesem Morgen einen Termin haben. Alle Hoffnungen ruhen auf Dr. Weißberck. Die kann bei ungewollter Kinderlosigkeit helfen. Heute bin ich auch eine der Kundinnen. Wenngleich aus einem anderen Grund. Nicht mehr lang, dann geht meine Chemotherapie los. Die macht bekanntermaßen mögliche, übrig gebliebene Tumorzellen ein für alle Mal kaputt, aber eben auch gesundes Biomaterial. Daher der Haarausfall und so. Aber: Sagte ich schon, dass der menschliche Körper echt eine Wucht ist? Denn nach der Therapie passiert etwas, was nur die guten, gesunden und nicht die bösen, entarteten Zellen können: Sie erneuern und erholen sich. Zu 100 Prozent. Bis auf die Eierstöcke. Die kann es theoretisch so stark erwischen, dass sie ihre Arbeit nur in Altersteilzeit aufnehmen oder dass sie gar frühzeitig in Rente gehen. Die Chancen stehen sehr gut, dass mein System nach der Chemotherapie genauso funktioniert wie vorher. Aber für den wenngleich unwahrscheinlichen Fall, dass ich meine DNS-tragenden Fortpflanzungszellen nicht mehr aus dem Dornröschenschlaf wachgerüttelt bekomme, will ich vorsorgen. Das heißt konkret: In den nächsten Tagen bekomme ich eine Hormontherapie, die meine Eizellen wachsen lässt. Und zwar ganz viele auf einmal. Die werden, kurz bevor es mit den Infusionen losgeht, entnommen. Ja. Unter Vollnarkose. Ächz. Und dann eingefroren. Eizellen auf Eis. Meine girls on the rocks für alle Fälle. Dr. Weißberck mit ihrem langen, blonden Pferdeschwanz, einem sehr milden Lächeln und ganz feingliedrigen Fingern, die während des Gesprächs bewegungslos ineinander ruhen, bereitet mich auf die kommenden zwei Wochen vor.

Die Extraportionen Östrogen, die ich erhalte, kommen mit all dem daher, was geballte Weiblichkeit ausmacht. Nämlich mit Lust und Laune. Von beidem viel. Und gerne wechselhaft. Ich weiß nicht, ob ich Thom dafür bedauern oder dazu beglückwünschen soll. Nehme es in jedem Fall mit einem breiten Grinsen. Ich habe ja auch gut lachen. Für mich ist das hier nicht die End-, sondern maximal eine Zwischenstation. Und Sehnsucht nach eigenem Nachwuchs ist noch nicht da. In meinem Lebensplan irgendwo in der mittelfristigen Zukunft. Und nur gezwungenermaßen jetzt auch ein Thema. Wenigstens ein paar Tage lang. Dr. Weißberck beschreibt unseren Plan, auch wie wir meine Brutstätte während der Chemotherapie vor Schaden schützen, und sie weiht mich in die Geheimnisse der Eizellen-Zucht ein. Ich komme mir vor wie ein Huhn. Entsprechend viel wird gegackert. »Na, dann stürze ich mich mal in meine Wochen der Wollust. Hoffentlich begegnet mir auf dem Weg zum Auto kein halbwegs attraktiver Mann. Oder hat man sich so weit noch unter Kontrolle?«, raune ich der Assistentin zu. Gelächter. Hier muss ich jetzt regelmäßig hin. Wie gut, dass es wenigstens lustig sein darf. Als ich kichernd den Behandlungsraum verlasse und im Wartezimmer in die angespannten Gesichter der dort sitzenden Paare blicke, komme ich mir fast ein bisschen pietät- und rücksichtslos vor. Dennoch: Ich glaube zu wissen, dass vermutlich niemand mit mir würde tauschen wollen.

17

BIANCA

Diese Wochen in meiner Zeitrechnung a. C. – ante Chemo – bestehen aus 30 Prozent, also zweieinhalb Tagen Arbeit, 10 Prozent Ausruhen und stattlichen 60 Prozent Krankenhaus. Ein Graus. Allein, dass diese Institution so heißt, ist doch ziemlich entmutigend. Immerhin will ich gesund werden und nicht krank, wenn ich mich dorthin begebe. Mal sehen, ob die Umbenennung aller Krankenhäuser in Gesundheitszentrum oder gleich International Health Center noch in die Lebenszeit meiner Generation fällt. Jedenfalls muss ich zurzeit alle ein bis zwei Tage dorthin. Entweder zu irgendeiner aufwendigen, zeitraubenden und bestimmt sehr teuren Voruntersuchung für die Chemo. Oder: zu meiner Oberhenne, Dr. Weißberck, zur Ei-Kontrolle. Oder zu Dr. Lauckmann: postoperative Nachsorge. »Keine Sorge, das wird bald weniger. Am Anfang will ich Sie noch etwas häufiger sehen.« Mich stört es nicht. Ich habe ja schon so gut wie einen Dr.-Lauckmann-Fanclub gegründet, insofern finde ich viele meet & greets super. Heute hat sie allerdings noch ein anderes Anliegen: »Ich hatte Ihnen doch von der Patientin erzählt, die gerade ziemlich genau dasselbe durchmacht, wie Sie. Heute bekommt sie ihren nächsten Zyklus Chemotherapie. Wenn Sie wollen, können wir gleich in die Infusionsambulanz gehen. Da stelle ich sie Ihnen vor.«

Und wie ich will. Ich halte extrem viel von dieser Idee. Es kann niemals schaden, weitere Mitstreiter zu rekrutieren oder auch selbst einer für jemand anderes zu werden. Diese Krankheit allein ist so große Kacke. Das alleine durchzustehen ist noch größere Kacke. Das muss ja nicht sein. Außerdem habe ich die Chance, vor meinem ersten Zyklus, der ersten Infusionseinheit nächste Woche, ein paar Fragen an jemanden loszuwerden, der sie besser beantworten kann als jedes medizinische Lexikon: nämlich eine Betroffene.

Das Räumchen, in dem die Chemotherapie verabreicht wird, ist klein, aber mit sehr viel Liebe zum floralen Detail dekoriert. Ein Weidenstrauch mit Osterschmuck hängt von der Decke. Kitschige, aber in der Hinsicht konsequent überladene Blumengestecke auf der Fensterbank, in der Ecke ein Transistorradio, aus dem die besten Hits seit sicherlich Beginn der Zeitrechnung scheppern. An den Wänden links und rechts stehen jeweils drei sehr gemütlich aussehende, einladende hellgraue Liegesessel mit Kopfkissen und Wolldecke. Außerdem kann man mit einer Fernbedienung Fuß- und Rückenteil nach Belieben heben oder senken. Spitzensache. Eigentlich ideal für süße Träume, wenn das Zeug, das einem hier verabreicht wird, nicht der absolute Albtraum wäre.

Auf der linken Seite im Sessel in der Mitte sitzt eine junge Frau. Blaue Augen, Stupsnase und ein Lächeln, das beweist, dass sich regelmäßige Zahnarztbesuche eben doch lohnen: Bianca. Sie ist alleine. Sonst ist keiner mehr da. Der sehr blonde, sehr akkurat frisierte Pagenkopf, eine prima Judy-Winter-Gedächtnis-Frisur. Ich vermute, dass das ihre Perücke sein muss und schon nicht mehr ihr echtes Haar. Holla. Das geht schnell. Wieder muss ich schlucken. Viel Zeit für Selbstmitleid bleibt nicht. In wenigen Tagen sitze ich zum ersten Mal auf so einem Stuhl. Und dann läuft mir diese Flüssigkeit in den Körper. Bianca bekommt die Infusionen über einen Port. Einen unter die Haut verpflanzten Venenzugang unterhalb des Schlüsselbeins. Die runde, 5-Mark-Stückgroße Beule sieht aus wie ein versteckter Betriebsschalter. Abends drauf drücken, den als Mensch getarnten Roboter in die Besenkammer stellen und morgens wieder per Knopfdruck aktivieren. Allerdings bekommen Maschinen keinen Krebs, ich dafür aber auch bald so ein Gerät. Erfahre ich gerade. Ist ratsam, so haben es mir meine Ärztin und auch Bianca erklärt, weil die chemotherapeutischen Mittel, die Zytostatika, auf Dauer die Venen am Arm regelrecht zerfetzen können. Erst recht bei meiner, und auch Biancas, Superwoman-Dosis. Das führe dann zu rillenartigen Gefäß-Vernarbungen an der unteren Innenarmseite. Aha. Das möchte keiner. Inklusive mir. Also, lasst mich raten, wieder eine

OP? Runzel-Seufz-Leide-Gesicht. Wieder eine OP. Seufz-Gesicht. Immerhin dauert der Eingriff nur 30 Minuten und das Ganze kann ambulant abgewickelt werden. Ein Telefonat später hat mir Dr. Lauckmann einen Termin für die Port-Operation besorgt: übermorgen nachmittag. Hossa. Schon wieder so fix. Aber: Hilft ja nix.

Bianca dagegen hilft sehr. Ich bombardiere sie mit meinen Fragen: »Wie verträgst du die Chemo?« – »Ganz gut. Hin und wieder etwas übel. Aber nicht am Chemo-Tag selbst. Später erst. Übergeben musste ich mich bisher noch nicht.« – »Was hast du für Nebenwirkungen?« – »Generell geht es. Kleinigkeiten. Aber ich bin schon deutlich erschöpfter als sonst.« – »Gehst du arbeiten?« – »Nein.« – »Machst du Sport?« – »Im Moment nicht so viel.« – »Wann sind deine Haare ausgefallen?« – »Das ging zwei Wochen nach der ersten Infusion los.« – »Achtest du bei der Ernährung auf irgendetwas besonderes?« – »Nö. Ich habe mir nach meiner Chemo vor zwei Wochen sogar Backofen-Pommes gemacht. Und sie auch nicht wieder zurückgegeben.« Grinsen. Mein Kopf glüht und mein Herz pocht zügig. Es ist, als hätte ich mein inneres Tagebuch aufgeschlagen, das bis zur letzten Seite mit meinen tausend Fragen zugekritzelt ist, und die muss ich jetzt unbedingt alle stellen, bevor meine Besuchszeit quasi um ist. Der Anstand zieht die Handbremse.

Wir tauschen unsere Kontaktdaten aus und machen ab, dass wir uns ja mal außerhalb der Ambulanz treffen können. Erstens wäre ein Ort schön, an dem die Wände nicht so viele Ohren und Augen haben. Und zweitens können grauer PVC-Boden und taxigelbe Mauern im direkten Vergleich mit einem hübschen Westberliner Kaffeehaus nicht mithalten. Mein Bauchgefühl sagt mir, dass ich ihr vertrauen kann. Nicht nur, weil Bianca selbst Ärztin ist. Sie scheint mir jetzt schon eine sehr gute Verbündete zu sein. Tapfer, fröhlich, auf der gleichen Seite des Schicksals und meine Wellenlänge. Ich fahre beschwingt nach Hause. So allein und elend ich mich zeitweise auch gefühlt haben mag mit meinem Ach-so-ein-Unglück, so sehr weiß ich in diesem Augenblick besser denn je: Ich bin es nicht. Von mir gibt es einige. Wir sind viele.

18

HAUPTSACHE: HAARE

Die Port-OP war tatsächlich ein Klacks. Mein Anflug von Panik vor der Narkose wurde mit sanftem Druck auf die Schultern aus den beruhigenden Händen der Anästhesistin niedergeschlagen. Und als ich meiner Operateurin, einer sehr kleinen Frau mit dunklen, wunderschönen, lachenden Augen, ins Gesicht sehe, da stellt sich – unglaublich, aber wahr – so etwas wie Gelassenheit ein: »Komm schon. Das wird schon. Du hast schon Größeres geschafft.« Das Letzte, was ich vor der medikamentös eingeleiteten Tiefschlafphase von der Traum-Frau höre, ist die zweite Strophe von La-Le-Lu. Sie singt für mich. Mit Textschwächen. Da muss ich schmunzeln.

Jetzt merke ich die Wunde schon nicht mehr. Stattdessen spüre ich umso deutlicher Handlungsbedarf. Das Problem: Ich weiß nicht, in welcher Angelegenheit. Ich möchte und muss irgendetwas tun, was sich richtig anfühlt. Was meinen Job betrifft, da läuft alles wie geschmiert und geölt wie früher. Ich habe mittlerweile wieder angefangen zu arbeiten. Erfüllt mich. Lenkt ab. Macht Sinn. Und Spaß. Spannend wird es, ob das auch unter Chemotherapie funktionieren wird. Nein, irgendetwas anderes soll anders werden. Plötzlich erscheint mir bildhaft – pling! – die berühmte Glühbirne über dem Kopf. Wenn es etwas zu ändern gilt, schnell und radikal, dann hilft nur einer. Die Antwort auf alle elementaren Frauenfragen: der Friseur. Zum Glück ist nicht Montag. Denn eigentlich ist immer Montag, wenn man spontan beschließt, sich die Haare schneiden zu lassen. Die Schnittstelle meines Vertrauens hat auf. Meine Friseurin auch. Und zwar Augen und Mund auf-gerissen, als ich ihr meinen Wunsch mitteile: »Alles ab. Auf 5 Zentimeter.« – »Aber die schönen, langen ...« – »Ja, ich weiß. Versuch nicht, mich zu überreden. Die Entscheidung steht. Ich habe das überlegt. Jetzt ist der perfekte Zeitpunkt für kurz.« Sie unternimmt noch zwei schwache Versuche: »Schulterlang! Ein Pagenkopf?« und gibt sich dann meiner Entschlossenheit geschlagen. Das arme Ding. Sie kann ja nicht ahnen, dass der schöne Schnitt, den sie mir gleich verpasst, in spätestens Monatsfrist auch schon wieder Geschichte sein wird.

Zufrieden und ein bisschen aufgeregt sehe ich Strähne um Strähne auf den Boden segeln. 40 Zentimeter liebevoll gezüchtetes, gepflegtes und oft genug gestriegeltes Haupthaar. Adieu. Geh mit Gott. Aber geh. Ich finde es gut so, dass ich, so weit es möglich ist, bestimme, was wann wie mit meinem Haar passiert. Gar nicht gut die Vorstellung, morgens aufzuwachen und das Kopfkissen mit langen, verknoteten Haarknäueln bedeckt und mich selbst wie ein gerupftes Huhn mit blanken Kopfflächen zwischen Reststrähnen zu sehen. Das wäre wirklich so. Denn die Haare fallen ja nicht alle auf einmal aus. Sondern hübsch büschelweise. Unregelmäßig. Manche schneller, manche langsamer. Gruselig. Nicht mit mir. Haare sind jetzt gerade meine Haupt-Sache. Ich bevorzuge den kontrollierten Abschied. Und den macht mir meine Friseurin mit einem sehr hippen Look extrem leicht. 25 Minuten nachdem ich den Salon betreten habe, bin ich stolze Trägerin einer Kurzhaarfrisur. Juchhu! Endlich. So lange schon wollte ich das ausprobieren. Nur getraut habe ich mich nie. Bis zu diesem Augenblickes des Muts. Aus Gleichmut: »Jetzt ist es auch egal.« Wie leicht der Kopf wird. Wie schnell das Frisieren geht. Und das Waschen erst. Sensation. Freu dich daran, solange es geht. Ein paar Wochen, dann war es das mit Haaren, und zwar für die nächsten Monate.

Ich denke jetzt allerdings erst einmal an den nächsten Montag. Meine wöchentliche Sendung in Köln. Da kann ich nicht auf einmal mit Bubikopf auftauchen. Das verwirrt meinen Arbeitgeber und das Publikum gleichermaßen. Der Plan ist bereits gefasst: Ich brauche eine Perücke. Zweithaar-Studios, wie die Profis ihre Perückenparadiese taufen, gibt es viele in der Hauptstadt. Ich habe mir eine kleine Liste gemacht mit einer Handvoll Adressen. Um Preise und Qualität zu vergleichen. Wie sich zeigen sollte, keine so verkehrte Idee. Denn zwischen den Angeboten gibt es kontinentalplattenweite Unterschiede. Nach den ersten beiden Besuchen in Oasen kopfbehaarter Glückseligkeit werden mir zwei Dinge schnell klar: Echthaar soll es sein. Und: Billig wird es nicht. Ich betrete die Ausstellungsräume einer sehr bekannten Perückenverkäuferin. Eine, die ihre Prospekte stapelweise auf den onkologischen Stationen und der Chemotherapie-Ambulanz liegen lässt. Die bei Google mit ihrem Eintrag recht weit oben auftaucht. Also augenscheinlich eine Madame Wichtig in der Szene. Die sich zu meinem großen Bedauern dementsprechend verhält. Zur Begrüßung, ohne Handschlag, rauscht sie erst einmal an mir vorbei: »Hallo, hallo. Jehn Se schon mal in dit Zimmer da hinten. Ick bin jleich da.« Gleich wird weltweit unterschiedlich definiert. Aber 35 Minuten Wartezeit sind höchstens in Relation zur Entwicklungszeit des Homo sapiens sapiens gleich. Bevor gleich, und zwar echtes gleich, mein Geduldsfaden reißt und ich Dinge von mir gebe, für die ich mich später entschuldigen müsste, beschließe ich zu gehen. Da kommt sie dann endlich.

»Wat darf et denn sein?« – »Ihnen auch einen Guten Tag. Ich hätte gerne eine Echthaar-Perücke. Aber mit langem Haar. Möglichst meine jetzige Haarfarbe.« – »Ja. Ick hätte da dit Modell Raquel Welch. Dit is janz schön mit die Strähnchen. Oder hier die Veronika-Serie, mit Stufenschnitt ...« Sie holt eine Perücke nach der anderen von den Styroporköpfen, die in den raumhohen Regalen nebeneinanderstehen. Dann stülpt sie mir die Netze, an denen das Haar befestigt ist, über. Zieht hier ein bisschen, rupft und zupft mir mit ihren hektischen Händen unmögliche Frisuren ins Gesicht. Zur Aerobicstunde mit einem Gymnastikanzug, der einen Beinausschnitt hat bis unter die Achseln, sähe ich super aus. Im Jahr 1988. Außerdem tun die Perücken weh. Die sind zu eng. »Se ham aber och'n dicken Kopp,« sagt sie, als sie auf ihr Maßband blickt. Sensibles Geschick und höfliche Umgangsformen werden überbewertet, denke ich. Mache mir wirklich nur sehr kurz Gedanken, ob ich tatsächlich einen großen Kopf habe, erinnere mich an die Vorgänger-Geschäfte, die alle passendes Material vorhalten konnten, und versuche es versöhnlicher: »Wir messen ja jetzt mit Haaren. Davon habe ich viele und dann auch noch dicke. Die sind aber bald weg. Muss man da nicht ein bisschen was abziehen?« – »Nee, dit gloob ick nich. Ihr Kopp is eenfach zu dick für dit hier.« – »Es gibt kein Modell für mich?« – »Se können dit hier mit so welchen versuch'n. Drückt halt 'n bisschen nach 'ner Weile. Aber für'n paar Stunden wird dit schon jehn.« – »Was kosten die denn?« – »Die jünstigen um die 1500 Euro.« O. k. Es gibt definitiv kein Modell für mich. Die Frage nach dem Preis und mein fassungsloses Gesicht haben bei der Dame eine Schranke gehoben, freie Fahrt für ihre Verkaufstirade: »Ick hab schon so jute Preise. Se glooben jar nich, wat et allet ... Qualität kostet, dit kriejen Se nirjendwo billija. Denn müssen Se halt janz ohne rumlaufen. Wollen Se dit? Wissen Se, wie dit aussieht, janz ohne Haare? Nich jut, sach ick Ihnen.« Jeder Elefant hat in seinem linken Vorderfuß mehr Feingefühl als dieser Poltergeist. Sie mag der Perücken-Platzhirsch sein. Ich halte sie maximal für eine Hirschkuh. Und zwar eine ziemlich blöde.

Ihr beziehungsweise meiner Wut über sie werde ich heute Abend einige Kilometer auf dem Sitzrad widmen. Einigermaßen angeschossen ergreife ich die Flucht. Freiwild mit Streifschuss.

Balsam für meine Wunden erhalte ich bei der letzten Adresse des Tages am Kurfürstendamm. Das Ladenlokal ist ein bisschen unaufgeräumt. Perücken liegen in offenen Kartons auf dem Tisch und den Ablageflächen. Auf dem Boden zusammengekehrte Haarspitzen von einem Modell, was vermutlich bis eben einen neuen Schnitt bekommen hat. Ich lasse mich auf einem altmodischen, abgewetzten Sitzmöbel nieder und registriere den Muff von vielen Jahren schlechter Belüftung in den Vorhängen. All das tritt augenblicklich in den Hintergrund, als sich mir eine sehr freundliche Verkäuferin mit knallroten Locken und ebenso auffallendem Lippenstift zuwendet. Wir verziehen uns in eine Kabine mit Sichtschutz und Spiegel. Sie erläutert und zeigt mir die Unterschiede zwischen europäischem, indischem und asiatischem Haar. Und sie findet direkt ein paar hübsche Exemplare. Indisches Haar kommt von seiner Struktur dem meinen sehr nah. Das zweite Modell ist es. Der Preis: weniger als die Hälfte von dem, was die polternde Perücken-Putte haben wollte. Das Netz schmiegt sich sehr gut an. Und es ist an einigen Stellen elastisch, was wichtig ist für den guten Sitz auch ohne Naturhaar drunter. Die Haare sehen tatsächlich so echt aus, als wären

es meine eigenen. Außerdem werden noch Klemm-Kämmchen einge-
näht, dass ich die Perücke am eigenen Haar festklipsen kann. Zumindest solange da noch etwas zum festklipsen ist. Was für ein feierlicher
Moment. Ich habe meine Frisur für das nächste halbe Jahr gefunden.

19

PROF. DR. FRAGWÜRDIG

Den Ort, an dem ich meine Chemo-Zyklen bekomme, habe ich bisher noch nicht ausgemacht. In die Ambulanz, die ich durch Bianca kenne, würde ich zwar grundsätzlich gerne gehen. Allerdings hat mir Dr. Lauckmann vorgeschlagen, mich aufgrund des hohen Publikumsverkehrs doch vielleicht lieber diskreter in einer privaten Praxis behandeln zu lassen. Um diese Idee zu besprechen und auch eine zusätzliche Expertenmeinung einzuholen, habe ich, wenige Tage vor der ersten geplanten Infusion, einen Termin bei einem Mann, der mir als renommierter Professor und Spezialist auf seinem, also leider auch meinem Gebiet empfohlen wurde. Ich habe zwar ziemlich schlecht geschlafen, weil mich wieder so ein fieser und so realistischer Du-bist-bald-tot-Traum geplagt hat. Aber ich freue mich auf das Gespräch. Wenngleich ich nicht den geringsten Zweifel an Dr. Lauckmann habe, baue ich darauf, dass mich ein vonseiten eines Professors untermauerter Behandlungsvorschlag in der Richtigkeit und Wichtigkeit der Sache bestärkt. Und mich das wiederum motiviert und meine Mitarbeit bei der Behandlung fördert. Immerhin dröhnt man sich ja nicht alle Tage mit so einer Biochemie-Keule zu. Je besser ich als Patientin mitmache, umso besser kann meine ganz spezielle intravenöse Zellkur auch wirken. Sagen alle, die es hinter sich haben. Und die für die Forschung daran viel Geld bekommen. Und – noch ein Grund zur Vorfreude – ich hatte noch nie eine Audienz bei einem Professor. Huh-huh. Aufregend.

Der Trakt, in dem sich sein Büro befindet, ist anders als viele anderen Abteilungen des Krankenhauses, richtig modern. Neue Fußböden, schicke Wartestühle, die letzte Renovierung liegt noch nicht allzu lange zurück. Als ich aufgerufen werde, schlucke ich noch einmal kräftig gegen diesen dicken, schmerzvollen Klumpen in meinem Hals, den ich seit dem Aufwachen spüre – doofer Depri-Tag heute – und straffe die Schultern. Durch ein Vorzimmer, in dem die dazugehörende, prähistorisch frisierte Dame sitzt, betrete ich ein riesiges, lichtdurchflutetes Büro. Hier macht es bestimmt besonders Spaß, Professor zu sein. Er selbst ist von durchschnittlicher Größe und Statur, allerdings mit unterdurchschnittlichem Haarwuchs. Ich befinde, dass spärliches Haupthaar erstens nichts ist, worüber gerade ich Witze machen sollte, und zweitens so ein glänzender Oberkopf bei Wissenschaftlern extrem was hermacht. Im obligaten weißen Kittel gekleidet, streckt er mir zum Gruß seine Hand entgegen und erwidert meinen festen Druck erfreulicherweise mit ähnlicher Intensität und Kraft. Der Einstieg wäre geschafft. Meine Nervosität legt sich etwas. Nur der Schluckwiderstand will noch nicht so recht weichen.

An seinem großen, runden Besprechungstisch nehmen wir Platz. Ich auf der einen, er auf der anderen Seite. »Was führt Sie denn zu mir?«, möchte er wissen. »Ich bin in Behandlung bei Dr. Lauckmann. Und auch wirklich sehr zufrieden. Ich würde gerne heute Ihre Zweitmeinung zu der mir bevorstehenden Therapie hören. Und auch mit Ihnen darüber sprechen, ob ich die Chemo-Zyklen eventuell in Ihrer Praxis bekommen könnte.« – »Aha. Ja. Das würde schon gehen. Wie geht es Ihnen denn?« Ich räuspere mich kurz. Und schlucke zwei-, dreimal gegen diesen Knoten. »Naja, um, ähm, ehrlich zu sein ... ausgerechnet heute«, ich schlucke noch mal, »ausgerechnet heute nicht ganz so gut wie sonst.« Schluck. Klumpen macht sich dicker. Schluck. »Aber nur, weil ich nicht so gut geschl ...« Da fällt mir mein Gegenüber ins Wort: »Hier – wird – nicht – geheult. Verstanden?« Doppelschluck. »Nein, ich will ja auch gar nicht weinen, aber ...« – »Nicht – geheult. Verstanden?«

Mit dieser Härte hatte ich nicht gerechnet. Mir läuft jetzt wirklich etwas Wasser in die Augen. Und ich hasse mich dafür. Bloß keine Blöße jetzt. Ich jucke mir die Tränen weg und will mich erklären: »Ich bin sonst meistens sehr gut drauf und ...« Wieder unterbricht er mich: »Wissen Sie, was Sie haben? Hm?« – »Ja, natürlich, ich habe ...« Ich kann den Satz noch nicht einmal vollenden. »Sie müssen kämpfen. Verstanden?

Kämpfen.« – »Das tu ich doch, ich ...« – »Heulen bringt nichts. Verstanden?« Wir befinden uns meines Erachtens mittlerweile so was von jenseits aller angemessenen Umgangsformen, dass Knigges Bild zur Bedeutungslosigkeit verblasst ist. Die Verteidigung geht in Stellung. Und meine Stimme ist auch einigermaßen stabil, als ich erwidere: »Jetzt hören Sie bitte auf, mich hier wie eine Fünftklässlerin zu behandeln. Ich habe verstanden. Ich bin ja nicht doof.« Er ignoriert meinen Sprung auf die Barrikaden und lässt mahnend seine Stimme auf mich niederprasseln: »Haben Sie überhaupt eine Ahnung, was auf Sie zukommt?« – »Nein, habe ich natürlich nicht.« – »Ich sage es Ihnen: eine Chemotherapie in einer Dosis, da müssen Sie erst einmal durchkommen.« Ach ja? »Das will ich doch auch. Ich will doch ...« Keine Chance. Er macht einfach ungebremst weiter: »Ach, ich kenne so Frauen wie Sie, die dann abbrechen, weil sie nicht mehr können.«

Jetzt reicht es: »Frauen wie ich? Also, das ist eine Unverschämtheit. Sie wissen doch überhaupt nichts von mir.« – »Ich weiß schon genug. Ich sag Ihnen: Nicht abbrechen. Die ersten beiden Mittel stecken Sie weg. Das letzte wird Sie umhauen. Und da geben dann so Frauen auf. Nicht abbrechen. Verstanden?« Der Klumpen im Hals pocht, als wollte von innen jemand mit dem Gummihammer einen Durchbruch klopfen: »Hören Sie jetzt bitte auf mit diesem Verstanden ...« – »Haben Sie einen Partner?« – »Ja. Ich bin verheiratet.« Er zögert und guckt mir auf die Hände: »Und wo ist der Ring?« – »Wir tragen die Ringe links. Auf der Seite des Herzens«, ich versuche, das Wort Herz etwas mehr zu betonen. Irrsinnigerweise glaube ich tatsächlich, dass bei ihm vielleicht eine Glocke klingelt. »Ich sag Ihnen eines«, er beugt sich mir bedrohlich entgegen. »Dass Sie mir nicht Ihren Mann vernachlässigen in der ganzen Zeit.« Wie konnte ich nur Herz erwarten. Der Mann ist ein Monster. Ich bin sprachlos und muss mich kurz sortieren, um zu verstehen, was ich da gerade gehört habe. »Sie ... meinen ... was unser ... also Intimität ...« – »Sie sollen sich kümmern. Sonst ist der nämlich auch bald weg.« – »Ich finde, jetzt reicht es. Wir haben ein wirklich gutes Sexual ...« Er wird noch lauter: »Sie sind ja zurzeit wegen Ihrer Eizellen-Sache auch bis unter die Schädeldecke vollgepumpt mit Hormonen. Kein Wunder, dass es gerade läuft.«

Ich stehe auf. Endlich. Etwa 17 gewechselte Sätze zu spät. Aber immerhin gehe ich, bevor hier im Raum irgendwo meine Würde kleben bleibt. Er bewegt sich mit mir zur Tür:»Ich sehe schon: Wir kommen da nicht zusammen. Das funktioniert nicht.« – »Da haben Sie etwas sehr Richtiges gesagt.« Ich spare mir das ausnahmsweise. »Warten Sie draußen, ich schreibe noch meine Empfehlung für Ihre Therapie ... ach ... und ich berechne Ihnen das hier heute nicht.« Halleluja. Ein Gott in weiß, oder? Tss. Fast schon schade, dass ich keine Rechnung von ihm bekomme. Zu gerne hätte ich sein Honorar mit den Preisen verglichen, die man sonst so für Vergnügungseinheiten in Sadomaso's Paradise zahlt. Bäh. Was – für – ein – Ungeheuer.

Im Flur auf den Wartestühlen, die ich übrigens urplötzlich ziemlich hässlich finde, lasse ich noch einmal Revue passieren, was mir da gerade passiert ist. Ich kann nicht anders, als immer noch fassungslos und verstört den Kopf zu schütteln. Immer und immer wieder. Das ist eigentlich ein Fall für die Klinikleitung und die Ärztekammer. Meine erste Dienstaufsichtsbeschwerde. Steht das auch in dem Buch der 1000 Dinge, die man in seinem Leben mal gemacht haben sollte? Ich weiß es nicht. Und verschiebe die Entscheidung über einen Meckerbrief auf später. Wenn mein Temperament aus der Sahara-Zone raus ist. Hoffentlich hat der bloß nicht so viele Patientinnen in seiner Sprechstunde. Ich mag mir gar nicht vorstellen, wie so jemand Frauen, die von Haus aus mit weniger Selbstwertgefühl und mehr Professorendemut ausgestattet sind, reihenweise seelisch misshandelt.

Als ich den Umschlag mit seiner Therapieanweisung bekomme und lese, was da steht, kann ich nicht anders, als bitter zu lachen und ein höhnisches Grunzen von mir zu geben. Es ist exakt das Schema, das ich von Dr. Lauckmann schon kenne. Ein Medikations- und Dosierungsmuster, das in einer größeren Ärztekonferenz (ob der Herr Professor da auch dabei war?) für mich zusammengestellt wurde. Ist mir dementsprechend nicht neu. Ich ziehe auf dem Heimweg mein Fazit. Dieses Ärgernis von Stippvisite hat mir tatsächlich nur eins gebracht: Wut.

20

MUCKIBUDEN-MEDITATION

Gegen Wut im Bauch hilft Blut in die Muskeln zu pumpen. Sport. Entdeckt habe ich die Wirkung der Reaktionskette von Krieg – Sport – Frieden vor längerer Zeit. Das muss irgendwann rund ums 15. Lebensjahr gewesen sein. Was habe ich gebockt und geheult aus Ärger über die himmelschreiende Ungerechtigkeit der Welt und verpasste selbstverständlich nie wiederkehrende Chancen. Zum Beispiel: das Verbot meiner Mutter, länger als bis 22 Uhr wegzubleiben, also als Einzige den besten Teil der Fete nach Mitternacht zu verpassen. Wenn alle von einem Glas Criss oder ähnlicher zuckerhaltiger Schaumwein-Plörre total betrunken, sehr erwachsen und sehr nah an der Weltrevolution waren. In solchen Momenten, und davon gab es am Wochenende mindestens zwei, bin ich frustriert in den Wald gerannt, bis die Lungenflügel rebelliert haben. Und weil weinen und laufen wegen der hicksenden Schluchz-Atmung nicht gut gleichzeitig funktionieren – zumindest nicht ohne Seitenstechen – habe ich mich mit jedem Meter etwas mehr beruhigt. Viele Jahre später wurde das System professionalisiert. Dergestalt nämlich, dass die Frust-befeuerten Waldläufe (weg nur, schnell weg, schnell aus der Puste) zu gezielten Joggingrunden in gleichmäßigem Tempo wurden. Weil es mir hinterher immer besser ging.
Darauf setze ich hoffnungsfroh auch bei meiner heutigen Bewegungseinheit. Der Professor ist schuld. Seit dem Vorsatz, meinen Allerwertesten einmal am Tag für etwas nicht mit der unmittelbaren Lebensroutine verbundenem anzustrengen, gehört das Ausdauertraining zum Alltag wie das Tagesabschlussgespräch mit meinem lieben, alten Herrn. Sitzrad, dieses Steppergerät für Arme und Beine, ein Stündchen zackig

spazieren oder Gymnastik vor dem Fernseher. Ich bin dadurch bisher schneller durch die Täler gekommen, in denen die Seele regelmäßig festzustecken droht. Diese lähmende, mächtige und ziemlich gemeine Angst vorm Sterben beispielsweise sagt häufiger mal Hallo. Immer noch. Immer mal wieder. Obwohl der Kopf das nicht zulassen will. Da der aber nichts auszurichten vermag, reagiere ich mit dem Körper. Indem er gefordert und dadurch gefördert wird, entspannt sich das verkrampfte Gemüt.

Ich stehe im Fitness-Wunderland meines Vertrauens. Während ich Gewohnheitstier gleich auf das vierte Ergometer von links zusteuere, fallen mir wieder die Laufbänder ins Auge. Wie gerne würde ich wieder joggen dürfen. Die ärztlich verordnete Schonzeit hierfür endet eigentlich aber erst übermorgen. Ich bin hin- und hergerissen. Wie ein Kind am Schaufenster zur Schokoladenauslage betrachte ich fast schon neidisch all die, die mit hüpfenden Brüsten und federnden Schrittes ihre Kilometer auf dem Gerät zurücklegen. Fast siegt der Gehorsam. Da kriecht ein Trotz-Gedanke des rebellischen Kindes in mir hoch: »Ach, was soll's. Hossa Heilhaut. Das wird schon gehen. Heute ist ein guter Tag für den Start in die neue Laufsaison. Für dich, Herr Professor.« Der Satz ist kaum zu Ende gedacht, da stehe ich schon auf der fortlaufenden Gummimatte und lege los. Vorsichtig, ob auch nix ziept oder zwickt, was mich zum sofortigen Stopp bringen würde. Nö. Geht alles super. Haaach, herrlich! Ich lächle vor mich hin. Für jeden Betrachter wahrscheinlich ein grenzdebiler Anblick. Lasse meine Gedanken parallel zu meinen Füßen laufen. Nach der Aufwärmphase erhöhe ich das Tempo per Knopfdruck. Jetzt wippt auch mein Busen, soweit die Sportunterwäsche es ihm erlaubt, im Takt des Auftritts. Das bringt mich etwas unvermittelt zu, ja, Brustgedanken. Wie alle Frauen, aber nur die wenigsten Männer wissen, nehmen natürlich auch wir gerne das »Holz vor der Hütt'n« der anderen ins Visier und ins Zentrum unseres nächsten kommunikativen Austausches. Beobachtet wird immer. Nicht nur beim Kennenlernen, genauso auf der Party, im Schwimmbad oder in der Sauna. Selbst bei der langjährigen Freundin. Überall da, wo auch den Herren die Linse Richtung Dekolleté rutscht. Wir verbergen es oftmals nur ein wenig geschickter, als der testosterongesteuerte Teil unter

den Betrachtern. Bei der weiblichen Bongo-Analyse geht es ganz banal um Vergleich, Bewunderung oder – ja, wir sind so – eben Stoffsammlung für kleine Lästerrunden unter Mädchen. Ich verleugne an dieser Stelle nicht, nicht auch schon einmal im intimen Weiber-Kreis Form, Größe und Inhalt der Brust einer nicht Anwesenden diskutiert zu haben. Zu meiner Ehrenrettung sei nur gesagt, dass die Abwesende nie Bekannte oder gar Freundin war. Hin und wieder münden solche Gespräche in Schmähungen: »Das sind doch nur Kichererbsen.« – »Kuhglocken.« – »Plastikhupen.« – »Die hat Nippel zum Löcherstopfen.« – »Die gucken nach unten.«
Das ist allesamt nicht sonderlich freundlich, ich weiß. Aber was ich, mittlerweile im Übrigen ordentlich hechelnd und schwitzend beim vierten Kilometer, die ganze Zeit versuche zu definieren, das ist das Schönheitsideal, demzufolge die studierten Brüste kichererbsig oder tief baumelnd waren. Es ist das Ideal, was man aus Hochglanz- oder verklebten Magazinen, dem Fernsehen oder Kino kennt. Obwohl jeder weiß: An Fotos wird so lange digital rumgeschraubt, bis alles so aussieht, wie es sich ein mal mehr, mal weniger durchgeknallter Art Director ausgemalt hat. Im Film wird die Hollywoodschönheit in der Nacktszene von einem Körperdouble ersetzt, wenn der Busen nicht pornöses oder wenigstens formidables Format hat. In der offiziellen Verlautbarung heißt es dann, man sei dem ureigenen Wunsch der Diva gefolgt. Bitte nicht zu viel Freizügigkeit für Madame La Prüde.
Erfreulicherweise habe ich vor ein paar Monaten einen Film mit Penelope Cruz gesehen, der durch ihr Vorbild eine Trendwende einleiten könnte. Denn Frau Cruz zeigt sich entblößt und offenbart einen ganz und gar nicht hollywoodesquen Busen. Recht große Brustwarzen (»so No-go in L.A.«), nicht sonderlich groß (cute!), und deswegen so schön. Kein Doppel D. Und auch keine schräg nach oben-vorne operierten Dackelschnäuzchen. Auch Franka Potente hat mal Mut bewiesen zu ehrlichen Möpsen sozusagen, vor Jahren schon. Nur hat es keiner so richtig bemerkt. Es hätte damals schon der Beginn einer neuen Busen-Ära sein können. Wäre doch toll, wenn auch die anderen verehrten Leinwandheldinnen im Falle eines Oben-ohne-Falls echt blieben. Und uns, allen andern 99,9 Prozent der Frauen dieser Welt, das Echtsein

dadurch erleichtern würden. Nicht falsch verstehen. Ich will mich hier nicht zur Jeanne d'Arc der Hängetitten aufspielen. Aber ein bisschen mehr Gnade mit den Gazongas der Mitbewerberin genauso wie vor allem mit sich selbst täte nicht schlecht. Denn am Ende, feministische Freundinnen, ist doch schön, was gesund ist. Wenn mir vorher jemand die Wahl gelassen hätte: »Hey, entweder die eine wird krank und muss operiert werden oder du bekommst eine andere, die der Schwerkraft schon ein paar Zentimeter nachgegeben hat – welche nimmst du?« Weiß Gott und ihr alle auch, ich hätte die gesunde gewählt. Sagt jetzt jemand: »Ich auch. Und dann lass ich sie straffen«? Ganz schön versaut sind wir mittlerweile. Schönheitsidealversaut. Schön ist, was gesund ist. Ich mache drei Sternchen im Fleißbuch für Moralapostel. Und dann meinen Frieden mit mir. Wird auch Zeit. Meine Laufstunde ist um.

Im Umkleideraum stehe ich vor einem neuen Problem. Jetzt habe ich mir doch tatsächlich eine geschlagene Stunde den Kopf darüber zerbrochen, was eine schöne Oberweite ausmacht und was nicht – und jetzt das. Ich sitze etwas ratlos auf dem Bänkchen vor meinem Spind und frage mich, wie ich das Problemchen mit der Gemeinschaftsdusche jetzt am schlauesten löse. Neben all den anderen Mädchen. Ich habe überhaupt kein Problem mit nackig sein. Erst recht nicht, wenn ich lauter Frauen um mich herum habe. Aber diese Situation ist besonders. Die unsichtbaren und die – für diesen Moment bedeutsamen – sichtbaren Narben sind noch zu frisch. Ich schäme mich. Und zwar sehr. Sehr sehr sehr. Weil ich mich nicht sonderlich präsentabel finde.

Was tun? Ich muss da irgendwie rein. Und auch wieder raus. Aber ich möchte niemandem den Grund für mein Unwohlsein zeigen. Schließlich wähle ich eine ein bisschen alberne Methode. Aber sie erfüllt ihren Zweck. Ich spaziere in meiner Sportunterwäsche zur Duschkabine. Zur letzten in der hintersten Ecke natürlich. Und nach dem Waschgang ziehe ich die frische auch schon wieder vor Ort an. Jippie! Jetzt bin ich allenfalls die prüde Pielhau. Und damit kann ich sehr gut leben.

Abends im Bett stelle ich bei mir fest: Bis zu dem sicheren Gefühl, dass sogar das, was krank war, schön, in jedem Fall aber ganz schön in Ordnung sein kann, wird es wohl noch etwas dauern.

DAS ERSTE MAL (WOCHE 1)

Kaum sind meine Zuchtzellen, die aus dem Unterhaus meines Körpers, in Sicherheit gebracht – für mehr als ein gutes Dutzend ist jetzt Eiszeit angesagt – soll meine Chemotherapie beginnen. Morgen bekomme ich meinen ersten Zyklus. Auf der einen Seite ist mir etwas bis ziemlich mulmig, weil ich nicht genau weiß, was auf mich zukommt. Wie auch. Auf der anderen Seite freue ich mich fast schon, dass es jetzt losgeht und ich aktiv etwas für mich und das Gesundbleiben tun kann: nämlich mitmachen und durchhalten. Die nächsten fünf Monate lang. Ich fühle mich bereit dafür. Will endlich, dass es anfängt, damit es irgendwann zu Ende sein kann. Habe genug Kondition. Körperlich und psychisch. Außerdem in Thom immer noch einen sehr tauglichen Trainer und Motivator. Und eine gute Schar an lieben Leuten, die an der Strecke Energie und Anfeuerung spenden. So schräg das Bild vom Dauerlauf sein mag, für das, was ich mir vorgenommen habe, passt es ziemlich genau. Denn ich möchte während der Chemotherapie nicht auf meinen Sport verzichten. Und muss es auch nicht. Verwundert, um nicht zu sagen skeptisch waren meine Ärzte schon. Aber es gilt nach wie vor: Gestattet ist, was guttut. Nur überanstrengen sollte ich mich natürlich nicht.

Den Höchstpuls um 150 Schläge pro Minute halten und die mich betreuende Ärztin für meine Chemotherapie Dr. Nane Christiansen hat keinen Grund für Einwände. Es läuft. Und ich gehe am nächsten Morgen in aller Frühe von zu Hause in die Klinik. Drei Kilometer sind das pro Weg. Denn einzig am Infusionstag selbst soll ich bitte sehr nicht auch noch trainieren. Darum, das ist jedenfalls mein ausgefuchster Plan, der etwas ausgedehntere Spaziergang in die Ambulanz. Und nachher wieder zurück. Dann wird das Zeug wenigstens schnell im ganzen Organismus verteilt und fließt auch in all die hintersten Ecken und Winkel. So male ich es mir aus. Und das Bild gefällt mir gut. Thom und ich hatten überlegt, ob er beim ersten Mal mitkommt. Und Händchen hält. Ich kam mir allein bei dem Gedanken reichlich mimosenhaft vor. Und hab deswegen eine Begleitung abgelehnt. Postwendend bereue ich den Anflug unnötiger Tapferkeit gerade so sehr, dass ich ernsthaft erwäge, ihn doch schnell anzurufen und zu bitten, mir noch hinterherzufahren. Die Hände greifen schon ums Handy, nur die innere Stimme stoppt jede weitere Aktion: »So große Angst vor einer Medikamenteneinheit, die schon Zigtausende vor dir, Jüngere, Ältere oder Schwächere hinter sich gebracht haben?« Nein. Hab ich nicht. Doch, hab ich doch. Will ich nicht haben. Muss ich nicht haben. Zusammenreißen wäre jetzt angebracht.

Ich versuche mich in rational initiiertem und gesteuertem Mutzuspruch. Dank Bianca weiß ich ja: Die Infusion wird mich nicht gleich beim ersten Mal pulverisieren. Mit ein bisschen Glück merke ich gar nichts. Oder wenigstens nicht besonders viel. Was ich mir nicht vorstellen kann. Denn alle Welt spricht doch immer von der grauenvollsten aller Therapien: der bestialischen Chemo, directly from hell. Die Körper und Seele zerfetzt. Ich mäandere zwischen Zweckoptimismus und mächtigen Muffensausen.

In der Infusionsambulanz nimmt mich Schwester Carla in Empfang. Sie ist nicht nur eine speziell ausgebildete Breast Care Nurse – die Ärmste hat also ständig nur Brustkrebspatientinnen um sich –, sondern auch eine echte Erscheinung. So traurig man über das Krankheitsbild auch sein kann, so sehr strahlt und scherzt sie das Trübsal weg. Außerdem sieht sie nicht nur lieb, sondern auch sehr lustig aus. Die Haare stehen ihr zu Berge wie einst – die Achtziger, sie leben hoch – dem Sänger Limahl, wenn den noch jemand kennt. Und sie sind auch ähnlich multi-color gefärbt. Carla kümmert sich rührend um uns. Und um mich als Neuling mit besonderer Aufmerksamkeit. Vermutlich veranlasst durch meinen verhuschten Waldtierblick. Die Unsicherheit kriecht immer wieder hinter meinem Sehnerv hervor und setzt sich in meinen Augen fest. Ich bekomme eine dicke Nadel in den Port gepiekst, was glücklicherweise nur kurz etwas wehtut, und dann geht es los. An meiner rollenden Standgarderobe hängen unterschiedliche Beutel mit klarer und farbiger Flüssigkeit. Meine erste Dröhnung kommt aus einer Tüte mit einem Anti-Übelkeitsmedikament. Zusätzlich zu den Tabletten, die ich bereits zu Hause genommen habe, soll das verhindern, dass ich den ganzen Nachmittag vis-à-vis mit der Keramikschüssel im Bad verbringe. Was passiert, wenn man ohne die Brech-Bremsen, wie ich sie nennen werde, zurechtkommen muss, das soll ich schon zwei Wochen darauf erfahren. Diesem sehr speziellen Erlebnis widme ich mich später.

Das Kotz-Stopp-Zeug habe ich schnell intus. Und dann geht es los. Der rote Saft, Epirubicin, wird angelegt und schleicht sich durch den Schlauch immer näher an mich ran. Als die Flüssigkeit kurz vor meiner Nadel angelangt ist, schließe ich die Augen, beiße die Backenzähne aufeinander und denke mir:»Ich seh rot. Für den Krebs. Das war's, Bastard. Bye-bye.« In schockstarrer Erwartung irgendeiner mürrischen Reaktion meines Körpers auf das Zellgift verharre ich einige Minuten deutlich verkrampft und weitestgehend regungslos in meiner Liege. Der erwartete Aufstand der Organe bleibt aus. Brav. Die Muskeln lösen sich. Ich lasse meinen Kopf nach hinten auf das Kissen sinken und gebe dem Gefühl nach Nickerchen nach. Ziemlich genau drei Stunden später ist alles vorbei. Und es fühlt sich alles ganz normal an. Bis auf die Tatsache, dass ich dringend auf die Toilette muss. Immerhin habe ich während meiner Sitzung anderthalb Liter Wasser getrunken. Ein ärztlicher Tipp: viel Flüssigkeitszufuhr. Der Urin ist knallrot. Kein Grund zur Panik. Sondern eine logische Konsequenz. Sieht außerdem viel hübscher aus, als das Beige oder manchmal gar beißende Gelb, das man sonst kennt. Am liebsten hätte ich mein Purpur-Pipi behalten, das Mittel soll ruhig noch etwas länger in mir wüten. Aber ich sage mir, dass es wohl auch ohne Blasenverschluss seine Wirkung entfaltet. Die machen das hier ja nicht zum ersten Mal. Beruhigend.

Ich verlasse die Ambulanz lächelnd. Ziemlich genau vier Wochen nach der OP habe ich meinen allerersten Chemo-Zyklus hinter mir. Jetzt sind es nur noch acht.

22

MEET & GREET (WOCHE 2)

Am Tag nach meiner ersten Sitzung stehe ich mal wieder ziemlich früh am Morgen vor dem Badezimmerspiegel und mache Gesichtskontrolle. Wie damals – es ist schon so lange her, dass ich mich über das Erinnerungsvermögen freue – als ich meine Unschuld verlor. Da habe ich auch minutenlang im Bad nach Anzeichen gesucht, die darauf hinweisen, dass ab jetzt etwas sehr anders ist in meinem Leben, als es das bisher war. Heute wie damals kann ich natürlich keine sichtbaren Spuren finden. Ich ziehe sogar erst vorsichtig, dann fester an meinem Haupthaar. Nö. Da bewegt sich noch nix. Die Wolle klammert sich an meine Kopfhaut in altbewährter Kraft. Schön. Die Nacht war gut. Ich habe geschlafen wie ein Baby. Und auch zu einer kindlichen Uhrzeit: um 21 Uhr. Wenn Müdigkeit als Nebenwirkung mein einziges Laster bleibt in den nächsten Monaten, dann will ich nicht meckern. Schlafen tut nicht weh. Sondern gut. Und außerdem bekomme ich so seit gefühlten 150 Jahren endlich mal die acht Stunden Schlaf am Stück, denen ich schon so lange hinterherhechle. So kann es weitergehen.

In meiner privaten Akte zur Therapie vermerke ich eine erste Woche ohne besondere Vorkommnisse. Wohlbefinden fein. Arbeit super. Täglich Sport. Laune bestens. Der obligate wöchentliche Check der Blutwerte, sieben Tage nach der ersten Infusion, liefert zusätzlich Grund zur Freude: Rote und weiße Blutkörperchen sind in gesunder Anzahl vorhanden. Wie wichtig diese Kontrolle und ihr Ergebnis ist, ist mir zu diesem Zeitpunkt noch überhaupt nicht klar. Erst, als ich weitere Nebenwirkungen der Therapie recherchiere (Internetverbot wurde etwas gelockert) und lese, dass ich im Laufe der Zeit wohl unvermeidlich an Blutarmut leiden werde – was mich krankheitsanfällig und schwach macht und mir diese hübsche, grau-gelbe, Sie-ist-von-der-Krankheit-sooo-gezeichnet-Gesichtsfarbe verleiht – kapiere ich, wie heftig die Zytostatika eben nicht nur mögliches böses Material im Körper angreifen. Sondern sich auch an meinem guten, gesunden Zellsystem vergehen. Noch ist es nicht so weit. Was kümmern mich also die theoretischen Sorgen von morgen heute? Nicht. Genau.

Und so spaziere ich fröhlich und energiegeladen wie seit Langem nicht mehr an diesem sonnigen Bilderbuchtag zu einem meiner Lieblingscafés in der Hauptstadt. Ich bin nämlich heute zum ersten Mal mit Bianca verabredet. Ein bisschen komisch ist es schon, sich mit einer mir wildfremden Person zu treffen, mit der mich einzig und allein ein Befund verbindet. Immerhin angenehmer und intimer, als mein Seelenleben vor einer Horde Selbsthilfegruppen-Mitglieder auszuwalzen. In meiner Situation, mit der Sehnsucht nach weniger Öffentlichkeit und mehr Privatheit, wäre so eine Massentherapie im Stuhlkreis eine mäßig gute Idee. Irgendeine findet sich immer, die kostbare Informationen auf meine Kosten weitergibt. Nicht kostenlos, versteht sich. Und Bianca? Ich bin mir mit an Sicherheit grenzender Wahrscheinlichkeit sicher: Die ist kein Gold-Digger. Goldgräber. So hat ein sehr guter Freund mal die Menschen bezeichnet, die sich vornehmlich deshalb mit bekannten Personen tummeln, weil sie in irgendeiner Form von der Prominenz zu profitieren suchen. Sei es, um etwas vom Scheinwerferlicht abzubekommen oder ein Stück vom profitablen Kuchen. Will heißen: Man möchte mit höchst privaten Informationen die Titelseiten und das Portemonnaie füllen. Das ist ziemlich weit entfernt von jeglichem Anstand. Aber nun mal Alltag. Bianca passt überhaupt nicht ins Gräber-Profil. Im Gegenteil. Sie ist klug, zurückhaltend und – selbst betroffen. Das – und mein Bauchgefühl – machen sie mir als potenzielle Nachtigall der Gazetten sehr unwahrscheinlich. Länger grübele ich über blinden Vertrauensvorschuss oder zu große, schnelle Nähe nicht nach. Dies ist keine Zeit zum Zögern. Ich will handeln.

Mit Turban. Auf Tuchfühlung. Miriam und Thomas Gottschalk bei Madame Tussauds in Berlin. (Foto: privat)

Miriam und Thom auf dem Dreamball 2008 in Berlin: »Unechte Haare, falsche Wimpern, gemalte Augenbrauen.« (Foto: Gisela Schober für Sabine Brauer Photos)

»Oben ohne.« Glatze, aber gut gelaunt. (Foto: Olaf Heine)

Miriam und Jule. »La Vida Loca vom Hocker« auf Ibiza. (Foto: privat)

Auf der Bungalow-Terrasse im Urlaubsdorf *School for life* nahe Khao Lak, Thailand. (Foto: privat)

»Arbeitsalltag« während der »Kur«. Ko Phi Phi, Thailand. (Foto: privat)

Puck, die Stubenfliege, macht Ferien am Strand. (Foto: privat)

Mit Flip-Flops (!ts. :-) durch den Dschungel von Khao Sok, Nationalpark. (Foto: privat)

Suchbild: Wo sind die Urlauber? Mitarbeiter und Bewohner der *School for life*. (Foto: privat)

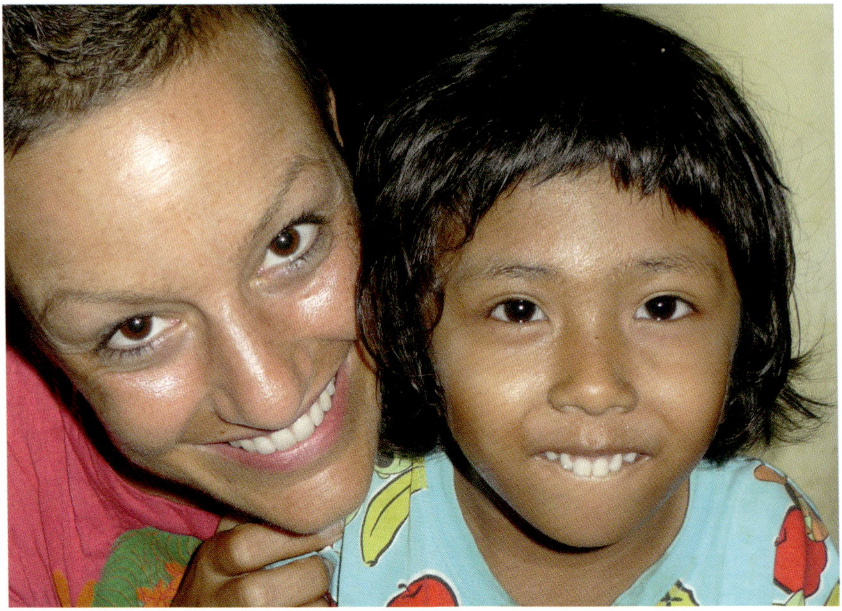

Miriam und Spielfreundin in der *School for life.* (Foto: privat)

Selbstportrait im November 2008. Sonne, Südfrüchte und Sechziger-Jahre-Brille machen glücklich. Ko Phi Phi, Thailand. (Foto: privat)

Vor dem »Lebenslauf«. (Foto: privat)

Verwandtschaft in Sicht. Jippie. (Foto: privat)

Knitter-Knie, Wackelpeter-Waden, Götterspeisengesicht. Glücklich im Ziel. (Foto: privat)

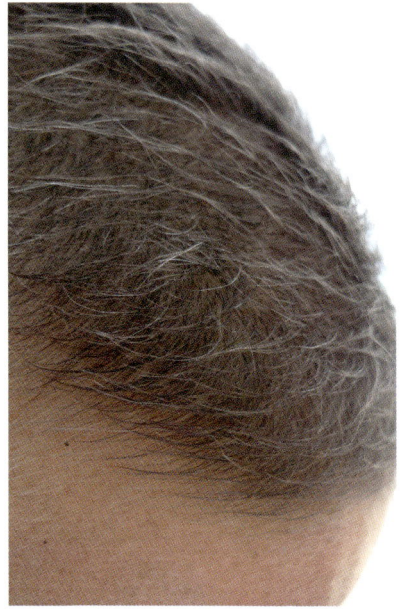

Angeberpapier: Teilnehmerurkunde vom Halbmarathon. Tatsächlich, Miriam war dabei. (Quelle: privat/Internet)

Babyflaum genau 4 Wochen nach der letzten Bestrahlung. (Foto: privat).

Bianca begrüßt mich mit ihrer Judy-Winter-Frisur aus Kunstfaser. »Schwimmt dir die Matte bei der Hitze nicht vom Kopf?«, will ich wissen. Sie verneint, setzt sich aber vorsorglich in den Schatten. Während ich mein Gesicht gedankenlos der Sonne entgegenstrecke. Sie weist mich, als Ärztin zeitweise a. D., aber völlig zu Recht, darauf hin, dass »wir da ja etwas vorsichtig sein müssen«, wegen der fototoxischen Reaktionen der Medikamente. Zu deutsch: Raus aus dem intensiven Mittagslicht, es könnte giftig sein. Zum zweiten Mal, nach der Ankündigung meiner Sportoffensive, setze ich mich bewusst ein wenig über die Ratschläge der Ärzte hinweg. Mit großer Wonne. Und kleinem schlechten Gewissen. Ein bisschen wenigstens. Immerhin: Nach wenigen Minuten eigenverantworteten Trotzes ziehe ich alibihalber meine Mütze und die Sonnenbrille auf. Das muss als UV-Schutz erst einmal reichen. Alle anderen Schutzmechanismen, um meine Privatsphäre privat zu halten und mein Innerstes bloß nicht nach außen zu kehren, fallen innerhalb der ersten Minuten. Zu gut tut es, endlich mit jemandem zu sprechen, der mich 100-prozentig versteht. Ja, auf eine gewisse Art logischerweise noch besser als mein Liebster. Ein jemand, der die gleiche Prozedur hinter und vor sich hat. Jemand, der lernen muss, mit denselben unbeantwortbaren Fragen durchs Leben zu gehen. Jemand, dem ich nicht viel erklären muss. Der Sätze vervollständigen kann, bevor sie ausgesprochen sind. Jemand, dem ich undefinierbare Gefühle nicht definieren muss, weil er sie selbst spürt. Jemand, der es überhaupt nicht akzeptieren will, dass einen diese Diagnose fertigmacht. Jemand wie ich. Mit einem einzigen Unterschied, den ich großmütig akzeptieren kann: vier Wochen Vorsprung in der Therapie.

Unser Gespräch ist erschreckend offen. Fürchterlich eigentlich. Mir wird bei solchen Begegnungen bange. Menschen, deren Lebensgeschichte ich kenne, bevor der Drink ausgetrunken ist, zu dem man sich mehr oder minder zufällig an der Bar getroffen hat, machen mir Angst. Und mein Fluchtreflex in solchen Fällen funktioniert normalerweise hervorragend. Heute nicht. Nach 20 Minuten berichtet Bianca von privaten Dingen, die andere Frauen ihren Freundinnen selbst nach 20 Jahren noch nicht erzählen. Und ich halte mich auch nur anfangs vornehm und vorsichtig zurück. Was mich zwischendurch immer wieder alar-

miert innehalten lässt. Tatütata! Was mache ich hier? Ich begebe mich
im Vollbesitz meiner geistigen Kräfte ganz schön in Gefahr. Die Gefahr,
verraten zu werden. Und doch siegt der Mut, dieses Risiko einzuge-
hen. Um im Zweifel Erfahrung, Verständnis und Gemeinsamkeit zu
gewinnen. Das Glücksgefühl ist groß. Ohne dass ich es zuvor bemerkt
hätte, drohten Teile von mir eben noch zu platzen. Jetzt hat jemand den
Stöpsel gezogen und lässt alles kanalisiert ablaufen. Endlich lossprudeln
zu können, vermeintlich dumme, als auch berechtigte Sorgen zu teilen,
darüber zu lachen oder auch zu schweigen – gut der Mut, mich darauf
einzulassen. Die Sache, der Krebs, macht Bianca und mich zu Schwestern im Geiste. So viel steht fest.
Und bald auch zu Schwestern auf dem Haupte. Das ist mir nach diesem Nachmittag auch klar. Nur noch wenige Tage bleiben mir mit der
Körperbehaarung. Wobei ich grundsätzlich gerne auf jeglichen Be-
wuchs verzichte (Epilierer, Rasierer, adieu!). Nur so ungern auf dem
Kopf. Ziemlich genau zwei Wochen nach der ersten Infusion, so war
es jedenfalls bei Bianca und die wiederum weiß Ähnliches von anderen
Patientinnen, verabschiedet sich das Haar zum kollektiven Suizid, wobei meine Kopfhaut als Sprungplattform genutzt wird.
Nicht schön, nicht wahr? Vor dem Augenblick, wenn sich die ersten
Härchen lösen, habe ich immer noch ordentlich Bammel. Wieder und
wieder stellen sich die immer gleichen Fragen: Bin ich mit einem Mal
haarlos? Oder verabschiedet sich die Matte strähnchenweise? Lassen
die Haare widerwillig los oder geben die Wurzeln sie frei, so als hätten
sie urplötzlich ihren Griff gelockert? Immer wieder kneife ich die Augen
zusammen und versuche mich durch den wimpernverhangenen Blin-
zelblick im Angesicht der Glatze vorzustellen. Holla. Hallo Kojak! Das
wird komisch werden. Aber, kommt es mir in den Sinn, das Komische
kann ja verkürzt werden. Indem gekürzt wird, was sowieso bald weg
ist. Ich mach Kahlschlag. Wenn ich es will. Sobald das Lösen losgeht,
rasiere ich mir eine Glatze. Meiner Rechnung nach ist es in ungefähr
drei bis vier Tagen so weit.

23

BEIM 2. MAL NICHT MEHR SO SEHR (WOCHE 3)

Der zweite Zyklus steht an. Dementsprechend zeitig klingelt der Wecker an diesem Morgen. Ich springe aus dem Bett. Springe. Nicht krieche. Vorfreude auf Hinter-mich-bringen. Heute Nachmittag kann ich wieder eine Sitzung von meiner Liste streichen. Jippie! Ein Blick auf meine Medikamentenliste, für die man fast schon einen Volkshochschulkurs im Sehen und Verstehen medizinischer Excel-Tabellen braucht. Danach werfe ich mir in der angeordneten Reihenfolge die etwa 127 Tabletten ein, die ich dringend vor der Infusion im Blutkreislauf verteilt wissen muss. Schutz vor dem Übel, das die Chemo so mit sich bringt. Übelkeit zum Beispiel. Hatte bisher – toi, toi, toi! – noch nicht das zweifelhafte Vergnügen einer Bekanntschaft mit Brechreiz. Zumindest nicht wegen der Medikation. Und wirklich scharf darauf bin ich nicht, Gift und Galle spucken zu müssen.

Zu meinem eigenen Erstaunen beflügelt eine nicht einkalkulierte Leichtigkeit meinen Schritt. So wippe ich den Weg entlang zur Ambulanz, sauge die noch kühle, aber sauerstoffgeladene, frühlingsfrische Luft ein und denke bei mir: »Nur noch diese Infusion. Und die nächste ist schon die letzte vom ersten Drittel. Ist doch gar nicht mehr viel.« Schön schöngerechnet, gell? Wenn man bedenkt, dass ich erst eine (!) Sitzung hinter mir habe. Müde, aber lächelnd eile ich auf die Station. Kein Zögern, kein Zaudern, kein Zagen. Wie schnell das ging. Das Sich Akklimatisieren mit der Ambulanz. Erinnert mich an meine Rucksackreisen. Das kuschelige Gefühl der eigentlich etwas verfrühten Vertrautheit, das einen umhüllt, wenn man am Morgen nach der Ankunft in einer fremden Stadt in einem fernen Land mit der gleichen U-Bahn des Vortages durch die Gegend fährt. Es könnte dasselbe sein wie beim ersten Mal. Ist es aber nicht. Der wesentliche Unterschied: Heute, nur einen Tag später, weiß man ja, wie es geht. Logo. Wo es die Tickets gibt, wohin das Schienennetz führt, wie es um den Verhaltenskodex im Wageninnern steht – stehen bleiben, Richtung Wagenmitte rücken und so weiter. Heute sind die Schächte nicht Furcht einflößend und versifft, sondern »irgendwie interessant und so aufregend urban«. Und die Untergrund-Musikanten nicht potenzielle Psychopathen mit aufgeklapptem Messer in der Hosentasche, sondern bestimmt alle Künstler, Freigeister, Aussteiger. Genau diese durchaus etwas überhebliche, allwissende Unbeschwertheit durchströmt mich auch jetzt. Sogar, als ich meinen Infusionsraum betrete, den Ort der Vergiftung. Angst habe ich keine mehr. Gar keine. Komisch. Mehr noch: Ich bin geradezu euphorisch, dass es jetzt weitergeht im Behandlungsplan. So sehr freue ich mich.

Weil ich eine der Ersten bin an diesem Morgen, habe ich die freie Wahl des Sitzmöbels. Ich entscheide mich wieder für den Sessel aus der vergangenen Woche. Links, mittig. An dieser Gewohnheit soll sich in den kommenden Monaten übrigens nichts ändern. Obwohl ich es mir mehrfach vornehmen werde, die Routine zu durchbrechen, werde ich immer wieder auf diesem Platz landen. Tradition der Treue. Oder umgekehrt. Er war ja auch immer gut zu mir. Immer heißt jetzt gerade: das eine, erste Mal. Schlafen kann ich darin wie auf Wölkchen. Außerdem habe ich einen unverstellten Blick zur Tür und auch aus dem Fenster raus in den Hof. Schwester Carla kommt um die Ecke geflitzt und flötet mir nach einem fast gesungenen »Guten Mooorgen!« entgegen: »Naaaa? Wie war denn die letzte Woche?« – »Ehrlich gesagt: bestens. Ich hab eigentlich gar nichts gemerkt.« – »Das ist doch super. Weiter so. Sie sehen übrigens auch so aus, wie es Ihnen geht: nämlich gesund.« – »Ach, das lässt sich bestimmt noch ändern.« Kicher, kicher. Als sie sich zum Ausgang wendet, nehme ich mir ein Herz und halte sie noch einmal kurz auf. Seit zwei Wochen beschäftigt mich ein vielleicht dämlicher Gedanke. Ich habe mich bisher nicht getraut, irgendjemanden dazu zu befragen. Irgendwie ist die Frage so doof: »Schwester Carla? Ähm ... wenn ich keine schlimmen Nebenwirkungen habe, heißt das dann auch, dass das Zeug möglicherweise nicht so gut wirkt?« Und noch mal muss sie lachen. Wenngleich leiser und sanfter: »Keine Sorge. Die Angst haben tatsächlich viele Patientinnen, die das alles so prima vertragen wie Sie. Die Medikamente wirken. Ganz sicher. Das merken Sie schneller, als Ihnen lieb ist.« Ich bin beruhigt. Wenigstens für den Moment. Und lehne mich in Erwartung der mehrstündigen Medikamenteneinheit gemütlich zurück. Schwester Carla ist um die Ecke verschwunden, um meinen Rollständer mit den Safttüten zu holen. Aus der Safttüten-Perspektive betrachtet ist Carla eine Art Stewardess, die für meine Flüssigkeitszufuhr sorgt, während ich (medikamentös zugedonnert) fliege. In der Klasse C, wie Chemotherapie. Da hängen die Lösungen: frisch, gekühlt aus der Apotheke eingetroffen, genau auf meine Größe und mein Gewicht abgestimmt und dosiert. Wenn ich weniger oder mehr werde, zumindest wenn es den Toleranzbereich von zwei Kilogramm verlässt, muss ich Bescheid sagen. Dann wird neu berechnet.

Während sie die unfreundliche, lange Nadel vorbereitet, die sogleich mit einem kurzen Schmerz in meinem Port verschwindet, plaudern wir über Krebs, Überlebenschancen und Prognosen wie andere über das Wetter. Ich bemerke: »Ein gemütlicher Sonntagsspaziergang ist das ja nicht wirklich, was ich hier mitmachen muss, ne?« – »Das nicht. Aber, wenn ich Ihnen das mal sagen darf: Sie machen das genau richtig. Bleiben Sie unbedingt so positiv. Nicht zu viel grummeln. Dann schaffen Sie das ganz unkompliziert.« Ach, wie klein ich mich fühle. Angenehm klein. Dieses verbale Kopfstreicheln löst ähnlich wohlige Schauer aus wie Mamas Rückenkraulen zum Einschlafen früher. Apropos schlafen. Kaum tropft die erste Substanz in mich hinein, gähnt es freimütig aus mir heraus. »Uäääh! Gute Nacht zusammen!« – »Gleich ist sie wieder weg«, giggelt die Dame links neben mir, die zwischenzeitlich am Fenster Platz genommen hat. Richtig, gute Frau. Und: Ich finde das sehr in Ordnung. Die hat mir vermutlich vergangene Woche schon beim angeblich tonvollen Schlummern zugehört. Die anderen Patientinnen kenne ich noch nicht. Je nachdem, was für einen Rhythmus sie verordnet bekommen haben, sehe ich dieselben Gesichter alle zwei oder nur alle sechs Wochen. Gemurmel, das ich schon alsbald nicht mehr differenzieren kann, begleitet mich ins Land der Träume. Da verweile ich fast vier Stunden.

Erst als Schwester Carla mir die unfreundliche Nadel zieht und die kleine Wunde verklebt, werde ich langsam wieder wach. Der Geist räkelt sich noch etwas und ruft dann euphorisch in mich hinein: »Ha! Nur noch sieben. Das schaff ich mit links. Wär doch gelacht.« Als sich meine Glieder ihre Steife weggeschüttelt haben, verabschiede ich mich fröhlich und trete den Rückweg an. Der Nebel der Benommenheit lichtet sich nach den ersten paar Schritten und ich überlege, was ich mit so einem freien Tag noch Feines anfangen kann. Es ist ja kaum Mittag vorbei.

Es ist übrigens schon mehr als zehn Jahre her, dass ich so viel unverplante Zeit zur Verfügung hatte wie dieser Tage. Ich kenne mich seit der 12. Klasse eigentlich nur Kalender-organisiert. Termine, Termine, Termine. Für den Friseur, das Praktikum, im Turnverein. Schülervertretung, Klassenkonferenz, Abiball. Telefonat mit Mama, Ballettstunden, Referat. Dann Taubenzüchterverein, wahlweise auch Jahreshauptversammlungen des örtlichen Tennisklubs, Artikel für die Lokalzeitung schreiben. Bewerbungen, Hausarbeit, Vorstellungsgespräch. Umzug, Hospitanz, Schnittplatz. Und so weiter. Und so fort. Zeit zu zweit oder auch mit Freundinnen musste ich in meinen Berufsalltag einbauen und festlegen wie regelmäßige Redaktionskonferenzen. Sonst hätte ich am Ende des Tages, der Woche, des Monats keine mehr dafür übrig gehabt. Und so eine wie ich sagt dann auch noch zu allem Überfluss: »Ach, man muss doch auch mal spontan sein können!« Genau. Traurig. Und wahr. Wobei, so traurig ist das alles im Augenblick gar nicht. Denn seit klar ist, dass ich mich zurzeit ein bisschen mehr um meine Gesundheit kümmern muss, habe ich alles außer meiner montäglichen Sendung in Köln abgesagt. Alle Zusatzverpflichtungen. Gastauftritte. Bühnenmoderationen. Seminare. Macht ja auch Sinn. Wer weiß, wie ich meine nächsten Betankungen in der Infusionsambulanz wegstecke. Deswegen besser kein kräftezehrendes 24-Stunden-Programm, damit ich schön schlaff, wie ein verblichenes Hemd auf der Leine hängen darf, wenn mir danach ist. Das hat im Umkehrschluss mit einem Mal mein Leben dermaßen freigeschaufelt von Business as usual und Business Class, dass ich mir kurzfristige Zeitgestaltung gestatten kann. Boah! Toll! Ob ich das noch hinkriege? Mal sehen. Spazierend klicke ich mich durch meine Telefonkontakte und bimmel nacheinander bei meinen Lieblingsmenschen durch. Allein, der gewünschte Erfolg bleibt aus. Von Mailbox über Dauerdurchtuten bis hin zu: »Ich kann heute leider nicht«, ist alles dabei, was gegen einen lauschigen Nachmittag im Halbkreise einer Seelenverwandten spricht. Schade. Und jetzt?

Zu Hause angekommen, beginne ich, mir eine Liste zu machen, mit Dingen, die erledigt werden müssen. Nur nicht die Nerven verlieren. »Bad putzen« steht da zum Beispiel drauf, oder »Altglas wegbringen«. Ich liebe Listen. Erstens lichtet sich das Unwetter im Kopf durch die niedergeschriebene Übersicht. Zweitens sieht ein in Schönschrift festgehaltenes »Steuersachen sortieren« – mit großem, schnörkeligen S und theatralischem a – nicht halb so dramatisch aus, wie es dann tatsächlich ist. Und drittens finde ich es unglaublich befriedigend, einen Punkt nach dem anderen vom Zettel zu streichen. Jede weggekritzelte Aufgabe: ein Etappensieg über die innere Verweigerung. Im Moment hält aber eben die noch recht gut stand. Ich schlurfe reichlich ziellos vom Schlaf- ins Wohnzimmer und wieder zurück. Immerhin habe ich auf halber Strecke eine Maschine Wäsche in Gang, ansonsten nämlich wenig Sinnvolles zuwege gebracht. Mein Schädel brummt. Ist das noch die Dosis Zellgift oder meine Unruhe im Angesicht eines freien Nachmittags? Ich überlege kurz, ob ich meinen Kleiderschrank mal wieder ausmisten sollte. Meine Schwester kommt regelmäßig in die Verlegenheit, meine Sachen erben zu müssen. Allerdings hat sie in letzter Zeit schon so viele Ladungen bekommen, dass vermutlich bald ein WG-Zimmer voll mit Secondhand-Ware von mir gefüllt werden kann. Also Finger weg vom Hängeständer. Und das Bett? Ist gerade erst frisch bezogen.

Am Küchentisch trommle ich ein paar Takte mit den Fingern auf der Platte und suche den Raum halbherzig nach Aufgaben ab. Irgendeine Beschäftigung wird sich schon finden. Wo sind all die nervigen, unnützen Anrufer, wenn man sie braucht? Das Handy schweigt. Ich trotte wieder Richtung Sofa. Mein Blick fällt auf unsere Spielekonsole. Wobei ich sagen muss, dass ich mit Computerspielen genau gar nichts anfangen kann. Aber da liegt ein kleines Mikrofon, das mich anlächelt. Ich lächle zurück und greife es mir. Nach vier Liedern Karaoke mit mir selbst, sinke ich grinsend und endlich etwas entspannter in die Kissen. Das war schön. Für mich wenigstens. Mal gucken, was mittags im deutschen Fernsehen so läuft. Während ich geduldig durchs Programm blättere, stelle ich für mich fest: Auch im gepflegten Nichtstun braucht man wohl Übung. Ich habe keine. Noch nicht.

24

GLATZE & FRATZE (WOCHE 4)

Der nächste Tag beginnt mit einem geübten Griff ins Haar. Und einem Seufzen. »Thom, es ist so weit. Hilfst du mir?« Als Antwort brummt es schläfrig unter der Decke hervor. Ich beschließe, im Bad schon mal alles herzurichten, bevor ich einen weiteren Weckversuch wage. Seit vorgestern hatte ich bei jedem Kopfstreichen etwa 10 bis 20 Haare in der Hand. Noch nicht so viele, dass es mir Landebahnen ins volle, wenn auch kurze, Deckhaar zieht. Aber genug, um unangenehm zu sein und mich auf diesen Moment vorzubereiten. Eben hatte ich nämlich meinen ersten Büschel in der Hand.

Der Rasierer liegt bereit, die Videokamera auch. Der Grund ist unerfindlich, doch möchte ich diesen Moment festhalten. Vielleicht um mir selbst Stärke zu demonstrieren und sie auch zu dokumentieren. Oder um mich verpflichtet zu fühlen, die Zähne aufeinander zu beißen. Oder einfach als Erinnerung an einen vermutlich, hoffentlich, ganz sicher einmaligen Moment in meinem Leben. Thom kommt um die Ecke. »Willst du das wirklich machen?« – »Ja, ich werde nicht zusehen, wie ein Strunk nach dem nächsten geht und ich aussehe wie ein zur Hälfte gerupftes Hühnchen.« – »Aber meinst du nicht, das hat noch etwas Zeit?« Ihm scheint vor diesem Moment unverhohlener bang zu sein als mir. Meine Entschlossenheit und das Büschel Haare, das ich vor seinen Augen von meinem Kopf hole, haben Überzeugungskraft. »Es geht mir gut damit. Und Glatze soll ja auch ganz sexy sein.« Ich schaffe ein freundliches Gesicht zu diesen Sätzen.

Thom filmt, während ich schneide und rasiere. Bei den letzten Feldern und am Hinterkopf hilft er mir. Nach 20 Minuten liegt alles, was ich auf dem Kopf hatte, im Waschbecken. Ich schaue abwechselnd zu ihm und in den Spiegel. Während ich sonst schnell emotional und tränenselig reagiere, bildet sich jetzt erstaunlicherweise nichts im Hals, gegen was ich ankämpfen müsste. Thom küsst die frei gewordene Kopfhaut »Meine kleine G.-I.-Jane.« – Er bekommt einen entrüsteten Blick von mir und: »Nix G. I.«, entgegengeschmettert. Fragezeichen in seinen Augen. Ich erkläre: »Wir sind doch Pazifisten.« Wir müssen schmunzeln. Immerhin: bei unserem Karaokespiel werde ich Sinead O'Connors *Nothing compares to you* ab heute besonders glaubhaft interpretieren. Zumindest optisch.

Abends, beim Einschlafen, muss ich mir eine Kapuze über den Kopf ziehen. Ist das kalt.

Tag 3 nach dem jüngsten Zyklus. Ich wache alleine auf. Mein Körper sagt mir, dass ich mich in Sachen Morgentoilette zügig Richtung Bad bewegen sollte. Aber irgendetwas ist anders als sonst. Auf dem Rücken liegend versuche ich mich in Situationsanalyse. Die Symptome: Ich fühle mich ein bisschen wie betrunken. Die Zunge ist schwer, die Glieder auch. Jede Muskelanspannung ein schier unmöglicher Kraftakt. Was ist bloß los? Habe ich zu wenig gegessen gestern? Was Schlechtes? Keinen Schimmer, auf was für eine Diagnose das hinausläuft. Ich schiebe mich mühsam in die Vertikale.
Auf dem Bett sitzend wird mir schwarz. Lauter kleine, weiße Punkte funkeln vor den Augen. Das wäre sogar ganz hübsch, wäre mir nicht gleichzeitig so furchtbar schlecht. Beim Versuch aufzustehen, geben die Knie nach. Auf allen vieren krieche ich in den Flur. Zum Telefon. Thom ist schon seit zwei Stunden aus dem Haus. Ich muss versuchen, ihn zu erreichen. Irgendetwas stimmt nicht mit mir. Und ich weiß nicht, wie lange ich das noch bei vollem Bewusstsein erkenne. Mein Körper zittert. Hitze. Kälte. Beides. Im Wechsel. Mir ist so übel. Ich fühle mich schwach wie noch nie. Immer wieder bleibe ich auf der kurzen Strecke still sitzen. Zweimal versuche ich, mich an unseren Küchenstühlen

hochzuziehen. Mit kurzfristigem Erfolg. Die Beine klappen einfach weg. Unglaublich. Wie können die nur?! Ich hab denen das nicht erlaubt. Panik macht sich allmählich in mir breit. Mein Körper gehorcht mir nicht mehr. Selbst der Kopf bringt ihn nicht mehr zur Vernunft. Was, wenn jetzt das Leben aus mir schwindet – und keiner merkt es? Dieser Zustand der Schwäche in jedem Körperglied und diese widerliche Bewegungsunfähigkeit ist neu. Und fremd. Und sehr, sehr unangenehm. Die Ziffern auf der Telefontastatur verschwimmen. Gibt's doch nicht. So was kenne ich sonst nur aus dem Kino. Und zwar wenn die Heldin erste Reaktionen einer hinterhältigen Vergiftung zeigt. Als ich Thom an der Strippe habe und den Mund öffne, kommt nichts raus. Nur Laute. Die Muskeln in und um den Mund versagen ihren Dienst. Wenn ich nicht gerade unmittelbar vor einer ausgewachsenen Angstattacke stünde, könnte ich diese Erfahrung vielleicht sogar in irgendeiner Form genießen. Wann erlebt man das schon mal, bei vollem Bewusstsein muskulär und kreislaufmäßig so runtergefahren zu sein? Oder werde ich gleich sogar ausgeschaltet? Wieder bemühe ich den Kopf. Der sammelt alles an verbliebener Disziplin und Kraftreserven, die ich sonst nur für anspruchsvolle Laufrunden akquiriere, und schicke es Richtung Mund- und Rachenraum. Heraus kommen undeutliche Artikulationsversuche. Ich klinge vermutlich wie außergewöhnlich betrunken: »Gehdnichgudd ... Domm? Gehdnichgudd.«

Thom kommt eine Stunde später zu Hause an und findet mich dort vor, wo ich das Telefonat mit ihm beendet habe. Auf unserem Küchenfußboden. Auch als er mich ins Bett bringt, hat sich an meiner desolaten Verfassung nicht viel verändert. Nur: Liegend lässt sich dieser diffuse, fiese Zustand deutlich besser ertragen. Vor allem überschwemmt mich eine Welle größtmöglicher Erschöpfung, der ich mich willenlos hingebe. 24 Stunden (!) später, von denen ich fast alle verschlafen habe, ist der Horrortrip vorbei. Ich bin in allen Abteilungen wiederhergestellt. Bei der Suche nach der Ursache durchwühle ich meinen Arzneikoffer. Vielleicht gibt es der eine oder andere Beipackzettel ja Aufschluss über den Grund des Zusammenbruchs. Dabei fällt mir eines der hoch dosierten Wunderprodukte aus der Pharmaindustrie in die Hände. Und dieser Fund löst spontanen Ärger über mich selbst aus. Denn: Genau dieses Mittel gegen die Nebenwirkungen der Chemotherapie hätte ich seit drei Tagen nehmen müssen. Ich sag ja: Volkshochschulkurs. Nicht nur vor dem Zyklus, auch danach muss ich nämlich kostbare Produkte der Pharmaindustrie futtern. Ich hab es – trotz Tabletten-Tabelle – vergessen. Überlesen. Und vergessen. Jetzt weiß ich wenigstens eines ziemlich genau: Das garstige Gift wirkt.

25

GIFT UND MITGIFT (WOCHE 5)

Kaffee ist giftig. Alkohol sowieso. Schwarzer und grüner Tee leider auch. Fettiges Futter war noch nie so sehr meines. Deswegen fällt der Verzicht darauf nicht sonderlich schwer. Alles, was die Magenschleimhaut reizen könnte, habe ich für die Gesundheit und gegen die Nebenwirkungen vom Speiseplan gestrichen. An meinem Geburtstag gab es deswegen für mich exklusiv alkoholfreien Sekt. Mit Wahnsinnswirkung: Nach drei Gläschen davon war ich der festen Überzeugung, einen vorzeigbaren Schwips präsentieren zu können. Der Placeboeffekt und ich, wir leben hoch, hoch, hoch.

Funktioniert zurzeit auch mit dem Seelenwohl so. Ich habe angefangen, mit meinem Körper zu reden. Morgens im Stillen im Bett. Während der Infusionen. Oder wenn ich jogge. »Du schaffst das. Komm, nimm das Zeug in jeder Zelle auf. Lass es kaputt machen, was kaputt gehört. Und wenn da nix mehr ist, dann sei stark, und halte es mit mir aus.« Oder auch: »Ich bin stark. Ich bin stark. Ich bin stark.« Wahlweise: »Schööön ist es, so gesuuund zu sein ...« Ich habe keine Ahnung, ob das was bringt. Aber irgendetwas in mir behauptet, dass das der richtige Weg ist: meinen Körper und die Seele wahr- und ernst zu nehmen, nachdem ich beide wohl ein paar Jahre zu sehr vernachlässigt habe. Und deswegen bin ich in den Dialog eingestiegen. Wenn ich mir also nur lang genug sage, dass es mir gut geht, dass ich mich gesund fühle, dass ich diese heftige Medikation irgendwo zwischen Dünn-, Dick- und Blinddarm wegstecke, ja, verdaue, dann tritt er mittelfristig auch ein: der Zustand ausgeglichener, glücklicher Zufriedenheit. Deswegen arbeite ich ja auch ganz normal weiter. Warum nicht dann ebenso »normal« Leute treffen, ausgehen, sich tummeln und gesellig sein? Spricht nichts dagegen. Darum sage ich zur Partyeinladung an diesem Wochenende: Ja, ich will. Genauso wie Maurice und Anna. Die zwei heiraten nämlich. Es ist das erste Mal seit meinem Haarverlust, dass ich mich unter Freunde traue. Eine Trauung ist da ein schöner Anlass.

Thom und ich hübschen uns auf. Nicht, ohne ein bisschen nervös zu werden. Nach leichten Anfangsschwierigkeiten im Umgang mit dem unhandlichen Zweithaar bin ich mittlerweile zwar einigermaßen geschickt darin, die allzu offensichtlichen Ansätze meiner Perücke mit Haarreifen, Bändern oder Tüchern zu kaschieren. Unwohl wird mir nur beim Gedanken, dass sich die anderen unwohl in meiner Gegenwart fühlen könnten. Ich sehe die fragenden Gesichter bildlich vor mir. Darf ich sie darauf ansprechen? Wie es ihr wohl wirklich geht? Ist das schon eine Perücke oder noch ihr echtes Haar? Peinliche Gesprächspausen, gesenkte Blicke, hilfloses Kichern – alles vorprogrammiert. Es sei denn: Ich mache mich locker. Mal wieder. Dann können es die anderen auch sein. Mal sehen, ob das funktioniert.

Ich habe mein Locker-machen-Mantra noch nicht ganz zu Ende gedacht, da biegen wir schon um die Ecke, hinter der uns der Ort der Feierlichkeiten erwartet. Ich werde spontan ziemlich unlocker. Ein Schloss. Die feiern in einem richtigen Schloss. Wie im Märchen. Eine prachtvolle Hofvorfahrt. Eine breite Treppe führt zum Entree. Durch die Empfangshalle kommen wir auf eine wunderschöne Steinterrasse, von der aus man in unendliche, grüne Weiten blickt. Was für ein schöner Park, in dem bunte, edle Blumenbeete die Wege säumen. Und links und rechts eng gepflanzte Baumgrüppchen, die zum heimlichen Knutschen einladen, wenn ich nicht schon längst ganz unheimlich knutschen dürfte. Das Ambiente dieser deutsch-französischen Hochzeit ist in dem Maße luxuriös, in dem ich mich an nicht so tapferen Tagen schäbig fühle. Hilft ja nichts. Jetzt sind wir hier. Also Schultern zurück, Brust und Zähne zeigen und rein ins Gewühl.

Zwischen: »Bonjour, ça va?«, und »Schön, dich hier zu treffen«, werden exquisite Häppchen gereicht. 90-60-90 Portionen. Nichts zum Dickwerden. Auf Silberlöffeln. Und teuerster Champagner. Da huscht mir ein kurzes Bedauern übers Gemüt: So etwas Edles hätte ich schon gerne probiert. Der Gedanke wird abgelöst: »Ach, was soll es. Übungseinheit in schwanger zu sein.« Das klappt besser, als ich das in diesem Moment wahrhaben will. Denn schnell hat sich ohne mein Kundtun unter einigen der Gäste die Kunde verbreitet, dass bei der Pielhau » ... was Kleines unterwegs sein könnte. Die trinkt ja nur Pfefferminztee.« Ich dementiere nicht sofort, weil mir der Gedanke deutlich besser gefällt als der eigentliche Grund und Hintergrund der Abstinenz.

Die Zeremonie hat den zauberhaften Charme einer Wiesenhochzeit im Feenwald. Im Park sind an einer lauschigen Stelle mit weißen Hussen überzogene Stühle aufgereiht. Durch den blumenumrankten Torbogen schreiten – ja, ich habe es mit eigenen Augen gesehen – Dornröschen und ihr Prinz. So müssen sich die Grimm-Brüder die beiden jedenfalls ausgemalt haben, da bin ich mir extrem sicher. Es wird mucksmäuschenstill, als sich der Pfarrer der entscheidenden Textstelle nähert. Bei der so wichtigen, millionenmal gesprochenen Zeile »in guten wie in schlechten Tagen« hält mich beziehungsweise meine Tränen nichts mehr. Kuller, kuller bei mir. Während alle anderen noch die Taschentücher in Warteposition an der Wange halten. Die Rührung hat Räson: nicht nur, dass der Eheschließungsakt als solches hier so vollendet romantisch zelebriert wird. Ich hänge außerdem kurz in meiner Erinnerung an Thoms und meinem eigenen Versprechen. In guten wie in schlechten Tagen. Er drückt meine Hand. Zweimal kurz. Unser geheimes Morse-Alphabet. Heißt so viel wie: »Die guten kommen wieder. Die schlechten liegen hinter uns. Wir schaffen das. Ich liebe dich.« So in etwa.

Das Fest wird rauschend. Wenngleich ohne Rausch. Für mich. Ansonsten steigt der Alkoholpegel. Und die Unsicherheiten fallen. Wenn es Anspannung oder Ängste gab, weil keiner wusste, wie mit mir reden, umgehen, sein, so ist davon um 23 Uhr nichts mehr zu spüren. Parliere hier, plaudere da. Freue mich über gelöste, gelungene Gespräche. Buff. Alle Sorgen, auch meine, in Luft aufgelöst. Wie zur Bestätigung dessen um Mitternacht der Höhepunkt. Die besten Freunde des Brautpaares schießen nämlich ihr Geschenk in die Luft: ein fulminantes Feuerwerk. Mit Goldregen, Raketen in allen Nuancen des Regenbogens und Leuchtspiralen, die den Himmel glitzern und bunt leuchten lassen. Und das im Rhythmus zu opulenter, wummernder Musik. Ich finde den Augenblick passend für Silvestergefühle – mitten im Mai. Das Alte und Schlechte geht. Das Neue und Gute kommt. Und bleibt. Bitte.

26

MFG (WOCHE 6)

Mit der Chemo ist es wie mit Chilischoten: Von Mal zu Mal vertrage ich sie besser. Absurd eigentlich. Denn die Masse an Medikament in mir wird ja eher immer mehr. Nicht hinterfragen, dieses Phänomen. Stattdessen lieber klaglos über die angenehme Entwicklung freuen. Endlich nicht mehr wie ein nasser Waschlappen träge und schläfrig in meiner Liege kleben. Heute werde ich schon zum letzten Mal mit dem ersten von drei unterschiedlichen Medikamenten-Cocktails abgefüllt. Das erste Drittel! Heute Nachmittag kann ich es mit selbstverständlich dickem Edding von meiner Liste streichen. Nächstes Mal: Taxol. Neuer Mix, neues Glück. Das Roulette der Nebenwirkungen dreht sich aufs Neue. Bin gespannt, wo es haltmacht. Bislang bin ich noch nicht wirklich heimgesucht worden. Gut. Die Haare sind nicht mehr da. Das tut aber nicht permanent weh. »Nur« der Seele. Das reicht ja auch. Und das Wissen um ihre Rückkehr lindert das Weh.

Husten muss ich morgens. Wie Keuchhusten. Aber nicht so entzündet. Aushaltbar. Dann ist der Appetit auf der Strecke geblieben. Habe nur sehr wenig Hunger. Also esse ich nach Uhr und Aufforderung. Naja, und dann noch diese Schlappheit. Ich bin sehr oft sehr müde. Und zwar vor und nach dem Schlafen. Auch das kann man handhaben. In den vergangenen Wochen bin ich zum ganz großen Verfechter des Vormittags-, Mittags- und Nachmittagsschläfchens geworden. Nun, das war es dann aber auch schon an unangenehmen Begleiterscheinungen der zytostatischen Therapie. Bis jetzt. Ich halte an meiner Überzeugung fest, dass es so schmerzfrei weitergeht. Und zwar wenn ich, neben den

Sofortmaßnahmen Sport, Schlaf, besonders gesundes Essen, nur meinen Glauben an das Happy End und meine gute Laune nicht verliere.

Aber genau das wird mir heute nicht leicht gemacht. Als ich die, hach ja, lieb gewonnene Infusionsstation betrete, den vertrauten Ruheraum, weht mir ein kühler Wind entgegen. Und daran ist kein offenes Fenster schuld. Was ist denn hier los? Das Radio in der Ecke spielt besonders schlimme Partyschlager. Immerhin Geräuschkulisse. Auf meine etwas unsichere Begrüßung murmeln die zwei Patientinnen, offenbar ursächlich verantwortlich für das polare Klima, irgendetwas zurück, was entfernt an »Morgen« erinnert. Da dies für die beiden, so wie es den Anschein hat, kein guter Morgen ist, wäre es vermutlich auch zu viel verlangt, mir wenigstens einen zu wünschen. Gut. Macht ja nix. Dann eben nicht. Da kann ich nichts machen, außer innerlichem Schulterzucken. Übrigens eine erprobte Methode, Dinge, für die sich ein Gedankenkarussell überhaupt nicht lohnt, schnell fallen zu lassen, bevor sich der Kopf unnötigerweise darin verhakt. Also: Schulterzucken vorstellen, ohne wirklich mit den Schultern zu zucken. Und das Ganze dann zu den Akten packen. Nicht selten entfährt mir dabei ein gleichgültiges »Hm«. Auch jetzt. Die beiden drehen mir leicht irritiert die – und jetzt kann ich sie in ihrer vollen Schönheit bewundern: glühenden – Köpfe zu, scheinen aber zu vertieft zu sein in was-auch-immer-hier-die-Eiszeit-hat-hereinbrechen-lassen, um weiter abgelenkt zu werden.
Kurz darauf erscheint Schwester Carla auf der Bildfläche, um mich an meine vertraute Tankstelle anzulegen. »Na, wie sieht's aus bei Ihnen?« Ich antworte ihr leise und ein bisschen verschwörerisch: »Bei mir ganz gut. Aber bei den klirrenden Temperaturen hier gefriert einem ja die Spucke im Hals.« Ich zeige mit meinen Augen in die Richtung der beiden Damen. Carla nestelt mit der langen, unfreundlichen Nadel an meinem Port herum und beugt sich etwas näher zu mir, um kaum hörbar zu flüstern: »Die haben sich in die Haare gekriegt ...« Ich kann nicht anders. Es muss raus: »Haare? Welche Haare? Hihi ... Tschuldigung.« Carla schmunzelt und fährt fort: »Also, Thema war: lieber schonen oder lieber bewegen während der Chemo. Sie hier ...«, sie deutet mit ihrem Kopf zur Patientin, die direkt neben mir sitzt, »macht nichts.

Gar nichts. Um nicht zu sagen, die ist stinkefaul. Naja, und die da ...«
Carla nickt zur Frau gegenüber, » ... ist verhältnismäßig aktiv.« Stirn-
runzelnd wispere ich: »So ist das eben. Eine kann. Die andere nicht so
gut. Das ist doch in Ordnung und kein Grund sich zu streiten.« Jetzt
zuckt Carla mit den Schultern. Und zwar nicht innerlich. Sie verklebt
meinen Einstich, sodass nichts mehr während der Befüllung verrut-
schen kann, und wendet sich mit einem Schalk-im-Nacken-Blick der
hemmungslosen Belustigung zum Gehen.
Meine Nachbarin muss Mitte 60 sein. Um den Kopf trägt sie ein
schlichtes, hellbraunes Tuch. Und sie gehört zu den Frauen, die ihr
Gesicht immer irgendwie angespannt, um nicht zu sagen verkrampft,
halten. Was sich unschwer an den gekräuselten Stirnfalten und permanent hochgezogenen Augenbrauen erkennen lässt. Sie sieht aus
wie eine Gertraud. (Alle lockeren, lässigen Getrauds mögen mir bitte
verzeihen.) Und Freunde sagen wahrscheinlich Gerti. Gertraud, Gerti
hat die Arme vor dem Oberkörper verschränkt und starrt mit zusam-
mengekniffenen, kleinen Äuglein aus dem Fenster. Fehlt nur noch die
bebende Unterlippe. Ich hebe meine Hand eilig zum Mund und tu so,
als würde ich mir Krümel aus den Mundwinkeln streichen. Damit sie
nicht sieht, wie ich über die Schmollszene grinsen muss. Manche Muster ändern sich eben nie. Auch nicht, wenn man schon die zweite Hälfte
des Lebens erreicht hat.
Die zweite Hälfte des Streitduos, eine Patientin vis-à-vis, hat sich wieder
ihrer Gartenwoche zugewandt. Sie trägt eine helle, halblange Stufen-
schnitt-Frisur. Mit sehr feinen, weißblonden Strähnchen. Die Perücke
hat noch einen Pony, der ihr ins recht hübsche, feine Gesicht fällt. Die
Dame ist vom Typ Studienrätin. Ich würde sagen Französischlehrerin.
Die von der coolen Sorte, die man immer gerne mit auf der Klassen-
fahrt dabei hatte, weil sie mehr erlauben als die anderen aus dem Kol-
legium. Sie wird irgendwas zwischen 50 und 60 Jahre alt sein. Und ich
habe den Verdacht, es mit einer Ingrid zu tun zu haben.

Gertraud kommt plötzlich zurück ins Spiel. »Außerdem war meiner
schon vier Zentimeter groß.« Vier Zentimeter. Aha. Vier Zentimeter
von was? Etwa von ihrem Tumor? Ingrid lässt leicht genervt die Zeit-

schrift sinken: »Ich hatte doch auch so einen Oschi. Und noch einen zweiten, kleineren daneben.« Die reden vom Tumor. Gerti gibt nicht auf: »Jahaaa. Aber Sie haben Ihre Brust doch noch. Meine musste abgenommen werden.« Ingrid retourniert: »Stimmt doch gar nicht. Meine doch auch. Da nehmen wir uns nicht viel.« Ich schiele zu Gertraud. Da muss noch etwas kommen. Auf, Gerti, einen Trumpf hast du doch bestimmt noch im Ärmel. Unvorstellbar genug, dass hier ein Wettbewerb um den schwerer wiegenden Befund gestartet wurde. Aber wie ich feststellen soll, ist das unter Krebspatienten ein zwar geschmackloser, aber sehr beliebter Zeitvertreib. Gertraud hebt das Kinn kurz und fragt: »Lymphknoten?« Ingrid gibt sich vorzeitig geschlagen: »Nein. Keine befallen.« Gerti nickt, sichtlich erleichtert: »Bei mir auch nicht.« Ingrid seufzt. Sieht nach einem Unentschieden aus.

»Und Sie?« Huch. Das ging an mich. Ziemlich unerwartet und auch ziemlich unerwünscht soll ich in dieses hirnrissige Gespräch integriert werden. »Alles zu bewältigen. Nicht so dramatisch. Hauptsache, jetzt durch die nächsten Monate kommen und keine schlechte Laune bekommen von der Chemo.« Oh, oh. Das hätte ich nicht sagen sollen. Gertraud, die Grantige, ist zurück im Ring: »Sie haben leicht reden. Sie sind ja noch blutjung. Da steckt man das leicht weg. So was.« In mir ärgert sich was. »Nun ja. So was ist Krebs. Auch bei mir. Und ich versuche schon mein Quäntchen dazu beizutragen, dass der Allgemeinzustand überwiegend fröhlich bleibt. Zum Beispiel viel Sport ...« Prompt hat Ingrid ihren Beobachterposten aufgegeben. Mit dem Magazin in der Hand fuchtelt sie Gerti entgegen: »Sehen Sie? Sag ich doch. Das bringt nichts, sich den ganzen Tag im Bett zu verstecken. Sie müssen den Hintern hochkriegen. Das ist auch für die Psyche gut.« Ui. Gertraud hat mittlerweile einen farbenfrohen Bluthochdruck-Teint. »Ach, Tsyche«, und einen Sprachfehler. »Tsyche. Ich weiß, was für meine Tsyche was ist. Und Sie wissen ja gar nicht, wie schlecht es mir von dem Zeug geht.« Die Augen weit aufgerissen, mit den Armen wedelnd, landet sie mit ihrem aufgebrachten Gesicht schließlich bei mir: »Und wenn das sowieso nicht so schlimm ist bei Ihnen ... was kriegen Sie da überhaupt?« Ich schaue mir meine Safttüten an. Doch bevor mir irgendeine friedenstiftende oder wenigstens diplomatische Antwort ein-

fällt, höre ich Schwester Carla aus dem Türrahmen flöten: »Die drei-
fache Dosis von dem, was Sie beide kriegen. Die Frau Pielhau kriegen
wir schon noch kaputt.« Ich lache. Sie lacht. Ingrid schmunzelt. Gerti
schmollt. Das ist irgendwie nicht so gelaufen, wie sie sich das vorgestellt
hat, vermute ich.

Während das Herz sich langsam wieder im guten Frequenzbereich befindet, ganz anders als der schreckliche Radiosender, hänge ich diesem
Gespräch nach. Es ist nicht das erste Mal, dass ich so einer Gertraud
begegne. Eine, die es natürlich immer am schlimmsten getroffen hat,
die am meisten leiden muss und am wenigsten zu lachen hat. Die gibt
es häufiger: Frauen, die ihre wertvolle und ohnehin so sparsam rati-
onierte Energie und auch viel Zeit damit verschwenden festzustellen,
wie wenig sie von beidem haben. Statt das Ziel, geheilt zu werden oder
zu bleiben, oder einfach so lange wie möglich noch zu leben ins Auge
zu fassen, haben sie es sich in ihrer Krankheit dermaßen gemütlich
gemacht, dass ich manches Mal glauben möchte: Die wollen gar nicht
gesund werden. Und wenn sie es nicht mehr werden können, wenigstens kämpfen. Für die kostbare Zeit, die noch bleibt. Egal, auf welche
Uhrzeit der mittlerweile sehr alte Herr da oben den letzten Weckruf
gestellt hat. Und wenn ich die Umstände in Betracht ziehe, in denen
sich manch eine jener Patientinnen befindet, kann ich sogar nachvoll-
ziehen, warum. Das hat nichts mit Charaktermerkmalen oder Wesens-
eigenheiten zu tun. Ganz generell gilt – so denke ich: Krank sein, so
schwer krank sein, ist eine echte Versuchung. Noch teuflischer als der
Apfel in Eden damals. Denn: Von den zerstörerischen, entarteten Zellen mal abgesehen, bringt der Krebs diesen Frauen, und im Übrigen
auch mir, viel Schönes. Wirklich wahr. So schwer vorstellbar das klingen
mag. Viel Zuwendung und Mitgefühl zum Beispiel. Von der Familie
und Freunden. Sofern vorhanden. Außerdem aufmerksame Ärzte. Ja,
meistens mehrere. Schwestern, die sich manchmal besonders freundlich, zumindest aber höflich, kümmern. Und – die diabolischste unter
den Verlockungen – die Krankheit taugt als Entschuldigung für fast
alles. Übellaunigkeit, Unzuverlässigkeit, Egoismus. Nicht, dass das alles
nicht tatsächlich auch zeitweise seine Berechtigung hätte. Aber doch
nur, solange die Seele diese unsoziale Phase zum Regenerieren und zur

Vorbereitung des Wiedereintritts in die gesellschaftsfähige, gesellige Atmosphäre braucht.

Vielleicht habe ich leicht reden. So genau habe ich dem Tod noch nicht ins Gesicht geschaut. Und ich hoffe auch, dass ich es so schnell nicht wieder muss. Aber ich habe auch einige unheilbar an Brustkrebs erkrankte Frauen kennengelernt, die alle ihre Fäustchen gehoben haben. Sie werden sterben. Ja. An Brustkrebs. Ja. Vielleicht morgen. Vielleicht aber auch erst in 20 Jahren. So weit ist die Medizin. Und deshalb boxen sie zurück. Immer und immer wieder. Und sie werden einfach nicht so schnell geschlagen. Das ist ein Fakt.

Aus den Begegnungen mit den Frauen in der Chemo-Ambulanz habe ich mir mit der Zeit meine eigenen Patientinnen-Profile zurechtgelegt. Das hielt bis jetzt allen Überprüfungen stand. Dennoch: logischerweise keine Regel ohne Ausnahme. Ich gestatte mir ja auch nur deshalb eine gewisse Schonungslosigkeit und – ich gebe es ungern zu, aber es ist nun mal so – Arroganz, weil 95 Prozent aller Frauen, die mit mir behandelt werden, dauerhaft geheilt werden und bleiben. Hat mir Schwester Carla gesagt.

Der komplizierteste Umgang ist sicher der mit »Gertis«. Ein anstrengender Typ Patientin, ich nenne sie IDÄs. Weil sie theoretisch jeden Satz anfangen könnten mit: Ich, die Ärmste. Fällt mir schwer, mit diesen Frauen umzugehen. Weil es mich selbst so deprimiert und runterzieht. Wenn der Tag sonnig und strahlend angefangen hat, kann es nach einer IDÄ-Begegnung auch schon mal frühzeitig finster werden – um zwei Uhr mittags. IDÄs sind ziemliche Batteriefresser. Denn jeder Versuch der Ermunterung oder Ermutigung wird bellend abgeschmettert. Klar. Will ja keiner hören. Ist so schön kuschelig in diesem dunklen, engen Brunnen. Solange nur genug Leute oben stehen, immer wieder nach unten schauen und hin und wieder auch was Liebevolles rufen oder Hübsches runterwerfen. Mein Akku ist schnell leer, wenn IDÄs in der Nähe sind. Darum habe ich mir angewöhnt, ihnen aus dem Weg zu gehen. So gut das klappt.

Eine andere Spezies von Patientinnen sind die IMAs – Ich mache, aber ... Das sind diejenigen, die zwar immer sagen, wie sehr sie sich zusammenreißen und kämpfen wollen, aber: Es gibt immer ein »Aber«.

Immer einen Grund, warum dieses oder jenes eben doch nicht geht. Letztlich sind sie den IDÄs gar nicht so unähnlich. Mit einem Unterschied: Sie wissen, dass sie sich nicht hängen lassen und jammern sollten. Dass damit niemandem geholfen ist. Am wenigstens ihnen selbst. Darum reden sie sich selbst und allen anderen um sich herum ein, dass sie ja schon alles Menschenmögliche machen. Aber das »Aber« ... Auch eine kraftraubende Angelegenheit, IMAs ständig zum Handeln zu motivieren. Dabei glauben die IMAs, die ich kennengelernt habe, dass sie wirklich zur starken, bissigen, ausdauernden Sorte gehören. Und sie bemerken nicht, wie sie mit jedem »Aber« vor ihren vollmundig angekündigten Taten flüchten.

Die dritte Kategorie, die mir aufgefallen ist, ist die schüchterne, stille Frau. Sie redet nicht viel. Weder klagt sie noch frohlockt sie. Ihr Blick, immer ein bisschen wie der eines verhuschten Rehs, das sich in Manhattan verlaufen hat. Nicht selten kommen bei diesen Frauen die Partner mit zur Sitzung ins Krankenhaus. Jaja, ich weiß, um ein Haar wäre das bei mir auch so gewesen. Das ist die IHA: Ich habe Angst. Letztlich ist sie sehr mutig. Denn sie lebt und zeigt am offensten, was uns Patientinnen, IDÄs, IMAs, IHAs alle eint. Egal, wie tough oder tumb wir uns geben: Krebs macht schwach, allein und eben Angst.

Es sei denn, man ist ein wenig widerspenstig veranlagt und mag das alles nicht kommentar- und kampflos hinnehmen. Es sei denn, man beschließt, kurz nachdem der erste Schockmoment vergangen ist, die Ärmel hochzukrempeln und die Finger zappeln zu lassen. Es sei denn, man sagt: »Nö. So nicht.« So will ich sein. Ein MFG. Ein Mittelfinger-Girl.

27

LAUF UM MEIN LEBEN (WOCHE 7)

Nicht Mittelfinger, vielmehr Mittelfüße und deren Knochen muss ich recken und strecken, bevor ich mich joggend ins Grün des Großstadtdschungels stürze. Und das muss heute dringend sein. Ich habe Wirbelsturm im Schädel und Chaos in meiner Gefühlswelt. Das muss in Ordnung gelaufen werden. Dieses bescheuerte Streitgespräch der beiden Chemo-Kolleginnen vor zwei Tagen scheint mich intensiver zu beschäftigen, als ich das vor anderen zugeben würde. Ich habe sogar davon geträumt. Natürlich, weil mir bei allem Kopfschütteln über den Immer-einer-mehr-als-du-Wettstreit klar war, dass ich von uns dreien diejenige war mit der undankbaren, weil ungünstigeren Diagnose respektive Prognose. Das sollten die beiden natürlich nicht wissen. Aber mein Unter- und auch das reflektierende Bewusstsein haben die Gelegenheit genutzt, mich leider ausgerechnet nachts während der Traumphasen noch einmal auf diesen Umstand hinzuweisen. Die Konsequenz: Ich habe mich nur erbärmlich erholt. Und meine psychische Situation ist für den Arsch. Seit 48 Stunden geht es mir richtig schlecht. Ich bin depressiv und innerlich matschig-grau. Angst verteilt auf 1 Meter 67 ohne Haare. So elend ist es mir schon seit Wochen nicht mehr ergangen. Na, dann wollen wir mal sehen, was die ganzen im Frohsinn ausgegebenen Durchhalteparolen taugen, wenn man sie wirklich braucht. Ich habe zwar überhaupt keine Lust. Aber die Laufschuhe stehen schon aufgeschnürt vor mir. Der MP3-Player kann von der Steckdose genommen werden. Er ist bis zum Anschlag aufgeladen. Das wünsche ich mir auch: eine Andockstation für Energie aus der Wand. Zwei Stunden ruhig verharren, und – bsssss – es ist wieder genug Power im Persönchen für die nächste Zeit. Weil so eine enorm sinnvolle Erfindung aber erst noch gemacht werden muss, begnüge ich mich mit der herkömmlichen Methode zur effektiven Endorphingewinnung: Sport. Einen tiefen Seufzer später finden sich meine Füße in den bereitgestellten Schuhen wieder. Kopfhörer in die Ohren, play, und los. Ich habe mir irgendwann mal angewöhnt, wirklich direkt loszulaufen, sobald ich die heimische Wohnung verlasse. Obwohl wir eigentlich einen Lift haben und ihn normalerweise auch benutzen. Ja. Auch zum runterfahren. Und daher gilt es erst einmal die vier Stockwerke hinter mich zu bringen, bevor der Asphalt seine Tritte abbekommt.

Die Idee hinter dieser Raus-und-los-Taktik ist schlicht die, dem Schweinehund möglichst wenig Angrifffläche zu bieten. In den 25 Sekunden im Fahrstuhl auf dem Weg nach unten kann man sich immerhin noch 17 unanstrengendere Zeitvertreibe ausdenken als den, den Glutaeus maximus zur Arbeit zu rufen und ein wenig zu trainieren. Auf der Straße finde ich nicht so einfach wie sonst in meinen Rhythmus. Ich erwäge ernsthaft auch nach 500 Metern wieder umzukehren. Nur der Kopf zwingt mich zum Durchhalten. Die Musik hilft dabei. Heute auf der Playlist: The Divine Comedy, anders als der Name nicht unbedingt göttlich lustige Musik. Eher von der bitter-melancholischen Sorte. Passt daher bestens zu meiner Stimmung. *Here comes the Flood* trifft mich auf meinem Niveau. Der feine Herr Popstar singt nämlich vom Wettlauf der Katastrophen der Neuzeit: auf Bahn 2 zum Beispiel die Weltwirtschaftskrise, auf der 4 chemische Kriege, Rassenkonflikte laufen in Spur 5, auf Bahn 6 AIDS. Die Dimension dieses Gedankens, ein Rennen der Massenmörder der Menschheit, lässt mein eigenes Schicksal sehr klein und sehr unbedeutend erscheinen. Allein in diesem Jahr 2008 sind so viele furchtbaren Katastrophen passiert: der Zyklon über Burma, das Erdbeben in China. Wie relativ ist in Anbetracht von über 220 000 Toten und vielen Millionen Menschen, die kein Zuhause und keinen persönlichen Besitz mehr haben, die eigene Geschichte? Tja, Antwort überflüssig. Natürlich sehr, sehr relativ.

Und so bin ich – relativ – fix wieder im grünen Bereich angekommen. In meinem persönlichen. Und auch im Innerstädtischen, in dem ich immer meine Runden drehe. Eine gute halbe Stunde liegt hinter mir und langsam zeigt die Bewegung Wirkung. Aus welchen Zutaten auch immer der Hormon-Shake besteht, den mein Körper gerade zu trinken bekommt, er macht glücklich. Die Sonne trägt ihren Teil dazu bei. Meine Lieblings-Beats puckern sich in meinen Kopf. Ich lächle die kleinen Kinder, alten Menschen oder Hunde an, mit denen ich mehrfach fast kollidiere, und laufe gemütlich eine meiner längeren Strecken. An einer Gabelung entscheide ich mich kurzerhand für die Erschließung von neuem Terrain und wähle den Weg eine Anhöhe hinauf, wo ich bisher noch nicht war. Das ist anstrengend und aufregend. Anstrengend wegen 17 Prozent Steigung. Aufregend, weil hinter jeder Kurve das große, grüne Ungewisse lauert. Genau das macht ja so Spaß. Oben angelangt, überwältigt mich zwar kurz das Gefühl, dass die Bezwingung des Mount Everest nicht erhebender hat sein können. Doch dem Höhenkoller nicht vollends verfallen bin ich kurz später erstens wieder wohlbehalten am Fuß des Bergs und zweitens auf dem Boden der Tatsachen angekommen. Obwohl ich bis jetzt schon ein löbliches Stück Weg hinter mich gebracht habe, zeigt noch keine meiner zum Joggen unerlässlichen Komponenten (Muskeln, Puste, Lust) Ermüdungserscheinungen. Darum beschließe ich noch eine weitere Extratour. Irgendwie läuft es gerade wie geölt. Ich genieße jeden Schritt, jeden Meter, den ich schaffe. Und: jeden Tropfen Mühe, der mir die Stirn runterläuft. Glück schmeckt heute salzig.

Wieder zu Hause sehe ich schon ein bisschen aus wie eine holländische, in voller Blüte stehende Tulpe. Mit meinem knallroten Kopf. Allerdings eine Tulpe mit breitem Grinsen im Gesicht. Thom kommt aus seinem Studio und bemerkt nur: »Du warst heute ziemlich lang unterwegs, oder?« Ich denke schon. Das muss überprüft werden. Ich stoppe meine Laufuhr. So ein Hightech-Teil, das einem neben Herzfrequenz, Strecke und Kalorienverbrauch vermutlich demnächst auch Aktienkurse und Gutenachtgeschichten vorliest. Erst auf den zweiten Blick glaube ich, was ich ablesen kann. Ich wusste zwar, dass ich anständig durchgehalten habe, aber das ... Mein Kontrollgerät zeigt: Time 1 h 54 min 32 sec. Das gibt's ja nicht. Doppelt so lange wie sonst. In der Zeit laufen andere Leute einen Halbmarathon. Ich juchze. Fast zwei Stunden. Unter Chemotherapie. Juch ...Huuuuuuu! Ich fühle mich gerade sehr lebendig. Mittelfinger, Krebs. Mittelfinger.

28

WIR SIND VIELE (WOCHE 8)

Die Masseurin walkt mit ihren zarten, kleinen Händen über meinen verspannten Nackenbereich. Demzufolge entfahren mir andauernd Seufzer und Geräusche. Der Entspannung und des ausdrücklichen Wohlgefallens natürlich. Dennoch berührt mich das ein wenig peinlich. Hauptsache, das passiert nicht, wenn sie sich zur Lendenwirbelsäule vorgearbeitet hat, mit einem anderen Körperteil. Seufzer und Geräusche, hervormassierte Inflatulenzen. Ich bin immer wieder bass erstaunt, wie in so einem feinen, kleinen, gerade mal halben Portiönchen so viel Kraft und Ausdauer stecken können. Eine gute halbe Stunde lang befindet sich Yvette jetzt schon in einer intensiven Auseinandersetzung mit meinen Blockaden. Weitere 30 Minuten der Kneteinheit liegen noch vor uns. Mein Gesicht ruht auf einem gut gepolsterten, mit Frottee umfassten Kopfteil in Form eines Rings. Das Loch in der Mitte gibt den Blick frei auf den antiken Holzfußboden. Ich liege in einem lichtdurchfluteten Raum in der oberen Etage des Wellnessflügels eines besonders schönen Hotels außerhalb von Berlin. Alles ist weiß, es duftet nach Eiche, Vanille und süßlichem Moschus. Und aus unsichtbaren Lautsprechern tönt atmosphärische Musik. Leise. Gerade noch wahrnehmbar, dass es nicht ganz still ist, wenn keiner spricht. Es hat einige Tage und Überredungsversuche gebraucht, bis ich mich dazu durchringen konnte, ein Wochenende in diesem Wohlfühltempel zu verbringen. Zum einen schäme ich mich immer noch sehr, Fremden mein nackiges Haupt zu zeigen. Das ist bei einer Ganzkörper- inklusive Kopfmassage allerdings unumgänglich. Zum anderen ist man bei dieser Form der Behandlung bis auf sparsame Intimbedeckung ja auch ganz entblößt.

Und der Gedanke daran, es könnte jemand die einst unheilvolle Brust sehen, auch wenn sie nicht mehr voll Unheil ist, macht mir immer noch unangenehmes Ziehen rund um den Bauchnabel.

Die Vorfreude auf Spa und Spaß hat gewonnen. Und noch döse ich ja bäuchlings vor mich hin. Kein Grund zur Beunruhigung also. Yvette indes beunruhigen höchstens diverse Verspannungen im mittleren Rücken, deren Bearbeitung ich wieder mit eigentümlichen Tönen des Genusses quittiere. »Alles in Ordnung?«, haucht sie. »Geht nicht besser«, murmele ich in mein Ringloch. Ob Yvette schon ahnt, dass ich ihr gleich nach der Behandlung einen Heiratsantrag machen muss? Da muss Thom durch. Dieses Rundum-sorglos-Paket, was mir gerade geschenkt wird, kommt genau zum richtigen Moment. Denn die Woche hatte es in sich.

Die erste Sitzung mit Taxol stand an. Die habe ich mit einer Lässigkeit über mich ergehen lassen, die jedem »Schau mir in die Augen, Kleines« von Humphrey Bogart standhalten würde. Finde ich. Die einzigen Überraschungen, die mich noch erwarten könnten, sind unerwünschte Nebenwirkungen, von denen bisher keiner, auch medizinisches Fachpersonal nicht, etwas geahnt hat. Aber selbst die blieben bislang aus. Stattdessen Begleiterscheinungen ganz brav nach Beipackzettel: so etwa ein paar Tage Knochenschmerzen. Wie Muskelkater am ganzen Körper, nur eben in jedem erreichbaren Winkel. Geht. Was nervt, das sind, besonders beim Sport, die tropfende Nase und ständig tränende Augen. Also, schau mir da bloß nicht rein, Kleiner.

Aber selbst das lässt sich aushalten. Weil ich ja ohnehin bei jeder Gelegenheit weine. *Vermisst* auf RTL, *Nur die Liebe zählt* auf Sat1. Ich heule. Versprochen. Jedenfalls kam ich mir während ebendieser Sitzung vor wie ein echter Routinier und habe die Neuankömmlinge im Chemo-Klub mit Ratschlägen vermutlich überrollt. Wer nicht nur zwischen den Zeilen, sondern diese Zeilen selbst auch zu lesen weiß, versteht, dass ich es natürlich nur gut meine. Und nicht aus meiner Haut kann.

Apropos Haut. Dank der liebevollen Streichel-, Drück- und Rollbehandlung duftet sie mittlerweile herrlich nach dem Avocado-Öl, das mir Yvette aufgetragen hat. Allerdings nur auf meiner Rückseite. Ziehen um den Bauchnabel. Die höfliche, aber unvermeidliche Aufforderung folgt dementsprechend auf dem Fuß: »Drehst du dich bitte um?« (Ich habe ihr das Du angeboten, weil ich Siezen unter Gleichaltrigen ziemlich albern finde.) Natürlich ist sie wie alle Wellness-Expertinnen wie von Klostervorsteherinnen geschult darin, das mich vormals bedeckende Laken so vors eigene Gesicht zu ziehen, dass sie bloß keinen Blick auf den bloßen Körper der Kundin erhascht. Dennoch geniere ich mich zurzeit wie nie und wende mich widerwillig und mit verschränkten Armen vor der Brust. Erst als Yvette mich wieder unter dem Tuch versteckt, werde ich locker.

Es ist wohl der Moment für eine Erklärung: »Weißt du, ich habe da gerade etwas hinter mir ...« – »Ich weiß.« – »Oh. Ach so. Ja. Klar.« (Wie schön, wenn man manche Dinge ganz schnell vergisst. Wie schade, dass sie einen, egal wie, von selbst daran erinnern.) Yvette rettet den Augenblick der Pause, bevor er unangenehm wird, mit einer überraschenden Offenbarung: »Ich hatte auch Krebs.« – »Oh.« – »Also, nicht wie du. Sondern ... unten ...« – »Oh.« (Mann, kommt aus mir auch noch etwas anderes heraus als »Oh«?) Yvette lässt sich nicht beirren: »Mit der OP war aber alles in Ordnung. Ich musste zum Glück nicht durch so ein Programm wie du. Dafür aber jetzt sehr regelmäßig zur Kontrolle.« Mein Herz erhöht sein Tempo. Das gibt es doch nicht. Die ist doch auch noch so jung. Warum denn noch eine?

Natürlich ist meine Wahrnehmung verschoben. Fakt ist: Die Krebsgeschichten, von denen ich erfahre, häufen sich in letzter Zeit. Nicht nur, dass sich mir vor Kurzem eine sehr bekannte Frau offenbarte und mir von ihrem Krebs berichtete, von dem – ihr Glück – keine Öffentlichkeit etwas mitbekommen hat. Auch erst vor ein paar Tagen ein weiteres Beispiel: Ich wurde von einem adretten Mädel Mitte 20 geschminkt für einen Auftritt auf einer Messe. Sie ist so selbstverständlich mit meiner Perücke umgegangen, dass ich scherzhaft bemerkt habe: »Du machst das ja gerade so, als hättest du Übung darin.« Schneller, als irgendjemand über meinen vermeintlichen Scherz schmunzeln kann, kommt ihre Antwort: »Hab ich auch. Ich hatte Lymphdrüsenkrebs. Und bin durch genau den Vollwaschgang, durch den du vermutlich gerade durchmusst.« Prompt entspinnt sich, wie unter deutschen Rucksacktouristen in einem fernen Land, sofort ein sehr vertrautes Gespräch. Eben nochvon höflicher, gut anerzogener Distanz, fühlt man sich plötzlich verbunden. Irgendwo auf der Welt im Urlaub sind es die vielen unbekannten, manchmal befremdlichen Eindrücke, die einen Landsmann zum willkommenen Gruß aus der Heimat werden lassen. In meinem Fall ist es die eine Krankheit, die uns alle eint.

Yvette macht ihren Job hervorragend. Auch sich wenn meine Gedanken seit ihrem Geständnis nicht mehr um Stirnölguss und Saunagang drehen. Sondern um: Warum so viele, warum so jung? Als wir uns verabschieden, muss ich sie in den Arm nehmen und feste drücken. Impuls. Sie lächelt. Zum Glück. Den Heiratsantrag verschiebe ich dennoch.

29

LESEN LERNEN: BÜCHER UND MICH (WOCHE 9)

Lance Armstrong ist der Knaller. Dass irgendetwas in seinen Genen durch Fremd- oder Eigenmutation nicht mehr menschlich ist, vermute ich schon seit Langem. Wie sonst sollten sich qualvolle Bergetappen so elegant und geschmeidig bewältigen lassen. Nicht nur die Muskel-, sondern besonders seine Mentalkräfte sind beeindruckend. Ich weiß nicht, wie lange ich schon im Besitz des Buches bin, in dem er den eigenen Kampf gegen den Krebs beschreibt. Ich habe es nie zur Hand genommen. Bis jetzt. Macht jetzt natürlich auch am meisten Sinn für mich. Lance ist mir ein sehr guter Motivationstrainer. Seine Kapitel sind Unterrichtseinheiten in Demut dem Leben gegenüber und Paradebeispiele für Durchhaltevermögen, Willenskraft und Kampfgeist.

Unnötig zu erwähnen, dass dieses Buch wie so viele andere zum Thema – nötige wie unnötige – auf der Infusionsstation die Runde macht. Die zwei wichtigsten Werke, die mir bei den Aufräumarbeiten nach der Katastrophe Krebs am meisten geholfen haben, habe ich von meinen Liebsten geschenkt bekommen. Ich will darüber kurz und auch nur auszugsweise berichten. Denn was mir gutes Karma macht, bereitet dem Nächsten vielleicht schlechte Laune. Bekanntlich und glücklicherweise gibt es für jeden Ratsuchenden einen weiteren, der ihn gerne gibt.

Also, meine literarische Begleitmedikation: Das eine ist ein Werk, von dem ich bis dato noch nichts gehört hatte, anders als vermutlich der Rest der belesenen Welt. David Servan-Schreiber erläutert *Die Neue Medizin der Emotionen*. Darin vertritt der Autor die These, dass Zivilisationskrankheiten der Moderne wie Stress, Depression und Angst auch ohne Medikamente oder Psychotherapie heilbar sind. Solange wir nur an die Ursache herankommen, nämlich unsere – besonders tief verborgenen – Gefühle. Er zeigt auf, wie ich mein emotionales Hirn und gleichsam meine Selbstheilungskräfte aktiviere. Holldrijö, da werden Sie geholfen! Diese mich sehr ansprechende Theorie bekommt eine umso größere Bedeutung mit dem Wissen, dass der Buchautor selbst an einem Hirntumor (inklusive Rezidiv) erkrankt war. Und sich heute immer noch bester Gesundheit erfreut. Ich mag die Vorstellung, dass das Geheimnis zum Erfolg wie so oft ein ganz einfaches ist: »Sei glücklich und du bleibst gesund.« Mir hilft es.

Genauso übrigens wie die Tipps zur Visualisierung der körpereigenen Abwehrzellen im Kampf gegen das Unerwünschte bis hin zur eigenen Genesung. Die Übung stammt aus einem Buch, das beinahe so etwas ist wie ein Klassiker der Fachliteratur. Der Krebsspezialist O. Carl Simonton und seine Koautoren wollen, dass Patienten *Wieder gesund werden*. Dabei greifen sie auf viele Jahrzehnte Erfahrung mit Krebskranken zurück. Sie legen Möglichkeiten dar, wie der Patient die ärztliche Behandlung durch Eigeninitiative unterstützen kann. Was auch Dr. Nane Christiansen, meine Chemotherapie-Ärztin, unterschreiben würde, weil sie gleich zu Beginn zu mir sagte: »Wir können nicht alles machen. Die Patientin muss mithelfen.« Ganz unabhängig davon, ob man mit der Methode etwas anfangen kann oder nicht: Es gab eine Stelle im Buch zur Ursachenforschung, die mich überrascht hat. Die mich hat nachdenklich werden lassen. Und da gerade die fehlende Antwort auf die Frage des Warum immer mal wieder nervend bohrt, hat mich diese These aufmerksam gemacht. Es geht dabei um die psychosozialen Faktoren, die derart großen emotionalen Stress auslösen, dass die Krankheit extrem begünstigt, um nicht zu sagen ausgelöst, wird. Hintergrund: Emotionaler Stress erhöht die Krankheitsanfälligkeit. Chronischer Stress hemmt das Immunsystem. Anormale Zellen werden nicht mehr aus dem Weg geräumt. Und das über längere Zeit macht die Bahn frei für Krebs. Sehr vereinfacht ausgedrückt. Denn eigentlich ist unser Superkörper ja in der Superlage, immer wieder entstehende, entartete Zellen mithilfe der eigenen Superabwehr kaputt zu machen. Bei jedem von uns. Unser ganzes Leben lang. Immer und immer wieder. Häufigste Stressursache sei übrigens seelischer Schmerz. Danach Erschöpfung und Entbehrung.

Die Testgruppe hat ein sehr eindeutiges Ergebnis gezeigt. 94 Prozent der Probanden, die innerhalb von einem Jahr mehr als 300 Punkte erreichten, sind krank geworden.

Ereignis	Bewertung
Tod des Ehepartners	100
Scheidung	73
Trennung der Ehepartner	65
Gefängnis	63
Tod eines Angehörigen	63
Körperverletzung oder Krankheit	53
Heirat	50
Entlassung	47
Aussöhnung der Ehepartner	45
Pensionierung	45
Erkrankung eines Angehörigen	44
Schwangerschaft	40
Sexuelle Probleme	39
Familienzuwachs	39
Geschäftlicher Neuanfang	39
Veränderung des finanziellen Status	38
Tod eines engen Freundes	37
Arbeitswechsel	36
Veränderung in der Häufigkeit von Ehestreit	36
Hypothek/großes Darlehen	31
Verfall einer Hypothek/eines Darlehens	30
Veränderung des beruflichen Verantwortungsbereiches	29
Sohn/Tochter verlässt das Haus	29
Schwierigkeiten mit angeheirateten Verwandten	29
Hervorragende persönliche Leistungen	28
Ehepartner fängt (wieder) an zu arbeiten	26
Ehepartner hört auf zu arbeiten	26

Die Liste hat noch eine Handvoll anderer Ereignisse, wie Urlaub, Weihnachten oder veränderte Essgewohnheiten, die mit irgendetwas zwischen 10 und 19 Punkten bewertet werden. Das kann an dieser Stelle vernachlässigt werden.

Entscheidend ist: Das sind alles Dinge, die wir als »stressig« empfinden. Selbst die schönen Sachen. Denn alles hat Veränderungen unserer lieb gewonnenen Routine und aller Gewohnheiten zur Folge, oder es beeinflusst unseren Umgang mit Menschen oder unser Selbstbild. Für die einen ist das was Feines. Bei anderen kommen ungelöste emotionale Konflikte an die Oberfläche. Wichtig ist, wie gut wir uns an die Veränderung anpassen. Und dann gibt es noch die Menschen, die laut Punktekatalog längst krank sein müssten, die aber alles bestens wegstecken. Weil sie mit dem emotionalen Stress eben sehr gut umgehen können. Ich konnte das ganz offensichtlich nicht. Das ist der schlechte Teil der Nachricht. Der gute: Ich kann etwas dagegen tun. Gegen den Stress. Und: dass er mich ärgert.

Als ich die letzte Seite gelesen habe, klappe ich das Buch mit einem selbstzufriedenen, natürlich auch selbstüberschätzenden, aber gleichsam hoch motivierten Ha-ich-hab's-Gefühl zu. Dabei ahne ich nicht, dass schon wenige Stunden später geprüft werden soll, ob sich der Erkenntnisgewinn auch in der Praxis bewährt oder gar auszahlt. Gegen 16 Uhr klingelt mein Telefon. Eine aufgebrachte Mitarbeiterin meines Managements fragt, wo ich denn gerade stecke. »Na, zu Hause. Gemütlich, Couch, Kaffee, natürlich entkoffeiniert ... wieso?« – »Du hast doch heute deine Aufzeichnung für RTL. Die warten seit einer halben Stunde auf dich.« – »Was? Das war doch erst nächste Woche um diese Zeit.« – »Nein, der Termin ist heute.« – »Oh. Mist. Mi-hist. Dann hab ich mir das wohl falsch eingetragen. Das ist mir, glaube ich, noch nie passiert.« – »Ich weiß. Deswegen habe ich mir gedacht, ich ruf lieber mal schnell durch. Denn da du ja wirklich nie zu spät kommst oder etwas vergisst, muss es schon einen triftigen Grund fürs Nichterscheinen geben.« – »Genau. Nämlich den, dass ich dachte, ich müsste heute nicht er-schei-nen.« Wir besprechen, was zu tun ist. Ich kann in einer Dreiviertelstunde im Studio sein. Das wird sie weitergeben. Und dann hoffen wir mal, dass das Gespräch wie geplant stattfinden und gedreht werden kann.

Nach dem ersten Schock über meine eigene Unzuverlässigkeit subtrahiere ich Unzuver- und finde: Lässigkeit. Ich hab mich vertan. Nicht mehr und nicht weniger. Passiert. Mir nicht oft. Aber eben jetzt. Das ist doof für die, die warten müssen. Aber es ist kein Weltuntergang. Dafür werde ich nachher im Interview mit wahnsinnig spritzigen, lustigen, knackigen Antworten innerhalb kürzester Zeit das Material liefern, das sich der Redakteur erhofft. Hoffe ich. Und so holen wir den Zeitnachteil wieder auf. Zumindest ist das mein Plan. Ich suche mir fernsehgerechte Klamotten zusammen und fahre los. Früher hätte ich mich bis hierhin schon bis zur Unkenntlichkeit selbst zerfleischt ob des Fauxpas, hätte meine schöne Kleidung vor lauter Hektik unansehnlich durchgeschwitzt und längst meine aufrechte Haltung verloren. Bei so viel schlechtem Gewissen und Schuld auf den Schultern. Ich übe mich in der neu entdeckten Gelassenheit.

Vor Ort erkläre und entschuldige ich mich natürlich artig und erfahre, dass »das nicht so schlimm war, wir haben die Pause zum essen genutzt. Es hatten sowieso alle Hunger.« Na, wunderbar. Hatte mein Patzer sogar Sinn. Mit knurrendem Magen soll doch bitte schön niemand arbeiten müssen. Ich lasse mich anmalen und dann legen wir los. Das Interview klappt wie geplant. Und der Redakteur erreicht sogar noch den ursprünglich gebuchten Flug zurück nach Köln. Alle happy. Ich auch. Wir haben alles fertig bekommen. Und das, ohne dass ich mich fertig gemacht habe. Punktsieg.

30

ALIEN UNTER UNS (WOCHE 10)

Ich war aus. So richtig wie früher. Bis tief in die Nacht. Und dabei haben wir es gekonnt krachen lassen: mit Mangosaft oder alkoholfreiem Erdbeer-Daiquiri habe ich mich hemmungslos durch alle Drinks ohne Dröhnung gesoffen. Eigentlich ist so ein alkoholfreier Abend oder ein alkoholfreies Leben gar kein Stoff für Gespräch. Wenn nicht denen, die nicht volumenprozentreich mitfeiern, so oft der Ruf der Partypooper anhaften würde. Und ohne zu merken, wie die Zeit fliegt, habe ich mit Wonne, Vergnügen und vielen lustigen Unterhaltungen das Gegenteil bewiesen. Das Ergebnis kann sich sehen lassen. Um 4 Uhr morgens erst waren wir im Bett. Quod erat demonstrandum. Was zu beweisen war. Hat sich gut angefühlt, erfolgreich noch eine gewisse nächtliche Partytauglichkeit an den Tag gelegt zu haben. Habe ich schon seit sehr langer Zeit nicht mehr gemacht. Und eigentlich wäre es auch nicht der Rede wert, wenn die Umstände nicht so besonders wären. Denn: Zurzeit fühle ich mich mit jedem Tag mehr, der vergeht, immer weniger gesellschaftsfähig. Der Grund: Ich mutiere langsam zum Alien. Echt wahr. Mein Spiegelbild wird immer gruseliger. Schuld daran ist die zweite Ladung Taxol diese Woche. Die gibt den verbliebenen Härchen den Rest. Und sie vergreift sich auch sonst an meinem einst tadellos funktionierenden Organismus. Daher registriere ich derzeit merkwürdige Phänomene. Sehr geballt, sehr verstörend. Kohlensäure zum Beispiel vertrage ich gar nicht mehr. Das brennt im Mund. Wirklich. Leichte Schärfe auch. Wie Feuer. Gleichzeitig hab ich aber immer den Salzstreuer im Anschlag. Und salze mittlerweile sogar schon ohne Probierhappen nach. Weil alles so fad schmeckt. Meinem getrübten Geschmackssinn zufolge.

Außerdem – tut mir leid, dass ich so jammere, aber es reicht mir gerade sehr – juckt seit Tagen mein Körper. Weil ich mich ständig kratzen muss, kommt mein Leib in den fragwürdigen Genuss wiederholter Peelings. Absurderweise aber fühle ich in den Fingerkuppen, mit denen ich jucke, nichts mehr. Die sind taub, die Fußsohlen auch, was zu dämlichen und Blicke auf sich ziehenden Stolperern beim Joggen führt. Mann, gehe ich mir gerade selbst auf die Nerven. Apropos: Auch die Nerven im Gesicht scheinen lahmgelegt. Das ist merkwürdig. Erst recht, wenn mein Liebster mich über die Wange streichelt. Das sehe ich zwar, aber ich fühle es nicht. Blöd. Merkt jemand etwas? Schön gemütlich ist es gerade in meiner Schmoll- und Quengelecke. Am besten, ich gehe gleich noch laufen. Während ich vor mich hin grummele, betrachte ich meine blau angelaufenen Fußnägel und meine Muttermale, die sich plötzlich an allen möglichen und unmöglichen Stellen ausbreiten. Die sind wenigstens nur hässlich. Und lasten nicht so auf dem Gemüt. Doch das Schlimmste ist und bleibt das fliehende Fell.

Ich habe den Eindruck, jedes Haar verlässt im Moment mit erhobenen Händen und der Chemo-Waffe im Rücken meinen Körper. An vielen Stellen ist das eine wahre Freude. An manchen tiefes Leid. Ich seufze beim Anblick meiner Augenbrauen. Die waren mal so buschig, dass sie einer Frida Kahlo zur Ehre gereicht hätten. Jetzt verabschieden sie sich in unvermuteter Geschwindigkeit. 10, 15 Härchen, verteilt auf zwei Augen, sind mir geblieben. Fehlplatzierte Fussel von löchriger Optik. Aber auch die werden sicher gehen. Noch schmerzvoller: die Wimpern. Der Rahmen der Augen. »Du hast ja richtige Winke-Wimpern«, hat eine meiner Maskenbildnerinnen mal gesagt. Und meinte damit die natürlich geschwungene Form und die beachtliche Länge. Davon sind mir noch genau drei geblieben. Drei. An meinem linken Auge gibt es im Moment noch eine kräftige Lange in der Mitte und eine kleine Feine außen. Rechts hält wacker eine Einzige in der Mitte die Stellung. Die Augen sind nackig. Und das mutet nicht sexy an, sondern ist schlicht glupschig. Ich fühle mich kurz wie ein Mitglied des Collina-Clans. Collina, der italienische Schiedsrichter, der auch so aussieht, als hätte er sein Haarshampoo mit Pilca-Creme verwechselt. Ich bin mir fremd. Deswegen gefalle ich mir nicht. Weil ich mich nicht wiedererkenne. Zurzeit zumindest. Wenn man sich drei Jahrzehnte lang an eine gewisse Optik gewöhnt hat, die allenfalls durch Haarlängen, leichte farbliche Veränderungen oder Gewichtsschwankungen verändert wird, fällt die Umstellung wirklich schwer. Mit einem schwarzen Kajal umrande ich meine Augen etwas kräftiger als sonst. Das hilft schon mal.

Aber ich halte spätestens jetzt noch mehr Schummeln für durchaus angebracht. In der Accessoires-Abteilung eines bekannten Make-up-Konzerns ist das Gesuchte schnell gefunden: falsche Wimpern zum Ankleben. Ich habe das noch nie gemacht. Warum auch? Wurde nie gebraucht. Denn wenn das eigene Wimpernvolumen zwecks Showeffekt aufgepeppt werden musste, dann war im Zweifel immer eine Visagistin zur Stelle, die mir mit der geschickten Hand jahrelanger Übung einen künstlichen Wimpernkranz anbringen konnte. Jetzt stehe ich alleine und reichlich ratlos im Bad. Die künstlichen Wimpern in der einen, den Hautkleber in der anderen Hand. Ich schmiere den Ansatz mit Masse voll. Sehr voll. Dann pappe ich das klebrige Kränzchen aufs Augenlid. Und, Abrakadabra: Es sitzt nicht. Beim ersten Mal nicht. Auch nicht beim Versuch danach. Anlauf 3 geht – na? jawohl! – gehörig daneben. Im wahrsten Sinn des Wortes. Nummer 4 auch. Es kostet mich einen ganzen Nachmittag im Bad, einiges an Geduld und sehr viele Nerven, meinem rahmenlosen Auge eine würdige Dramatik zu verleihen.

Am Ende klappt es dann doch. Die Wimpern sitzen an genau der Stelle, an der ich mal wirklich welche hatte. Und mit ein bisschen Schminke drum herum fällt es im Prinzip nicht auf. O. k., noch hat mein Anblick nicht zu übersehenden Transen-Charme. Was aber nur daran liegt, dass ich im Laden in der Eile danebengegriffen habe und jetzt die extra-long Lashes mit eingewebten Silberfäden auf dem Auge trage. Fröhliche Weihnachten, hier kommt der Lametta-Look. Der ist aber glücklicherweise nur eine Formsache. Morgen kaufe ich die natürlichen, normal langen Exemplare. Wichtig nur, dass das Fummeln durch die ausgedehnte Übungseinheit heute Morgen schon nicht mehr so lange dauert. Ich zupfe mir meine Augenperücken wieder runter. Schlafen kann ich auch ohne. Und dank der äußerst zufriedenstellenden Interims-Lösung bestimmt ziemlich gut.

Als ich mir am nächsten Morgen verschlafen die Augen reibe, halte ich umgehend verschreckt inne. Die letzte Wimper rechts habe ich mir soeben vom Lid gerubbelt. Na, toll! Bevor ich auf der Welle der Stimmungsschwankung ungebremst ins nächste Tief reite, bringe ich mich und meine Füße in Sportsachen unter. Los, laufen. Das Wetter ist sonnig und noch nicht zu warm. Und ich nicht gerade das, was man eine Konfettispuckende Bespaßungskanone nennen würde. Was die Diskussion mit dem Schweinehund (»Joggen, muss das sein?«) sehr schnell zu meinen Gunsten (»Ja, es muss.«) entscheidet. Schon nach sehr wenigen Metern verpufft sein Bild in mir.

Nach dem ersten Kilometer fühle ich dermaßen viel Energie in den Oberschenkeln, dass ich beschließe, mal wieder eine etwas größere Runde zu wagen. 1 Stunde und 21 Minuten später stehe ich durchaus ausgeglichen, durchaus ausgepowert und durchaus durchgeschwitzt wieder in unserer Küche. Fein gemacht, Mädchen. Viele erkämpfte Kilometer, die ich mir heute stolz wie Bolle auf meinem Konto gutschreiben kann. Mit der Flasche Mineralwasser am Hals und immer noch schwer atmend stehe ich am Fenster und blicke Richtung Fernsehturm. Eine Aussicht, die ich auch im dritten Jahr in Berlin noch sehr mag. Weil ich von unserem Wohnzimmer aus einen unverbauten Blick auf die markante Kugel des Turms, in der sich auch das sich drehende Restaurant befindet, habe.

Und so gucke ich von unten in der Stadt nach oben in den Himmel. Und umgekehrt habe ich auch schon getestet, dass man mein Wohnzimmerfenster von der Aussichtsplattform aus sehen kann. Von ziemlich weit oben nach unten in die Häuserschluchten. Rauf und runter, runter und rauf. Meine Kurve des Wohlbefindens hat ähnlich viel Bewegung. Aber: Das schafft man schon. Denn ich merke immer mehr, dass ich eines mittlerweile besonders gut kann – egal, ob beim Feiern oder beim Laufen. Oder bei der Chemotherapie: durchhalten.

31

EINE PARISERIN IN BERLIN (WOCHE 11)

Aushalten ist auch eine immer wiederkehrende Disziplin in der Lebensphase Chemotherapie. Eine etwas ältere Mitpatientin, Christine, muss zurzeit einiges aushalten. Was, das erzählt sie mir, als wir uns zu einem gemütlichen Nachmittagstee in einem hübschen Hauptstadtcafé treffen. Wobei ich eigentlich immer weniger gern vor die Tür gehe. Alle Haare weg. Selbstbewusstsein auch. Und die Bastelstunde am Gesicht mit ausgiebiger Klebe- und Malarbeit löst keine Begeisterungsstürme aus. Also habe ich die Wahl zwischen Nacktmull-Optik oder mich mit mullbindenähnlichem Tuchmaterial zu umwickeln und die schmucklosen Augen hinter meiner Fensterglas-Brille zu verstecken.

Heute sitze ich Christine in derart getarnter Form gegenüber. Während sie gerade die Maskerade des guten Tons fallen lässt: »Das ist so unglaublich anstrengend. Und auch chancenlos. Was immer ich ihr sage, um ihr Mut zu machen, sie weiß es besser − nämlich, dass es ihr schlechter geht. Und zwar schlechter als uns allen zusammen.« Christines Gemüt marschiert Richtung Siedepunkt. Der Grund ist eine Frau, die mir glücklicherweise noch nicht persönlich begegnet ist, da ich ihr gegenüber − wenn sie sich wirklich als derart beratungsresistent erweist − vermutlich wenig damenhafte Dinge loswerden würde.
Es geht also um eine Dame, die Christine schon vor einigen Wochen während einer Infusionssitzung kennengelernt hatte. Es handelt sich um eine Deutsche, ich nenne sie Frau Coco, die seit Jahren in Paris lebt. Die Diagnose Brustkrebs hat sie, wie jede von uns, ziemlich unerwartet und mit unkalkulierbarer Wucht getroffen. Nun wird sie in Ber-

lin chemotherapeutisch behandelt. Nicht etwa, weil es hier die besten Ärzte und modernsten Brustzentren gibt. Wobei Berlin tatsächlich einen wirklich hervorragenden Ruf genießt. Europaweit. Nein. Madame lässt sich einfliegen, damit von ihrem Pariser Freundeskreis möglichst niemand mitbekommt, womit beziehungsweise wogegen sie gerade zu kämpfen hat. Oh, terrible!

Es ist ebenso wenig chic, in die Diskussion um die existenziell feministischen Weltanschauungen einer Simone de Beauvoir zwischen einem kräftigen Schluck Chateauneuf du Pape und dem Zug an der letzten Gitanes der Schachtel einzuwerfen: »Ey, Leute. Ich habe da ein Problem. Nämlich Krebs.« Oh, mon dieu, quel malheur. Eigentlich ist Coco daher höchstgradig bemitleidenswert. Höchstgradig. Wenn sie davon nicht ohnehin sehr viel übrig hätte, und zwar für sich selbst. Eine klassische IDÄ (Ich, die Ärmste) eben. Christine braust auf: »Die wollte von mir ernsthaft wissen, wie sie sich denn jetzt in so kurzer Zeit für ihre Zweitwohnung eine fähige Haushaltshilfe zulegen soll. Denn: Wer soll bloß einkaufen? Wer kochen? Wer beim waschen und essen und bewegen helfen ... aaaah.« – »Sag mal, aber die hat schon das Gleiche wie wir. Oder hat das Rückenmark auch eine Beschädigung erfahren, sodass sie die Arme gar nicht« mehr bewegen kann?« – Christine glüht mittlerweile: »Nein. Natürlich könnte sie alles selbst. Aber sie glaubt, sie könnte nicht. Oder sie will nicht. Außerdem liegt sie mir immer in den Ohren, dass sie ohnehin die heftigste Chemotherapie bekommt, die jemals verabreicht wurde.« – »Und?« – »Natürlich nicht. Das ist – mit Verlaub – Pippifax gegen die Mischung, die unsereins wegstecken muss.« Ich merke, dass sich meine Gesichtszüge, besonders Stirn- und Augenpartie, während ihrer Erzählung verkrampft haben.

Warum strengt mich so eine Geschichte dermaßen an? Erst recht eine, die mir noch nicht einmal persönlich begegnet ist? Es ist wohl die Angst vor der eigenen, fremdbestimmten Handlungsunfähigkeit. Die Panik vor einem ganz und gar zerstörten, zerschmetterten Ich. Körperlich wie seelisch. Vor einem Wachkoma ohne Weckmöglichkeiten. Weil beim Krebs bekanntermaßen Gleiches mit Gleichem vergolten wird. Ein bösartiges Zeug gegen bösartige Zellen.

Noch eine Weile reden wir uns die kahlen Köpfe heiß, wie man am besten mit Frauen à la Coco umgeht (nämlich sie umgehen und meiden). Und warum uns das nicht nur betrifft, sondern rechtschaffen betroffen macht. Logisch: Jede Frau reagiert anders auf die Verkündung der Krise Krebs. Keine nimmt das leicht. Geht ja gar nicht. Dazu steht zu viel auf dem Spiel. So etwas Unscheinbares wie das eigene, ganze, geliebte Leben nämlich. Und daher ist es nicht so, dass wir diese Katastrophe nicht auch schon als solche empfunden hätten. Oft. Aber irgendwann, so stellen wir zumindest für uns beide fest, kommt es doch darauf an, wie viel Gewicht der Schwere gegeben wird. Wir sind uns einig, dass wir es wenigstens ein Stückchen weit in der Hand haben, ob und wenn ja, wie tief wir uns runterziehen lassen. In den ganzen Monaten der Therapie und der Auseinandersetzung mit diesem fiesen Gegner habe ich mir in der Rolle der zickigen Rebellin immer besser gefallen denn als eingeschüchtertes Kauer-Käuzchen. Und wann immer ich mir die Superwoman selbst nicht so recht glauben mochte, dann habe ich eben so lange geredet und beschworen, bis auch die kritischste Zuhörerin von der Wahrheit der Worte überzeugt war: ich.

32

ZWEI DRITTEL IM DREIVIERTELTAKT (WOCHE 12)

Seit ich Schlafengehen nicht mehr als die grausamste und ungerechteste elterliche Anweisung der Welt empfinde – also seit etwa 20 Jahren – schlafe ich schlecht. Leider. Ist doch gemein. Da hat man sich gerade mit der Tatsache arrangiert, dass nachts schlafen – unglaublich, aber wahr – sinnvoll und erholsam sein kann. Dass man wirklich nichts verpasst, auch wenn alle anderen natürlich noch viel länger aufbleiben und Gelächter durch die geschlossene Tür ins Kinderzimmer dringt. Dass so eine weiche, kuschelige Schnarchgrube der perfekte Ort ist, um über Björn aus meiner Klasse, der mein zukünftiger Mann wird, davon nur noch nichts weiß und auch nicht gefragt wird, nachzudenken. Schmachtend, versteht sich. Da findet man, ich, also schlafen plötzlich richtig gut – und dann geht es nicht.

Ich werde schon so lange in meinem eigentlich der Regeneration gedachten Schlaf gestört, dass ich mich über eine Nacht mit nur drei oder vier Unterbrechungen freue, als hätte ich wie ein Murmeltier monatelang geratzt. Dementsprechend habe ich seit einigen Tagen außerordentlich viel Anlass zur Freude. Mein Schlaf ist schön. Sobald es draußen dunkel wird, zeige ich meinen dunklen Rachen häufiger, als höflich ist. Ich gähne. Herzhaft und voller Vorfreude auf die Federn. Spätestens gegen etwa 21 Uhr 17 verabschiede ich mich zur Nacht. Und zwar aus jeder noch so lustigen Gesellschaft, ich verlasse die spannendste Pokerrunde trotz wachsendem Stapel an Spielgeld vor mir und – Achtung, Opferbereitschaft! – verzichte sogar auf den schlecht gelaunten Doktor aus dem Fernsehen. Das kecke Näschen voran, tippel ich auf den Fußballen ins Schlafzimmer und hechte mit einem selbstverständlich elastischen und unheimlich eleganten Satz in die Kiste. Leider lese ich selten mehr als eine Seite in meiner aktuellen Bettlektüre. Schneller als der Buchdeckel klappen die der Augen unter der Last der mittlerweile sechs Ladungen Chemie zu, der Speichelfaden wählt den kürzesten Weg zum Kissen am Mundwinkel vorbei. Mit ein bisschen gutem Willen schaffe ich einen geräuschlosen Übergang von Wachzustand in die Tiefschlafphase. Diese genießerische Glückseligkeit in der Horizontalen hält acht, manchmal neun Stunden. Hat doch auch was Gutes, so ein Knock-out-Medikament: schlafen, wie betäubt.

Als ich am nächsten Morgen wach werde, fühle ich mich auch nach einer halben Stunde gemütlichen Räkelns immer noch wie bewusstlos. Zumindest Teile von mir sind taub, ohnmächtig. Mein eigentlich unzerstörbares Zentrum der positiven Lebensenergie ist sprichwörtlich ohne Macht. Jede Faser meines Körpers ist niedergeschlagen. Grund an diesem furchtbar schäbigen Morgen: Eine neue, noch nicht gekannte, fixe Idee hat sich meiner bemächtigt. Objektiv betrachtet (was ich nicht will!) absurd genug, um sofort wieder vergessen zu werden. Subjektiv (sooo!) gesehen gerade gut genug, um mir gehörig Angst zu machen. Gegenstand meiner depressiven Verstimmung ist die betonfeste Überzeugung, dass die Ärzte mir nicht die ganze Wahrheit gesagt haben. Dass es eigentlich viel schlimmer um mich steht. Dass es nur niemand übers Herz bringt, mich mit den schmerzvollen und fatalen Fakten zu konfrontieren. Weil ich mich doch sonst so vorbildlich auch in belastenden Momenten an die Leichtigkeit klammere. Ich gehe im Geiste Augenblicke, Stippvisiten und Gespräche noch einmal durch. Und dabei deute ich Sekunden des Zögerns oder Gesichtsausdrücke, mitleidige natürlich, als Bestätigung meiner Theorie.

Diese Ahnung, dass viel zu schnell um ist, was für mich noch gar nicht richtig angefangen hat – mein Leben – wird mit jeder Minute, in der ich mich in die formvollendete Paranoia hineinsteigere, zur Gewissheit. Wieder muss ich weinen, jammern, ins Kissen beißen und zittern. Und: »Nein. Nein. Nein«, sagen. Wie ich dieses Loch hasse, in dem ich gerade sitze. Hass trifft es. Denn Todesangst ist das hässlichste Gefühl auf der Welt. Das fieseste. Und schlimmste. Noch gemeiner als Verlustschmerz und Trauer. Die Summe aller grausamen Gefühle. Und anders als in anderen Situation, in denen die Todesangst dazu geführt hat, alle Energie für das Überleben zu sammeln, kauere ich gekrümmt unter der Decke und zerfließe. Überflüssig. Aber ich kann es nicht stoppen. Als Thom mich entdeckt, geht es schon wieder etwas besser. Seine Gegenwart hilft genesen.

Eine Viertelstunde gemeinsamen Schweigens später kann ich schon wieder hicksfrei Atmen: »Ich gehe gleich laufen.« Die Worte kommen noch etwas krächzig aus der Kehle. »Wirklich? Du kannst doch auch mal einen Tag aussetzen und dich ausruhen.« – »Ich weiß. Ich will aber. Gerade nach so einem armseligen Start in den Tag. Das wird mir guttun.« – »Wie du meinst ... dann lauf, mein Mädchen.« Leichter gesagt als getan. Mühevoll rolle ich mich aus dem Bett. Warum streiken die Muskeln? Meine Beine sind schwer, als hätten sie Bleigewichte in den Knochen. Mein Kreislauf spielt mir Streiche und malt kleine Pünktchen und Sterne ins Blickfeld. Zu meinem eigenen Entsetzen und Unverständnis bin ich in meiner Gesamtheit ein zitternder Wackelpudding. Thom versucht es noch einmal kurz: »Willst du in deinem Zustand wirklich joggen?« – »Ich will es wenigstens versuchen. Wenn es nicht besser wird, wenn ich am Ende der Straße bin, drehe ich wieder um.« – »Aber nimm für alle Fälle dein Handy mit. Ruf mich jetzt schon mal an, dass du zur Not nur Wahlwiederholung drücken musst.« Hach, ich gestatte mir 27 Sekunden des außerplanmäßigen Verliebtseins ob seiner Fürsorge und der beinahe väterlichen Für-jedes-Problem-eine-Lösung-Haltung. Danach arbeite ich an meiner eigenen. Also, Haltung. Und die ist gerade nicht wirklich ein Vorbild an Spannung oder Willen. Es will mir nämlich kaum gelingen, mich aufzurichten, geschweige denn lauftaugliche Klamotten anzuziehen. Träge und immer wieder schlapp zusammensinkend bringe ich die Beine irgendwie in die Hose und die Arme auf nahezu mystische Art und Weise in mein Lieblingssweatshirt. Das größte Problem liegt aber am anderen Ende meines Körpers. Wie soll ich mit den Füßen in die Sportschuhe schlüpfen, wenn jeder einzelne das Gewicht einer Straßenlaterne hat? Also umgreife ich zunächst den linken, dann den rechten Oberschenkel, hebe die Beine mit der Kraft der Arme an und zwinge die Füße ins Schuhwerk. Selbst das Zubinden ist eine Zumutung. So etwas habe ich noch nicht erlebt. Der eigene Körper wird mir immer fremder. Und so schwer. So unwillens, meinem geistigen Befehl zu gehorchen.

Insgesamt dauert es fast eine Dreiviertelstunde, bis ich im gewohnten Outfit, aber ungewohnt schleppend das Haus verlasse. Die ersten Schritte sind eine Qual. Ich muss aufpassen, dass ich mich nicht jede Sekunde auf dem Asphalt langmache. Was gar nicht so einfach ist, weil ich mit den Sohlen kaum den Boden verlasse. Nach 30 Sekunden löst sich das erste Problem, nämlich die Punkte vor den Augen, in Luft auf. Zwei weitere Minuten später haben die Knöchel den Ballast abgeworfen. Es wird leichter. Ja ja ja. Kurz bevor ich den Park, die grüne Großstadtlunge, erreiche, heiße ich eine gute, alte Bekannte aufs herzlichste willkommen: Meine Energie ist wieder da. Zurückgekehrt. Von ganz alleine. Und ich hoffe, gekommen, um zu bleiben. Wo sie wohl war? Vermutlich verdrängt von Grübelzwang und Verstimmung. Versteckte sich vor deprimierten Tiefschlägen. Nur um sich in einem sehr geeigneten Moment, jetzt, an ihren angestammten Platz zurückzukämpfen. Und mit ihr, hinter ihrer Schulter sozusagen, lugt der Optimismus hervor. Erst vorsichtig, dann mir fröhlich winkend eilen beide schnell zu ihren Positionen. Da haben sie es sich umgehend wieder häuslich eingerichtet.

Denn nach meinen 45 Minuten im Park mache ich zu Hause nur einen kleinen Zwischenstopp, um mit gepackter Tasche zum Sportstudio zu gehen. Weitere 45 Minuten verbringe ich strampelnd auf dem Sitzfahrrad und dann noch mal dieselbe Zeit Treten und Drücken auf dem Crosstrainer. Rocky kann sich nicht kräftiger, unbesieg- und unverwundbarer gefühlt haben als ich nach dem Training. Der Stolz hat mir mit Sicherheit die Brust auf eine Körbchengröße mehr anschwellen lassen. An diesem Tag habe ich meine persönliche Glücksformel für die besonders heiklen Tage gefunden. Ein, nein: mein Dreiviertel-(Stunden-)Triathlon. Gegen miese Momente. Apropos: Was meinen Medikamente-Triathlon angeht – ich bekomme ja insgesamt 9 Infusionen, jeweils 3 unterschiedliche Substanzen – habe ich ja auch schon zwei Drittel hinter mir. Jetzt kommt als Nächstes das Teufelszeug, von dem Prof. Dr. Fragwürdig behauptete, es würde mich so in die Knie zwingen, dass ich einbreche und vorzeitig aufgebe. Wenn der wüsste, wie schön ich mein Knie bewegen kann. Gerne auch in eine Richtung, wo es den Jungs besonders wehtut.

33

SEX AND THE TITTY (WOCHE 13)

»Mann.« Pause. »Mann, Mann, Mann.« Thom hält wieder inne. Vermutlich, weil ich reagieren soll. Ich kann noch nicht. Ich träume noch ein bisschen. »Mann, sind wir doof. Was für eine verschenkte Chance.« Ich habe nicht den Hauch einer Ahnung, wovon mein Liebster spricht. Bemühe mich aber um eine zügige Kontaktherstellung zwischen meinen Synapsen. Denn auch die sind noch im Stand-by-Modus. Das mag an der nachtschlafenen Uhrzeit liegen. Nicht zu früh, um aufzustehen. Und auch noch nicht spät genug, um sich zu schämen. Also 7 Uhr morgens. Der Ort: unser Bett.

Mein Sprachzentrum gähnt sich als Erstes wach und blubbert drauflos: »Was meinst du? Was ist denn danebengegangen?« – »Na, unsere einzigartige Geschäftsidee. Wir haben nicht nur Wochen, wir haben Monate verpasst. Aber es könnte jetzt auch noch funktionieren.« – »Hab ich damit zu tun oder ist das eine deiner vielen Ideen, wie wir mit wenig Aufwand und einer hohen Wahrscheinlichkeit sehr reich werden? Ohne Lotto?« Thom triumphiert. Er hat meine ungeteilte Aufmerksamkeit, wenngleich ich ihm diese nur mit einem von der Kopfkissenfalte geteilten Gesichtsausdruck beweisen kann. »Also, pass auf ... dass ich da nicht früher draufgekommen bin: Wir kaufen ganz viele, kleine, runde Spiegelchen. Dann musst du natürlich immer eine Taschenlampe zur Beleuchtung dabei haben. Dann kleben wir die Spiegel auf deinen Kopf und vermieten dich als ... tataaaa: Discokugel.« Kaum hat er seinen wirklich patentwürdigen Einfall formuliert, untermalt er ihn, indem er meinen Part spielt und seinen Kopf rhythmisch hin und her

bewegt. Mit einer imaginären Leuchte in der linken Hand. Ein lauter Gelächterschwall explodiert aus mir heraus. Dieses Bild ist so absurd und meine eigene Vorstellungskraft noch so stark – kein Wunder: Bis eben war ich ja auch noch im Traumland –, dass ich mich liegend schlapplachen muss. Mit Tönen aus dem Mund und Tränen aus den Augen. Und er mit mir mit. Ich richte mich auf und folge seinem Beispiel. Immer noch wellenartig gackernd und glucksend wiege und kreise ich meinen nackten Kopf und flöte: »Night fever, Night feveeer ...« – »We know how to do it ...« Thom singt es mit und küsst mich auf den Mund: »Guten Morgen, Mädchen.« – »Danke schön, Liebster.«
Wir freuen uns. Tage, die mit Kaputtlachen anfangen, kann man auch im weiteren Verlauf sonst kaum Kaputt machen. Im Gegenteil. Wie vermutet verbringen wir sehr schöne Stunden. Bummeln ein bisschen, geben viel Geld für wenig Stoff aus, bringen die Wohnung und Papierkram in Ordnung und sitzen abends an unserem dunklen Holztisch beim Abendessen. Thom hat gekocht. Wie sich das für einen Mann gehört, hat er dabei die Küche in eine Wertstoffanlage verwandelt, in die soeben ein Meteorit eingeschlagen ist. Mir ist es nach wie vor ein Rätsel, warum der Herr an und für sich Kochen und Küche nicht in einen organisierten, strukturierten Einklang bringen kann. Da ich keine Antwort auf derlei Fragen habe, werde ich wohl irgendwann ein Buch darüber schreiben müssen. Frauen, nein, ihr seid nicht allein. Die Verwüstung sei ihm verziehen, denn es schmeckt hervorragend.
Ich schneide mein Rinderfilet und gleichzeitig ein sensibles Thema an: »Sag mal, wenn du mich, meine Brust, betrachtest oder fühlst, achtest du da auf die Narben?« – »Nein. Die fallen mir schon lange nicht mehr auf. Ich merke nur, dass sich immer noch etwas verändert. Ich habe den Eindruck, dass der Heilungsprozess immer noch nicht abgeschlossen ist. Da tut sich noch etwas.« Das erstaunt mich. Auch, weil ich bisher nichts bemerkt habe: »Wirklich? Das gucke ich mir gleich an.« Nach dem Essen verschwinde ich mal wieder im Bad und widme mich meinem Spiegelbild. In der Tat: Fast vier Monate nach der Operation sind die Schnittlinien deutlich schmaler und weicher geworden. Sollte mein ständiges, fast schon neurotisches Eincremen tatsächlich eine sinnvolle Wirkung gehabt haben? Mal sehen, wie sich das entwickelt. Ich bin

schon mit dem Ist-Zustand ganz zufrieden. Denn alles in allem ist der Makel ein sehr überschaubarer. Ich habe mich akzeptiert, so wie ich jetzt aussehe. Das fiel mir leichter als gedacht. Besonders weil Thom es mir nicht schwer gemacht hat. Er findet mich da schön und zauberhaft, wo ich mich hässlich und ekelhaft fand. Daher pflegen und lieben wir unsere Nähe und Intimität wie immer.

Und, ehrlich gesagt, ist es, seit ich meine anfängliche Scheu und Scham wegen der vernähten Stelle überwunden habe, so erfüllend wie immer. Was ein wenig verwundert. Denn das ist längst nicht bei allen Chemotherapie-Patienten so. Erst gehen die Haare, dann die Lust verloren. So tuschelten die Frauen vor Monaten schon hinter vorgehaltener Hand – und taten nichts dagegen. Dabei ist das doch eine wichtige Angelegenheit. Warum spricht da niemand offen drüber? Ich hatte schon früh Informationsbedarf in dieser Sache. Auch weil mir Prof. Dr. Fragwürdig so eine unsinnige Perspektive aufgezeigt hat. Indem er mich rüpelhaft anging und ermahnte, bloß meinen Mann nicht zu vergessen. Ganz zu schweigen davon, dass ich ja auch noch da bin. Egal. Lust-Verlust steht im Raum. Das wollte ich nicht tatenlos geschehen und unvorbereitet auf uns zukommen lassen. Aber: Alle schwiegen bis jetzt. Ich mochte aber nicht, dass es um mich herum und erst recht nicht in meinem Bett so still wird. Deswegen habe ich das Thema rechtzeitig mit meiner Ärztin Dr. Lauckmann besprochen. Bevor es so weit und das Begehren weit weg ist. Was gut war, wie sich zeigen soll. Sie hat mich aufgeklärt, dass es tatsächlich zur zeitweisen Abstinenz der Libido kommen kann. Zeitweise. Das hängt wohl mit den vielen Wirkstoffen zusammen, die sich in mir im Laufe der Monate anreichern. Ich bin verunsichert: »Ist das mit dem Null-Bock bei jeder Frau so?« – »Nein. Es gibt immer Ausnahmen.« Danke sehr. Diese Antwort wollte ich hören: »Ich behaupte mal wieder dreist, dass das – wie so vieles – eine Kopfsache ist?« Sie lächelt: »Auch. Ja.«

Mit diesem verbalen Freibrief fürs fröhliche – Verzeihung – Vögeln in der Tasche haben sich dementsprechend unsere intimen Stunden der vergangenen Wochen und Monate genauso glücklich gestaltet wie in der Zeit davor.

Bis heute Abend. Das Verlangen ist groß. Die Stimmung großartig. Doch die intime Annäherung, das merke ich nach wenigen Sekunden, hat etwas von ihrer Normalität eingebüßt. Autsch. Herzlich willkommen in der Wüste Kalahari. Seufzen. Diese Dürrezeit kommt nicht ganz ohne Ankündigung. Auch von diesem Problem wusste ich, dass es uns ereilen könnte. Wenngleich auch hierüber niemand reden mochte und ich das, was ich weiß, in medizinischer Eigenrecherche herausgefunden habe. Mit Geduld und Spucke kommt man in diesem Fall schon ein gutes Stück weiter. Oder aber man bediene sich eines handelsüblichen Gels. Ich hatte schon vor einigen Wochen ein paar Tuben auf Vorrat gekauft. (Im Sexshop. Alleine. Vermummt. Boah. Eine Sache mit rotem Kopf!) Insofern war es für uns bisher eher ein spannendes Experiment über die Funktionalität dieser Masse denn ein Notfallplan für außerplanmäßige Kopulationshürden.

Zur großen Freude aller Beteiligten ist diese durchsichtige Lösung auf Wasserbasis die Lösung. Macht aus dem Trocken- ein Feuchtgebiet. Glück gehabt. Ich hätte nur ungern auf diese unsere Zweisamkeit verzichtet. Und auch die Mediziner unterstützen das. Sie sagen: Wenn der Sex zu aller Zufriedenheit klappt, dann geht's beiden viel besser. Miteinander schlafen, erst recht, wenn das die beiden Beteiligten gut finden, macht Spaß, gute Laune, hält gesund und ist ein prima Antidepressivum. Im Leben und in Zeiten der Terrortherapie erst recht. Hat mir meine Psychologin erklärt. Und ich kann das nur bestätigen. Also, ihr Weibchen, ran an den Mann. Wenn noch jemand für eine schöne Atmosphäre und die rechte Stimmung sorgen soll: Ich kenne da einen neuen Mietservice für Discokugeln ...

34

DAS ERSTE MAL:
OBEN OHNE (WOCHE 14)

Die Maskenbildnerin kämmt mir meine Haare und macht Vorschläge für eine fernsehtaugliche Frisur. Glatt oder lockig, was Gestecktes oder ganz offen? Ich soll heute in München eine Testsendung aufzeichnen und möchte selbstredend besonders hübsch aussehen. Daher entscheide ich mich für die kräuselfreie Variante. Sie stöpselt ihr Haarbügeleisen ein und beginnt, Strähne für Strähne glatt zu ziehen. Konzentriert, aber auch ein bisschen angespannt. Warum ist sie so nervös?

Meine Gedanken schweifen ab zum Anfang dieser Woche. Ich habe die erste der letzten drei Infusionen bekommen. Die erste der letzten drei. Klingt gut, nicht? Finale. Besser als: Der siebte Zyklus. Bald ist es vorbei. Das Ziel ist schon in Sicht. Aber auf den letzten Metern liegen wahrhafte Pyramiden aus Stolpersteinen. Oder anders gesagt: Das neue Mittel heißt Cyclophosphamid und ist ein echter (Vorschlag-) Hammer. Erstens dauert die Sitzung mit fast fünf Stunden noch einmal gut zwei Stunden länger als die vorangegangenen. Zweitens klingelt mir der Schädel unmittelbar danach, als hätte ich einen Abend mit Gorbatschov hinter mir. Und zwar Wodka Gorbatschow. Denn ich fühle mich schwer, unkoordiniert und unfähig zu reden, wie das bei einem handelsüblichen Rausch der Fall ist. Und drittens ruft das Medikament einen neuerlichen Kessel bunter Nebenwirkungen hervor, den ich noch nicht kannte. Mag auch sein, dass mein malträtierter Körper jetzt in der Schlussphase schneller einknickt als am Anfang. Ich kann es ihm nicht verdenken. Er war doch sehr tapfer bis jetzt. Zum ersten Mal in der ganzen Zeit der Chemotherapie äußere ich immer mal wieder Unbehagen und Ungeduld. Aber selbst das kann ich mir gut verzeihen. Bis jetzt war die Moral tadellos.

Da gestattet sich die Pedantin und Intendantin dieses Stücks auch kleine Hänger in der ansonsten bisher fehlerfreien Gesamtvorstellung. Und trotz der Erschöpfung frage ich mich: Das soll nach Prof. Dr. Fragwürdig also die Giftmischung sein, die mich zum Aufgeben bringt? Spott. Hohn. Pah! Pustekuchen! Dazu müssten schwerere Geschütze aufgefahren werden. Für eine Sekunde erwäge ich, ob er mich seinerzeit absichtlich so demontiert hat. Um meinen Kämpfergeist anzustacheln. Zum Glück setzt schnell der Verstand ein und fegt diese versöhnlich gemeinte, aber hirnrissige Idee vom Tisch. Denn es steht zu viel auf dem Spiel, wenn er mit dieser zweifelhaften Methode nicht die gewünschte Motivation erreicht: das Leben. Meines. Und das anderer Patientinnen, die sich nach so einer Ansage vielleicht im letzten Moment doch noch gegen eine Zytostatika-Therapie entscheiden.

»Hältst du deine Perücke mal bitte vorne fest?« Die Aufforderung der Maskenbildnerin reißt mich aus den Gedanken. Und plötzlich fällt mir auch ein, warum sie etwas unsicher sein könnte. Wir haben schon einmal zusammengearbeitet. Das ist noch gar nicht so lange her. Ein halbes Jahr vielleicht. Sieben Monate? Mir fällt es wieder ein: Sie hat mir Farbe und Frisur verpasst für neue Autogrammkarten. Neuer Sender, neue Sendung, neue Fotos – so ist das Spiel. Mir dämmert, dass diese Situation für sie nicht so leicht ist. Vor etwas mehr als einem halben Jahr konnte sie mir mit den Fingern durch meine hingebungsvoll gezüchtete und gepflegte Mähne fahren, hat das glänzende, gesunde Haar in ihren Händen gespürt. Jetzt ist da nur noch ... Discokugel. Und da wir dasselbe Alter haben, spielt sich in ihrem Kopf gerade ein Kino ab, das einen sehr dramatischen Film zeigt, nehme ich an.

Ich gehe in die Offensive und spreche über die Krankheit und ihre Therapie. Beinahe erleichtert wird sie ihr Mitgefühl und ein bisschen Sorge um mich los. Während sie die Wimperntusche auf die Kunstwimper aufträgt, sagt sie: »Es tat mir leid. Und mir hat das so furchtbar Angst gemacht, als ich das gelesen habe. Ich finde das ganz schrecklich.« – »Ja. So etwas macht ganz schön Angst. Das kannst du glauben.« Ihre

Anteilnahme rührt mich – heute seit Langem mal wieder mit Tränchen. »Nicht weinen, die Schminke.« Wattestäbchen fürs wegzutupfende Gefühl. Sie setzt mit dem Rouge Akzente auf meine Wangen: »Ich finde es aber bewundernswert, wie du damit umgehst. So optimistisch. So kraftvoll.« – »Ja? Hm. Komisch. Ich empfinde das gar nicht als besonders. Ich verhalte mich für meine Begriffe normal. Weitermachen. Weil: muss ja weitergehen.« – »Aber du bist so tapfer.« Lippgloss. »Bin ich?« – »Ja, finde ich schon.« – »Warte mal ab: Der Aufschrei kommt noch, wenn auch ich in ein paar Wochen kapiere, dass das doch keine Dezember-Influenza war, gegen die ich mich hier gewehrt habe.« Sie schmunzelt. Ich freue mich. Und stelle einmal mehr fest: Das Schlimme ist nicht nur für mich schlimm und nicht nur für die, die mich lieb haben. Sondern auch für die, die in mir einfach ihre schlimmsten Befürchtungen lebendig geworden und verkörpert sehen. Umso wichtiger, nicht nur für sich und die Liebsten, sondern auch für solche Menschen stark zu sein. Ein bisschen zumindest. So gut es geht.

Zwei Tage nach meinem beruflichen Intermezzo in Bayern finde ich mich erneut inmitten von Puderquasten, Pinseln und Farbtiegelchen wieder. Allerdings meinen eigenen. Ich tupfe, lackiere, streiche und ziehe Linien, bis die Augen genau die sehnsuchtsvolle Tiefe bekommen, die ich mir vorgestellt habe. Ausdrucksvoll mit einem Hang zum Tragischen. Das passt. So will ich aussehen, wenn ich sonst schon nichts anhabe. Heute ist ein aufregender Tag. Ich lasse mich zum allerersten Mal oben ohne fotografieren. Meine Mitpatientin Bianca macht auch mit. Mit diesem Spezialprojekt haben wir natürlich jemanden betraut, dem ich zu 200 Prozent vertraue. Nicht, dass solche Fotos schneller, als ich Abzüge in der Hand halte, in der Zeitung landen.
Die Bilder wird ein lieber Freund machen, der – wie günstig – im Hauptberuf ein sehr gefragter Fotograf ist. Wir treffen uns in seinem Studio. Ein schickes Kreuzberger Hinterhof-Loft. Das bleibt aber dann auch das einzig möglicherweise Klischeehafte an diesem Nachmittag. Während er das Licht setzt und mit seiner Assistentin das Shooting vorbereitet, malen wir noch ein bisschen nach. Bianca hat nicht ganz meine Übung in Sachen Make-up und Wimperntricks. Also lege ich Hand

an. Richtig locker sind wir beide nicht. Ich thematisiere die angespann-
te Stimmung: »Bist du auch ein bisschen nervös, Bianca?« – »Ja. Aber
ich freue mich. Ich glaube, das ist eine gute Idee, diese Lebensphase so
im Bild festzuhalten.« Ich stimme ihr zu. »Man kann schlechter aussehen als Conehead.« Gelächter. Und trotzdem macht sich ein fauliges
Gefühl im Magen breit. Ich würde dem Fotografen, meinem Freund,
fast lieber mein eigentliches »oben ohne«, nämlich den Busen, zeigen
als das, um das es uns jetzt geht: den nackten Kojak-Kopf. Irgendwie ist
das für mich beinahe noch intimer als jede herkömmliche Intimzone.
Denn meine Haare waren nicht nur Schmuck, sondern auch Schutz.
Vor Kälte. Und Blicken. Vor dem, was sich unter der Schädeldecke
und allem anderen Äußerlichen versteckt. Mein Innerstes. Demzufolge
zögere ich etwas, als es losgehen soll.

Wir starten mit mir und meinem Zweithaar. Die Fotos sind schnell im
Kasten. Oliver bittet mich dann, die Perücke abzunehmen. Auweia! Er
hat mich so doch auch noch nie gesehen. Wenigstens irgendeine glit-
zernde oder bunte Tuchkonstruktion hatte ich immer auf dem Kopf,
wann immer wir uns in jüngster Zeit getroffen haben. Hilft ja nichts:
blank ziehen. Zäh und zögerlich, für mein Empfinden entschuldigend
langsam, nehme ich mir mein künstliches Haar vom Haupt. Kaum
liegt die geknüpfte Haube in der Ecke, fordert Oliver mich auf, meine
Augen zu schließen – und fotografiert drauflos. Es klickt. Und klickt.
Ich zucke. Und zucke wieder. In mir drin. Es klickt erneut. Ich zucke.
Klick. Klick. Klick. Einmal zucken. Klick. Klick. Keinmal mehr ge-
zuckt. Es fühlt sich gut an, nicht zu sehen, dass da jemand ist, der mich
sieht. Sondern es nur zu hören. Ich muss lachen. Klick. Stopp! Mach
mal Pause. Ich muss mich sammeln. Klick. Drehe mich von dem in
diesem Moment erbarmungslosen Auge der Kamera weg. Klick. Blicke
mal fröhlich, mal nachdenklich unter mich. Klick. Manchmal muss ich
kichern. Klick. Die eigene Unsicherheit gluckst sich ihren Weg durch
die Kehle frei. Klick. Klick. Fremd- und Selbstwahrnehmung befinden
sich im Einklang: Nackig, verletzlich ... ich. Klick.

35

SHIT HAPPENS (WOCHE 15)

Zick. – Zick. – Zickzickzick. Boah! Hab ich schlechte Laune. Heute läuft nichts so, wie ich das gerne hätte. Ein echter Mensch-Menno-Mist-Tag. Genau eine Woche nach meiner ersten Cyclophosphamid-Infusion musste ich heute früh, wie immer, zur Blutkontrolle. Dabei ist in den vergangenen Wochen nichts Nennenswertes aufgefallen. Weswegen ich das Thema für vernachlässigungswürdig hielt. Bis heute. Heute bin ich down. Weil meine Werte es sind. Die der Leukozyten. Das waren sie bisher noch nie. Wo ist die Gesundheitspolizei, wenn man sie braucht? In die Flucht geschlagen. Also: Die weißen Blutkörperchen sind viel zu niedrig. Ich erzählte ja bereits: Das letzte Zeug meint es nicht besonders gut mit mir. Das merkt jetzt wohl auch mein Körper. Die Leukos in Unterzahl, das macht mich krankheitsanfälliger, müde und schwächer als sonst. Und zu einem Fall für Neupogen. Neupogen ist eines der vielen Wundermittelchen, die versuchen, wieder das zu reparieren, was die Chemotherapie gerade zerstört hat, obwohl sie es natürlich besser nicht hätte zerstören sollen.

Neupogen wird in Spritzenform verabreicht. Die Dinger und ihre Nadeln sind so dünn und scharf, dass ich sie mir unkompliziert selbst geben kann. Dennoch gleicht das Prozedere am Anfang eher einem Harakiri-Kommando: Schwung holen und rein mit dem Säbel in den Leib. So sehr ramme ich mir die Kanülen in die zusammengekniffene Bauchrolle. Hat da wohl jemand ein wenig Angst vor dem Pieks? Ja. Hat da. Später werde ich cooler und kriege das mit den Spritzen auch ohne erhöhte Schweißproduktion hin. Zurück zu heute. Denn: Heute bin

ich formschön gefrustet, weil dieser dämliche Wert der weißen Blutkörperchen wie eine erste Niederlage in meinem Kampf über 17 Runden,
respektive 17 Wochen, wiegt. Als ob die Miesepetrigkeit allein nicht
schon genug wäre, fängt mein Kopf, so wie es auf dem Beipackzettel steht, an zu hämmern, als wollte da jemand dringend raus. Danke,
Neupogen. Der ganze Körper juckt und ich weiß nicht, wo ich die sechs
zusätzlichen Arme zum Kratzen herbekommen soll. Während ich mich
mit dem Wegribbeln meiner Epidermis beschäftige, stelle ich zu allem
Überfluss fest, dass meine Haut pergamentdünn und dementsprechend
faltig geworden ist. Ich sehe aus wie gefühlte 87. Nur bin ich leider nicht
ganz so weise.

Außerdem ist der ganze Körper mittlerweile gesprenkelt. Sommer-
sprossen überall. Na, toll. Getupft, gezupft und gerupft. Ich hatte schon
bessere Tage. Und das, wo ich doch noch Besuch bekomme. Ich überlege kurz, ob ich Bianca absagen soll, damit sie mich nicht so desperat
erlebt. Entscheide mich aber um, weil ich mich erinnere, dass wir uns
gegenseitig bisher immer sehr guttaten. Vielleicht hilft mir ja ein bisschen Heulen und Zähneklappern bei ihr auf einen grüneren Zweig.
Kurze Zeit später klingelt es an der Tür, und als ich öffne, strahlt mir
eine hervorragend gelaunte Leidensgenossin entgegen. Allerdings von
Leid augenblicklich keine Spur. Sie hat eine Riesentüte Gumminasch-
zeug mitgebracht – das Stimmungsbarometer steigt – und sensationelle
Neuigkeiten: »Schau – mal.« Sie lupft ihr Kopftuch. »Nein!«, entfährt
es mir überrascht. »Doch. Nur ein halber Zentimeter, aber deutlich
erkennbar, oder?« Ich streiche ihr über den Kopf. Um zu glauben, was
ich sehe. Tatsächlich fühle ich einen babyweichen Flaum auf ihrem
Kopf. Sie kommen zurück. Sie kommen wirklich zurück. Kreische ich.
Aber nur in meinem Kopf. In düsteren Momenten hatte ich nämlich
selbst das angezweifelt. Ich freue mich sehr. Und jammere ihr nur in
vertretbarer Kürze etwas vor von ihrem Vorsprung und meiner Ungeduld. Dann drückt sie, der kleine Fläumling, hihi, mir grinsend eine
Karte in die Hand. »Hier. Damit ein für alle Mal klar ist, dass wir nur
einmal durch diese Scheiße müssen.« Und das steht drauf:

Religious Truths

Taoism: Shit happens.

Buddhism: If shit happens, it isn't really shit.

Hinduism: This shit has happened before.

Islam: If shit happens, it is the will of Allah.

Catholicism: Shit happens, because you deserve it.

Protestantism: Let shit happen to somebody else.

Judaism: Why does shit always happen to us?

Sie hat handschriftlich angefügt:

Flaumism: If shit has happened, it won't happen again.

Mit Süßigkeiten und Tee verfliegt der Nachmittag in angenehmer Geschwindigkeit. Wir essen das bunte, ungesunde Zeug, bis mir leicht übel wird. Gleichzeitig verziehen sich die Gewitterwolken über dem Gemüt. Bianca berichtet, dass sie sich schon seit Wochen mit Neupogen fit spritzen muss. Und auch bei ihr bimmelt der Schädel regelmäßig wie eine katholische Kirche zur Messe. Wie schön. Also, wie doof. Aber: wie schön. Ich bin – natürlich – mal wieder nicht allein. Eine neue Rechenregel für die Ausdauerkraft: Schmerz lässt sich optimal halbieren, wenn man ihn teilt.

Abends kurz vorm Schlafengehen stehe ich im Bad und fühle mich endlich wieder auf der sonnigen Seite des Lebens angekommen. Ich schrubbe mir die Zähne mit halb geschlossenen Augen. Die Müdigkeit ist in den vergangenen Tagen gravierender geworden. Abens um 22 Uhr geht es mir so, als hätte ich eine ganze Nacht zum Tag gemacht.

Bleiern, bettschwer, benebelt. Während ich fast schon im Stehen einschlafe, bemerke ich zunächst nicht, dass auch Thom für die Abendtoilette zu mir geschlichen ist.

Dementsprechend schlucke ich einen schönen Schwall Zahnpasta und mir explodiert fast das Herz vor Schreck, als er ausruft: »Miiiri!« Die Augen weit aufgerissen, antworte ich – so gut das mit Schaum vorm und im Mund eben geht – beinahe hysterisch: »Waff denn?« – »Guck mal!« Er zeigt auf meinen vorderen Kopf: »Da. Und da. Und da. Überall. Die Härchen kommen wieder.« Ich schlucke. Schon wieder Zahnpasta. Egal. Hektisch halte ich mir den Vegrößerungsspiegel vors Gesicht. Mein Herz klopft von innen mit Sicherheit hörbar an meine Brustwand. Mir wird heiß in den Wangen. Denn ... wirklich. So fein, wie die kaum wahrnehmbare Behaarung im Gesicht, knappe 2 Millimeter lang, entdecke ich Härchen auf meinem Kopf. Ich spucke die Pfefferminz-Menthol-Masse endlich ins Waschbecken und spüle den Mund sauber. Dann gucke ich noch mal. Unglaublich, aber wahr. Die eben entdeckten Fussel, sie sind immer noch da. Vorsichtig berühre ich sie. Diese zerbrechlichen Wesen. Diese verheißungsvollen Vorboten der Normalität. Die Haare kommen zurück. Ich kann es nicht fassen. »Sie kommen zurück, Thom.« – »Ja ...« Er schluckt sichtbar. »Sie kommen zurück.« Da kullert etwas aus seinen Augen. Und da kullert auch etwas aus meinen Augen. Als er mich und meine Glückstränen an sich drückt, flüstere ich: »Das wars mit meiner Karriere als Discokugel.« Er lacht. »Thom. Ich hab Haare.« Er lacht wieder. Und widerspricht nicht. Obwohl Haare in Anbetracht des filigranen Flaums natürlich maßlos übertrieben ist.

Beim Einschlafen trage ich ein großes, grenzdebiles Grinsen des Glücks im Gesicht. Und da fällt mir noch eine schöne Regel ein. Eine, die gegen die Gesetze der Grundrechenarten geht: Freude verdoppelt sich nämlich, wenn man sie teilt.

Drei Tage später steht die zweite Traumhochzeit des Jahres an: Finchen und Raul bekennen sich vor Gott, weltlichen Zeugen und einem sehr lustigen Pfarrer zueinander. Die Zeremonie ist so unterhaltsam, dass die Gästeschar etwa alle 30 Sekunden etwas zu lachen hat. Herrlich.

Schallendes Gelächter und ein Widerhall, der dem Kirchenschiff als Resonanzkörper alle Ehre macht. Gefeiert wird auch hier auf einem Schloss. Dieses Mal eines mit Türmchen und Zinnen, mit Marmor und viel goldenem Schnörkel. Hier könnte Dornröschen ein paar Jahre lang sehr gut geschlafen haben. Die Festung steht an einem Hang. Mit Blick auf die Elbe. Ich halte trotz großer Müdigkeit durch. Tanzend und unterhaltend und singend. Bis 3 Uhr 17 morgens. Ha! Was kann ich feiern. Immer noch. Wie eine ganz und gar Gesunde. Aber – ganz ehrlich – kein Wunder: Ich hab ja auch Haare.

36

RATSCHLÄGE(R) (WOCHE 16)

Ich habe Haare. Und es werden jeden Tag mehr. Und sie werden länger. Bilde ich mir zumindest ein. Meine Recherche hat ergeben, dass das trotz der Chemotherapie, die ich bekomme, ganz normal ist. Die Wirkstoffkombination Cyclophosphamid hat nichts gegen Haarwachstum. Das heißt: Die fallen auch wirklich nicht mehr wieder aus, wie anfangs von mir befürchtet. Man gestatte mir an dieser Stelle noch einmal ein: Juch-huuu! Endlich wieder was auf dem Kopf. Puh. Jetzt geht es aufwärts. Das Schlimmste ist geschafft. Die Normalität, so weit sie auch immer noch sein mag, rückt in sichtbare und erreichbare Nähe. Dieses Gefühl macht schwerelos.

Wäre da nicht die blöde Erdanziehung. Und was einen sonst noch knallhart auf den Boden der Tatsachen zurückholt. Wie stark der Magnetismus Richtung Untergrund doch sein kann, erfahre ich an meinem in dieser Woche fälligen Infusionstag in der Ambulanz. Der vorletzte, wie ich von meiner Liste der abgeleisteten Zyklen ablesen kann. Deswegen bin ich einigermaßen beschwingt hereinspaziert in die altbekannte, gute Stube. Doch dann der herbe Dämpfer: Meine Blutwerte sind miserabel. Mit dem DIN-A4-Blatt, auf dem die Messdaten meiner obligatorischen Blutprobe im Detail vermerkt sind, stapfe ich zur Ärztin. »Aber ich habe doch Neupogen gespritzt?« Dr. Nane Christiansen muss mir die Verzweiflung ansehen. »Wie viele Tage denn?« – »Na, an zweien. Reicht doch eigentlich, oder?« – »Drei wären besser gewesen.« Ich sacke ein bisschen in mich zusammen. »Aber können wir die Infusion nicht trotzdem geben? Ich halte das aus.« Oh je, ich bettele hier ja gerade um die Giftspritze. »Nein«, sagt sie mit einer Bestimmtheit, die keinen weiteren Widerspruch zulässt, »das wäre viel zu gefährlich für Ihre Gesundheit.«

Die Enttäuschung darüber, hier jetzt wider Erwarten gerade wieder weggeschickt zu werden, steht mir in Großbuchstaben ins Gesicht geschrieben. Eigentlich ist es nur ein kleiner, gar nicht so bedeutender Rückschlag. Im Augenblick fühlt es sich allerdings an, als müsste ich so kurz vor dem Ziel zurück auf »Los«, um noch mal fast von vorne anzufangen. Und so beugt sie sich zu mir und versucht sich in Ermutigung: »Sie spritzen sich heute noch einmal Neulasta. Das ist noch höher dosiert als das Neupogen. Und dann können wir in zwei Tagen vielleicht loslegen.« Okay. Das ist eine gute Nachricht. Unter all den schlechten. Ich bekomme meine vorletzte Ladung C-Zeug noch in dieser Woche. Damit kann ich leben. Dass sie »vielleicht« gesagt hat und nicht »sicher«, wird von meinem Optimismus-Department geflissentlich überhört. Zerknirscht, aber nicht zerstört, verlasse ich das vertraute Gebäude der Gesundmachung.

Wobei ich eigentlich sagen müsste: der Gesundbleibung. »Gesund« im grundsätzlichen Sinne – frei von Krankheiten – bin ich ja seit Längerem. Zu Hause angelangt, überlege ich, was ich anstelle mit der unerwartet frei gewordenen Zeit. Immerhin war der Tag bisher geblockt für die Betankung und das, worauf ich mich leider verlassen kann: das Schwachsein danach. Die verderbliche Langeweile treibt mich zu meinem E-Mail-Account. Dem öffentlichen. Der, wo nicht die Mails der Freunde oder der Familie landen. Sondern die derer, die sich in irgendeiner offiziellen Form melden möchten. Ich habe schon sehr lange nicht mehr nachgeschaut, wer hier Nachrichten hinterlassen hat. Denn öffentlich-offiziell mag ich seit geraumer Zeit einfach nicht mehr sein. Ich klicke den Posteingang an. Hat sich ganz schön was angesammelt an E-Mails. Ich sortiere den Elektroschrott von Lesenswertem und lande am Ende bei etwas über 70 E-Mails, die ich mir zumindest im Schnellaufnahmeverfahren zu Gemüte führen will. Was ich da lese, macht nachdenklich. Und eine hässliche Längsfalte zwischen den Augenbrauen.

»Sehr geehrte Frau Pielhau, wir haben von Ihrem Schicksal aus der Presse erfahren. Wir wünschen Ihnen das Allerbeste. Bitte unterstützen Sie Ihre Therapie mit unserem Präparat VitaFull (Name geändert). Nur mit diesem Mittel, dessen Substanzen in wissenschaftlichen Studien in ihrer das Immunsystem stützenden und damit krebsverhindernden Wirkung bestätigt wurden, werden Sie auch dauerhaft gesund bleiben. Sie erhalten von uns eine Gratispackung für vier Wochen. Und danach können Sie das 3-Monats-Paket für den Vorzugspreis von 388,80 Euro erwerben. Wenn Sie sich von der Wirksamkeit unseres Produktes überzeugen wollen, besuchen Sie unsere Homepage unter HYPERLINK »http://www.vitafull.org« (geändert) und sehen sich die Rezensionen der zufriedenen Kunden an. Bitte teilen Sie uns Ihre Lieferadresse mit, wir werden Sie schnellstmöglich mit den gewünschten Produkten und Informationsmaterial versorgen.«

Ich klicke die Seite an und surfe mich durch die Kommentare. Ausschließlich begeisterte Kunden. Wobei ich mich schon beim Anschreiben über die Formulierung »Kunden« wundere. Richtet sich das Angebot nicht ausdrücklich an kranke Menschen? Oder welche, die es waren? Also (Ex-)Patienten? Werden diese hilfsbedürftigen Leute, in ihrer Ohnmacht, das eigene Schicksal zu bestimmen oder zu verändern, etwa nur insofern ernst genommen, als dass sie eine potenziell zahlende Gruppe von Konsumenten fragwürdiger Produkte darstellen? Die sogenannten Kundenstimmen, die könnten auch von Freunden und Familienangehörigen der Unternehmer stammen. So viel ist klar. Das sind desillusionierende Lerneinheiten, die man nach vielen Jahren Arbeit für das Fernsehen und für Online-Plattformen kostenlos mitbekommt. Sprich: Diese durch und durch positiven Bewertungen haben nur bedingt Aussagekraft.

Eine zarte Pflanze Wut bahnt sich ihren Weg nach oben. Wo, bitte schön, ist also die Grundidee der echten Hilfestellung geblieben? Wo kann ich mir sicher sein, dass mein Wohl und nicht das des Inhabers hinter dieser Marke im Vordergrund steht? Die Antwort ist nicht schwer. »Nirgendwo.« Ich lösche die Nachricht, nachdem ich sie für mich zu Ende gedacht habe. Ich wühle mich durch den weiteren angefallenen Wust. Es wird nicht besser: Krebsdiäten, Zusatzpräparate, Heilsteine, Krebs-Meditation, Hypnose, asiatische Pilztherapie, Beschwörung oder merkwürdige Immunkuren. Kaum eine Methode der aktiven oder passiven Bekämpfung dieser bösartigen Zellkrankheit, die nicht durch eines der beschriebenen Verfahren hochgelobt wird. Wie soll ich da treffsicher Gut von Böse unterscheiden? Wirksam von unwirksam. Wie machen das andere? Was, wenn verzweifelte Patienten oder deren Angehörige in den Angeboten die letzte Rettung sehen und dabei den Kranken und ihren Kontostand ins Verderben treiben?

Ich komme mir benutzt vor. Kaum als Patient geoutet, wird man wohl oder übel zur Testperson für sämtliche Heil oder Unheil verkündenden Therapiemethoden, die die Scharlatane dieser Branche bieten. Das ist ja beinahe eine Art Krebs-Mafia. Eine Liga derer, die hanebüchene Methoden als auch Medikamente als Wundermittel anpreisen, um aus der Klientel Krebs Profit zu schlagen. Zu unmoralisch, um es zu glauben. Und doch. Ich fürchte, diese Szene lebt. Und zwar besser als die meisten ihrer Kunden.

Nachdem auch die letzte E-Mail mit vielversprechenden Offerten im Mülleimer für Datendreck gelandet ist, nehme ich mir Zeit für mich und meine lockende Couch. Ich schlage die meiner Meinung nach falschen Ratschläge und ihre Ratschläger in den Wind. Keiner hat den Eignungstest bestanden. Stattdessen versuche ich, mich auf meine persönliche Überlebensstrategie zu besinnen. Und die wird getragen von einigen wenigen, aber für mich zumindest sehr wirksamen Faktoren. Liebe hilft. Amor gegen Tumor. Sozusagen. Liebe in Wort und Streicheleinheit vom Liebsten genauso wie von Mama und Papa, meinen Geschwistern oder den besten Freunden. Essen hilft. Am besten Bio, auch wenn es teuer ist. Gemüse und Obst und literweise Kräutertee. Und Sport hilft. Mir. Macht mich glücklich an unglücklichen Tagen. Und munter an den müden. Und nicht zuletzt hat das Joggen und die damit einhergehende verstärkte Blutkörperchen-Produktion dafür gesorgt, dass ich erst in einer ziemlich späten Therapiephase – nämlich erstmalig heute – nicht Normalwerte bei der Kontrolle hatte.

Das Dauerlaufen hatte darüber hinaus noch einen weiteren, angenehmen Effekt. Hat es mich doch davor bewahrt, mit Erythropoetin mein Rückenmark stimulieren zu müssen und der Blutarmut entgegenzuwirken. (Epo – genau – das Mittel, das angeblich manche Radfahrer illegalerweise nehmen, um noch mehr Sauerstoff transportierende rote

Blutkörperchen im Organismus zu haben.) Denn so richtig gesund soll diese Methode auch nicht sein. Und zu guter Letzt: Durch den Sport fühle ich mich leistungsstark und gesund. Und sehe auch so aus. Zumindest den Umständen entsprechend. Immer noch mit einigermaßen akzeptabler Gesichtsfarbe. Und nicht dieses Chemo-grau, das einen bestimmt zusätzlich deprimiert. Einen vierten Faktor für die Gesundbleibung lasse ich noch zu. Den erforsche ich immer mal wieder in dann aber mühevoller Kleinarbeit. Daher kann ich noch nicht benennen, wie er wirkt und wie ich ihn handhabe. Die Psyche. Wie ist die meine gestrickt? Was in ihr begünstigt Gesundheit, was nicht? Wie mache ich mich eben nicht nur physisch, sondern auch psychisch fit für den Rest meines gesunden Lebens? Spannend. Und entspannend zu wissen, dass ich – trotz Fremdbestimmtheit – ganz schön viel selbst in der Hand habe. Auch ohne Zauberzäpfchen im Zehnerpack.

37

HAIR – DAS GRUSICAL (WOCHE 17)

Mein Dachgarten sprießt. Die Pflänzchen kämpfen sich mühsam durch die Muttererde. Zwar noch nicht so flächendeckend, wie sie es einst taten. Aber sie drängen raus an die frische Luft. Übersetzt soll das so viel heißen, wie: Der Nährboden ist meine Kopfhaut. Die Haare wachsen. Spärlich. Ja. Und langsam. Ja. Leider. Natürlich viel zu langsam. Aber: Sie wachsen. Meine Ungeduld ist schier unerträglich und auch ein bisschen unerklärlich. Denn jetzt habe ich über drei Monate Zeit gehabt, mich an ein Dasein als Discokugel ohne Disco zu gewöhnen, und plötzlich ist jeder Morgen, an dem ich nicht urplötzlich mit einer Wolfgang-Petry-Matte aufwache, ein schrecklicher Tag. Ich quäle mich selbst mit Fotos aus vergangenen Tagen: Wallemähne, Wollekopf. Das habe ich die ganze Zeit nicht gemacht. Jetzt stehe ich im Bad und stampfe mit einem Will-aber-Gesicht auf. Warum jetzt? Vermutlich, weil das ferne Ziel auf einmal so nah scheint.

Dabei muss ich bis zu einer vorzeigbaren Frisur noch mindestens zwei Monate warten. Wenn nicht drei. Da nützt es auch herzlich wenig, dass mein Liebster mir pausenlos versichert, wie »süß« das aussieht. »Du kannst das tragen.« Dass Freundinnen mich immer wieder auf den zu erwartenden, natürlichen Lauf der Dinge (»Die kommen doch alle in alter Pracht wieder.«) hinweisen. Ich will Haare. Jetzt. Jetztjetztjetzt. Daher mache ich dieser Tage all die unsinnigen Dinge, die man so macht, wenn einen die Ungeduld treibt. Ich besorge mir die unglaublich überteuerten Haut- und Haar-Pillen aus der Apotheke und auch das ein oder andere Produkt, das mir im kommerziellen Fernsehen wilde Versprechungen macht. Inmitten meiner Tinkturen, haarwuchsfördernden Shampoos und frei erhältlichen Medikamente überschlage ich kurz, wie weit ich mich in den Ruin gekauft habe. Das schlechte Gewissen kann mithilfe einfacher Grundlagen-Mathematik schnell beruhigt werden. Was habe ich nicht alles nicht ausgegeben, in den vergangenen Monaten. Das Geld für mindestens zwei Friseurbesuche, die mit 100 Euro zu Buche schlagen. Sind zwar nur Spitzen, die bisher regelmäßig geschnitten werden wollten, aber dafür werden selbstverständlich Spitzenpreise aufgerufen. Etwa dreimal die Kombi: Shampoo, Spülung, Kur, mit jeweils 10 Euro. Ein neuer Fön − mein alter macht Geräusche, als wenn er mir jede Sekunde in der Hand explodieren wollen würde, und das möchte ich nicht − mit Glück bei Tchibo für 20, sonst 40 Euro. Haaraccessoires, pro Monat mindestens 30 Euro. Vielleicht noch eine Tönung, oder besser zwei. Noch mal 15 Euro. Wimpern und Augenbrauen färben auch so viel. Die Rasierklingen, der Schaum und das Waxing für das Entfernen der ungeliebten Behaarung macht bei 15 Wochen auch noch einmal 100 Euro. Da kommt unterm Strich ganz schön was zusammen: 330 Euro! Gespart. Einfach so. Ha!

Ich beschließe, das einzig richtige zu tun, was eine Frau in dieser Situation tun kann. Shoppen! Sehr gut gelaunt mittlerweile, übrigens. Auf der Straße lächle ich jeden an, der mir entgegenkommt. Auch wenn kaum einer, ehrlich gesagt keiner, den Asphaltflirt erwidert. Das bin ich ja gewohnt. Ist ein bisschen demotivierend, je nach Stimmungslage, aber manchmal auch gar nicht schlecht. Als Frau ohne Haare, ohne Wimpern und Brauen, ist man beziehungsweise frau keine Frau. Kein wahrzunehmendes Wesen. Kein Mann guckt länger als aus Versehen. Frauen, wenn, dann nur sehr mitleidig, ängstlich oder irritiert. Und meistens, wenn sie nicht die Faszination des Grauens packt, schnell wieder weg. Wer sollte es all diesen Menschen verdenken? Ich nicht. Ich wäre vor einigen Monaten auch so eine mitleidig-ängstlich irritierte Wegguckerin gewesen. Außerdem hat das Durchsichtigsein auch etwas Gutes: Selten bin ich nämlich derart unbehelligt durchs Viertel gezogen. Auch gut.

Ich schaffe es zu meinem eigenen großen Bedauern nicht, den ganzen eingesparten Betrag zu verprassen. Dennoch kehre ich zufrieden und schwer beladen von meiner Jagd nach Hause zurück.

Ich habe die Beute noch nicht vollständig in Augenschein genommen, da klingelt das Telefon. Betty ist dran. Betty ist eine Erscheinung. Von Angesicht zu Angesicht. Sehr hübsch, sehr klein, sehr blond, sehr lustig. Aber auch am Telefon macht sie was her als Ausnahmeperson. Betty redet so schnell und manchmal so konfus, als hätte sie ständig einen Revolver im Rücken und der Mann am Abzug würde sie runterzählen. Außerdem hat Betty eigentlich nie Zeit, ist immer im Stress, und das einzig Verlässliche an ihr ist ihre Unzuverlässigkeit. Das weiß ich. Damit habe ich mich arrangiert. Und es stört mich nicht. Denn Betty hat ein Herz so groß wie Berlin. Und sie scheitert im Alltag, wie so viele, an ihrem überdimensionierten Anspruch an alles. Die Arbeit, das Kind, den Mann, sich. Nicht nur, weil sie mich allzu oft spiegelt und daher bestens versteht, sondern weil sie ein blitzgescheites Mädel ist mit emotionalen Antennen von hier bis ans Kap der guten Hoffnung, mag ich sie so sehr. Sie ist wie ich. Oder besser: wie ich war. Der Teil, den ich in der Vergangenheit lassen möchte, das ist der der Teilbarkeit. Sich selbst zerstückeln und an unterschiedlichsten Schauplätzen womöglich gleichzeitig präsent sein, nur weil mir irgendjemand oder im Zweifel ich mir einrede, das müsste so sein.

Betty hat einen Plan, der mich in meiner Ganzheit beinhaltet. Ungeteilte Aufmerksamkeit. Sie möchte mich nämlich zu einer Massage meiner Wahl einladen, mit allem Zipp und Zapp. Ich soll mir eine Behandlung aussuchen, egal welche. Ich winde mich, weil ich das nicht annehmen kann. »Das ist zu teuer, Betty ... ich weiß, du meinst es gut. Aber wenn ich das möchte, dann leiste ich mir das selbst.« – »Oh, Mann. Bist du anstrengend. Ich möchte nicht nur dir etwas Gutes tun, du dumme Nuss. Ich habe ja auch etwas davon. Wenn wir uns einen schönen Wellnesstag machen, dann verbringen wir Zeit – ohne, dass mein Kind ruft, mein Job im Nacken sitzt oder irgendetwas unsere Zweisamkeit stört.« Ich bin kurz davor, zuzusagen. Auch wenn sich das mit meinem schlechten Gewissen nur bedingt vereinbaren lässt. Sie atmet geräuschvoll ein, und ich merke an der Art, wie sie

Luft holt, dass jetzt das Killerargument kommt. Das eine, das keine Widerrede duldet. Ich bin sehr gespannt, welches Ass sie jetzt noch aus ihrem Hippiemädchen-Hemdärmel zaubert:»Außerdem, Miri ...« Es folgt eine bedeutungsvolle Pause:»Die haben da sogar ... einen Friseur. Du kannst dir da kostenlos die Haare machen lassen ... Echt. Und die sind gut.« Nach einer kurzen Verständnisverzögerung pruste ich laut los. Sie, Revolver im Rücken:»Doch wirklich. Wirklich. Wirklich. Das kostet nix extra. Das ...« Ich unterbreche sie, glucksend lachend, und während ich nach Luft japse, schaffe ich es, ein paar Worte zu formulieren:»Betty ... Haare ... welche Haare?« Schweigen. Oh nein. Ich höre jemanden in den Erdboden versinken am anderen Ende der Leitung. Aus der Erdspalte flüstert dieser jemand:»Ach, du Scheiße. Ich blöde Kuh ...« – »Nein, nein, Betty. Betty. Betty! Das ist so süß, weil ...« – »Nein – wie – dämlich – kann – man ...« – »Stoooop. Alles gut. Es zeigt doch nur erstens, wie sehr du mich in deinem Herzen als die Miri hast, die du kennst – wie immer mit Haaren, und zweitens: Du willst mir doch nur einen perfekten Mädchentag schenken. Und – hallo? Da gehören Haare dazu!!!« Schweigen. Es dauert einige Minuten, bis ich ihr glaubhaft versichern kann, dass mich der vermeintliche Fauxpas weder verletzt noch ärgert. Sondern stattdessen jetzt schon als super Anekdote in mir abgespeichert ist. Womit sie leben muss. Und kann. Ein Glück.

Der Wohlfühltag steht schon 72 Stunden später an. Immer noch schuldbewusst, Betty halt, aber fröhlich über unser Treffen, sehe ich meine kleine, unterhaltsame Freundin wieder. Ich habe mir eine Lomi-Lomi-Massage ausgesucht, während sie sich auf andere Art und Weise durchkneten lässt. Ich hatte kurz in Erwägung gezogen, eine Behandlung zu wählen, die Stirnölgüsse oder andere Kopf-Treatments beinhaltet hätte. Einfach nur, um Betty die Vorteile meiner Glatze (mit Ministoppeln) zu verdeutlichen. Da ich mich aber, wie schon erzählt, so ungern und nur sehr selten »oben ohne« zeige, habe ich mich im letzten Moment doch noch einmal dagegen entschieden. Wenngleich ich aus meiner vergangenen Spa-Erfahrung weiß, wie unglaublich angenehm die Kopfmassage am blanken Schädel tatsächlich ist. Diese Überlegungen tun weder dem Genuss noch dem Erfolg der heutigen Behandlung einen Abbruch. Und: Betty und ich haben einen der seltenen Momente für uns.

Die Entspannungseinheit hinter uns, sitzen wir schläfrig, angeduselt wie nach zwei Gläsern Sekt, im Ruheraum und reden. Flüsternd. Aber irgendwie eilig. Es gibt so viel aufzuholen. Ich danke ihr natürlich für ihr generöses Geschenk und sage, während ich das Tuch um meinen Kopf lupfe: »Schau mal. Bald wieder ein Fall für den Friseur.« Sie grinst. »Cool. Wusstest du das? Den gibt's hier übrigens kostenlos.«

38

DAS LETZTE MAL (WOCHE 18)

Am Wochenende vor der letzten Infusion gibt es wieder eine Einladung von befreundeten Ja-Sagern. Die dritte Hochzeit dieses Jahr. Ulf und Xaver schließen den Bund fürs Leben. Was wenig verwundert. Sie sind ja auch schon ungefähr die Hälfte des bisherigen ineinander verliebt. Seit Kurzem verlobt. Und gleich verheiratet. Verpartnerschaftlichung heißt das bei gleichgeschlechtlichen Ehen. Das ist der einzige Unterschied. Ansonsten standesgemäßes standesamtliches Hochzeitsflittern in allen Augen. Ein Liebeslied und Rosen im Roten Rathaus der Stadt sorgen für gehörig Romantik. Der Standesbeamte für gute Stimmung und den richtigen Ton. Es fließen Tränen. Es fliegt Reis. Und am Ende sind meine glücklich strahlenden Freunde nicht nur Bräutigam und Bräutigam, sondern auch Mann und Mann. Im Designeranzug, mit Ehering und einer ordentlichen Party. Gefeiert wird am Wasser unter freiem Himmel.

Wenngleich ich heute vormittag überdurchschnittlich viel Zeit in die optische Restaurierung gesteckt habe, kann auch ich nicht umhin festzustellen, dass ich zurzeit – kurz vor dem Ziel – schon reichlich dünnhäutig aussehe. Durch die helle, pergamentene Haut schimmern Äderchen, die Schatten unter den Augen lassen sich nicht mehr übertünchen. Kurzum: Die Show muss zwar weitergehen, und das Lächeln ist auch immer noch echt und ehrlich gemeint. Aber dem Showgirl geht die Puste aus. Auch wenn es das nicht so recht wahrhaben möchte. Immerhin hat es die täglichen Sportsessions bis jetzt durchgehalten. Trotz Heulen und Knochenklappern zwischenzeitlich. Ein zusätzlicher

Tupfer Rouge auf die Wangen vor dem abendlichen Fest, und ich sehe nicht mehr ganz so farblos und fertig aus. Um den Kopf drapiere ich ein paillettenbesetztes Tuch. Fehlt nur noch die Federboa und man könnte mich in einen nach Art déco gestylten Club der Zwanzigerjahre setzen. Der Kopfschmuck hat durch den hohen Anteil glitzernder Elemente durchaus Filmdiven-Format.

Kommt mir ganz gelegen, dass ich die Perücke auf dem Styropor-Kopf lassen kann, denn ich bin das Zweithaar mittlerweile dermaßen leid, dass ich es nur noch äußerst ungern aufsetze. Und auch nur in »Pflichtsituationen«, wenn ich mich auf öffentlichem Terrain bewege. Also an Orten, wo Menschen sind, vor denen ich die Tatsache der Chemotherapie tunlichst verheimlichen möchte. Oder muss. Heute ist das nicht so. Und so präsentiere ich mich im tadellosen Gloria-Swanson-Look auf der Party. Es dauert nicht lange, bis ich mit einem der mir bisher unbekannten Hochzeitsgäste ins Gespräch komme und etwas zu hören bekomme, was ich so tatsächlich nicht mehr erwartet hätte: »Das Tuch sieht echt schick aus. Aber warum versteckst du dein schönes, langes Haar darunter?« Ich muss schmunzeln. Und löse die Sache nicht auf. Natürlich nicht. Mit einem: »Ach, ich fand das heute irgendwie schick. Mit dem Tuch. Und den Pailletten«, stehle ich mich stattdessen aus weiterer Erklärungsverantwortung und drifte gedanklich ab.

Währenddessen gibt sich mein Gesprächspartner mit der Antwort zufrieden und pflegt indes mit anderen Gästen die Kunst des unanstrengenden Small Talks. War er jetzt nur höflich? Und hat bewusst den Unwissenden gespielt? Nein. Die Nachfrage war echt und das betroffene Bedauern über mein vermeintlich verstecktes Haar deutlich spürbar. Es mag absurd klingen, dass mich das nach den zurückliegenden Wochen, der gemeisterten Zeit, den abgehakten Tiefs doch noch so berührt. Aber es ist so. Wie befreiend, wie erleichternd, nicht automatisch als die arme Kranke, die mit dem Stigma Krebs, betrachtet zu werden. Für ihn bin ich maximal nur eine merkwürdige Moderatorin, die dem Publikum aus unerfindlichen Gründen Teile ihrer weiblichen Reizsymbole vorenthält. Nicht mehr. Nicht weniger. Und vielleicht noch nicht einmal das.

Der Abend entwickelt sich zu jedermanns Gunsten. Es gibt reichlich und köstlich zu essen. Die Getränkequelle ist eine schier unversiegbare.

Aber am glücklichsten, neben den Eheleuten natürlich, fühle ich mich. Bilde ich mir zumindest ein. Diese eine Frage, die mich mit einem ruckartigen Zug rausgeholt hat aus der Gruppe der Patienten und Gekennzeichneten, die mich zum gleichberechtigten, unauffälligen Mitglied der Feiermeute hat aufsteigen lassen, sie hat mich wie von einem Bann erlöst. Dem Bann der Bemitleidenswerten. Und außerdem mir die Perspektive in Erinnerung gerufen, dass die Tage der Chemotherapie gezählt sind. Es gibt nur noch einen Zyklus. Und den bekomme ich schon übermorgen.

In der Nacht vor dem großen Finale schlafe ich kaum. Immer wieder werde ich wach und blicke nervös zum Wecker. Selten habe ich den Sonnenaufgang so sehr herbeigesehnt wie heute. Das letzte Mal. Das letzte Mal. Das letzte Mal. Bevor sich mein Alarm aus dem Wecker meldet, bin ich auf den Beinen. Ich hüpfe durch die Wohnung. Lächle mich müde, aber sehr zufrieden im Spiegel an. In Windeseile stehe ich ausgehfein bereit. Ich beuge mich über meine Kiste mit den ganzen Medikamenten, die ich unbedingt vor der Infusion nehmen muss. Dreimal überprüfe ich meine Liste, ob ich auch tatsächlich alles geschluckt habe, und dann spaziere ich los. Wie immer zu Fuß, heute dem feierlichen Anlass entsprechend etwa 5 Zentimeter über dem Bürgersteig schwebend. Es ist 7 Uhr morgens. Und ich sehr früh in der Ambulanz. Etwas zu früh, also suche ich mir schon einmal einen Sessel aus. Entscheide mich, oh Wunder, wie immer für meinen in der Mitte auf der linken Seite, setze mich hinein und lasse den Blick durch den Raum schweifen. Der Osterschmuck, der mir an meinem ersten Tag hier ins Auge gestochen ist (keine Kunst bei Kanarienvogelgelb und Baustellenhütchenorange), hängt immer noch von der Decke. Obwohl wir jetzt schon bald den Spätsommer einläuten. Die Magazine sind auch noch dieselben.
Ich nehme mir vor, die, die ich heute dabei habe, definitiv hierzulassen. Für ein bisschen Abwechslung zu Gartenwoche und Goldenem Blatt. Ich schalte das scheppernde Radio auf der Fensterbank an. Die besten Hits aller Jahrzehnte donnern mir entgegen. Aaah. Schnell ein neuer Sender. Wer zuerst kommt, wählt zuerst. Ich nehme mir meine

Jus-primae-Radiostation und lande bei einer Welle, die klassische Musik spielt. Das ist ein guter Soundtrack für meine Chemo-Coda. Mein letztes Stück. Als Schwester Carla zu mir kommt, trägt sie ein fast noch größeres Strahlen im Gesicht als ich. »Na, so gut wie geschafft, wa?« – »Ja. Juchhu! Aber ich hatte es mir vorher, ehrlich gesagt, noch viel schlimmer vorgestellt. Es war alles aushaltbar.« – Sie zieht die Augenbrauen hoch und zögert kurz, bevor sie sagt: »Najaaa, Sie sagen das so. Sie sind ja auch unser kleines Phänomen. In schwereren Momenten leichtfüßig rangegangen an die Sache. Und so. Das kann nicht jede.« Während ich mir noch überlege, ob ich mir die Leichtfüßigkeit in irgendeiner Form ans Revers heften kann (und zu dem Schluss komme: nein. Ich war eben so, wie ich bin. Punkt), macht Carla sich mit auffallend leichter Hand an meinen Port und das Setzen der letzten Infusion ran. Wir haben Kekse da. Und Tee. Na, da steht einer fetten Party ja nichts mehr im Wege. So feiert man in der Chemo-Ambulanz.

Fünf Stunden später bin ich, wie immer nach diesem Mittel, ein wenig beschwipst und sprechgestört und wanke winkend aus dem Gebäude. Meine Mitpatientin Bianca wartet draußen schon im Auto und fährt uns in ein kuscheliges Café. Wir lassen es so richtig krachen, bei Apfelsaftschorle und Pfefferminztee, und begießen mein Ende der Chemo und den Anfang des Lebens danach. Vor der Bestrahlung, die ich schon in knapp anderthalb Wochen beginnen will, ist mir überhaupt nicht bang. Das wird ein Klacks gegen den Rest.
Lange halte ich es unterwegs allerdings nicht aus. Ich spüre eine große Sehnsucht nach zu Hause. Nach dem Paar Armen, das mich in den vergangenen Monaten so oft gehalten und gestreichelt hat, wenn ich mir sicher war, jeden Halt und jede Hoffnung zu verlieren. Thom gibt einen röhrenden Schrei von sich, als ich ihn zu Hause übermütig und überglücklich anspringe. Holla! Da detoniert gerade die Anspannung und Angst aus fast fünf Monaten. Gut, dass es raus ist. Und: dass es um ist.

Ich mache ein paar Notizen in mein Tagebuch für diese Zeit. Chemo-Memo habe ich es genannt. Chemo-Memo. Um den Monster, der

Fratze Chemo etwas Comichaftes und es der Lächerlichkeit preiszuge-
ben. Blättere hin und her, lese Zeilen und manchmal Absätze. Muss an
manchen Stellen lachen und an anderen schlucken. Will nicht traurig
werden. Darum besinne ich mich auf etwas, was mich immer fröhlich
gestimmt hat. Mein Laufen. Durch meine Aufzeichnungen kann ich
nachlesen, wann ich wie und welche Strecke zurückgelegt habe. Ich
stelle dabei fest, dass ich nur an insgesamt fünf Tagen während der
ganzen Chemotherapie keinen Sport gemacht habe. Bin gerade, man
verzeihe mir bitte noch einmal die schamlose Selbstbeweihräucherung,
etwas von mir beeindruckt. Ich müsste nach diesem regelmäßigen
Rennprogramm eigentlich ganz fit sein.

Eine Idee löst sich aus meinem noch etwas umnebelten Geist. Ich bemühe das Internet und recherchiere, was ich zum Verwirklichen selbi-
ger brauche. Einige Minuten und ein paar Klicks später bin ich schon
am Ziel. Beziehungsweise den Startbedingungen. Ich stürme Thoms
Arbeitszimmer. »Thom ... ich ... laufe ... einen ... Halbmarathon.« –
»Was willst du?« Entsetzte Pause. »Wann?« – »In sechs Wochen gibt es
einen. In Braunschweig. Das schaffe ich. Bis dahin bin ich fit für diese
Strecke.« Dem irritierten Gesicht folgt ein freundliches: »Hauptsache,
du überanstrengst dich nicht. Sonst belastest du dein Immunsystem zu
sehr.« Ich werde ungeduldig. Immer diese Bedenkenträger. »Weiß ich
doch. Ich will ja auch nicht schnell sein. Ich laufe langsam. Gaaanz
laaangsam. Ziel ist, im Ziel sein. Irgendwann.« Wir schlagen ein und
besiegeln meinen Plan.

Abends kehrt Thom vom Einkaufen zurück und überreicht mir eine
kleine, hübsch verpackte Kiste. Darin finde ich eine Messeinheit für
meinen Laufschuh in Clipform und ein dazugehörendes Armband mit
Display und Digitalanzeige. Gemessen wird die Geschwindigkeit, die
Zeit und die Streckenlänge. »Damit du immer genau weißt, wie viele von den vielen, vielen Kilometern du schon geschafft hast.« Braunschweig, ich komme!

39

EIVISSA (WOCHE 19)

Ibiza, ich komme! Heißt es jetzt erst einmal. In der Woche nach meiner finalen Befüllung fliege ich für einige Tage nach Ibi, wie meine Freundin Jule die Insel nennt. Der Flug war billig. Und ich habe gerade ein bisschen frei. Warum also nicht den bleichen Leib einigen wohltuenden UV-Strahlen aussetzen? Ich finde keine überzeugungsfähigen Gegenargumente. Also: Reisefieber. Als ich ankomme, ist Jule schon da. Und sie hat alles im Griff: den Kellner, das Buch in der Hand und die Freizeitplanung. Ich bin mit ihrem Programm äußerst einverstanden. Wir machen heute nämlich: nichts. Und morgen – auch nicht. Und übermorgen werden wir an dieser Routine definitiv nichts ändern. Vor uns liegen also ein paar extrem faule Tage am Strand und am Wochenende wieder eine Hochzeit von Freunden. Hier auf dem Eivissa-Party-Eiland. Zu diesem Ereignis wird Thom dann auch eintrudeln.

Unsere Ich-bewege-mich-sowenig-wie-möglich-Strategie vorher stresst ihn zu sehr. Im Urlaub latent hyperaktiv veranlagt, würde stundenlanges auf Liegen liegen, bruzzeln, drehen und wenden sein Gemüt gar kochen – und in diesem Aggregatzustand ist mit ihm nicht gut Kirschen oder sonst etwas essen. Also lässt er großmütig, -herzig- und -zügig den Mädels den Vortritt. Keine 45 Minuten nach der Landung drücke also auch ich mit meinem Po Beulen in die Schaumstoffauflage. Jule und ich tauschen im Telegrammstil alle wesentlichen Neuigkeiten aus, um uns dann der eigentlich wichtigen Disziplin zu widmen: hitzeerfüllt stöhnen und dösen. Und zwar bis Sonnenuntergang.

Diesen Entwurf ziehen wir drei Tage durch. Ich stehe jeden Morgen gegen 8 Uhr auf und laufe 45 Minuten, mehr ist bei den Temperaturen nicht drin, wasche und erfrische mich und knattere dann mit dem kleinen Mietwagen Richtung Playa. Oh, süßer Müßiggang. Morgens halb zehn am Strand. Zwei komfortable Liegestühle mit Schirmchen erobern. Frisch gemixte Säfte zum Frühstück. Und nachmittags auch mal, Vorsicht: heiß & fettig, Pommes. Man muss auch mal etwas Verrücktes tun. Meine Haut dankt mir die Erholung mit einem sommerfrischen Teint. Und ich liege sogar oben ohne da. Ohne etwas auf dem Kopf. Das Gesicht hinter einer Sonnenbrille versteckt, die Puck, der Stubenfliege, würdig wäre, traue ich mich, das nackige Haupt zu zeigen. Dank der kleinen Küken-Härchen auf dem Kopf hat der Schädel auch nicht mehr diese abschreckende Bowlingkugel-Ästethik. Wobei ich genau die dieser Tage hier schon häufiger an anderen gesehen habe. Überwiegend Männer, meistens zwei Farbtöne zu lange in der Sonne geblieben, mit spitzem Metall im Gesicht. Wahlweise als Lippen-, Brauen-, Zungen- oder Nasenpiercing. Oder alles zusammen. Die Jungs vermitteln den Eindruck, als würden sie regelmäßig die Nächte zum Tage machen. Wie ungefähr 80 Prozent der Urlauber hier. Bunte, aufgepumpte Oberarme, am liebsten Techno im Ohr und immer einen wischenden Handrücken an der juckenden Nase wegen zu viel Discoschnupfen. Und damit ihnen bei so einem Lebenswandel nicht graue Haare wachsen, rasieren sie sie einfach ab. Ich bin also in bester Gesellschaft. Auch wenn diese Gesellschaft nicht die beste wäre.

Jule und ich verbringen die Tage in immer gleicher Sorglosigkeit. Ein bisschen lesen, ein bisschen essen, ein bisschen reden, ein bisschen schlafen, ein bisschen bräunen, ein bisschen Witze erzählen, viele Liter Wasser trinken. Gegen 18 Uhr packen wir unsere Sachen zusammen. Aufgeladen mit der Hitze des Tages, leicht geröteten Wangen, einem ansonsten knusprigen Äußeren machen wir uns auf den Nachhauseweg. Jule in das ihre. Ich in das meine. Zum Abendessen treffen wir uns später wieder. So haben wir es jedenfalls eben abgemacht. Auf der Fahrt wird mir plötzlich übel. Uäääh!

Das hatte ich ja die ganzen Monate nicht in dieser Intensität. Wasser steigt in die Augen und Spucke sammelt sich im Mund. An den unteren Kieferknochen zieht es unangenehm. Ich habe das Tempo gedrosselt, mag aber nicht anhalten. Nur schnell nach Hause. Das fühlt sich an wie kurz vor Kollaps. In meiner Ferienwohnung falle ich aufs Bett. Da sind sie wieder. Die vielen bunten Sternchen. Was habe ich euch vermisst! Halb deliriös schreibe ich Jule eine kurze Nachricht: »Kann nicht. Hab Schwäche. Bis morgen.« Ich drehe mich, ziemlich beleidigt und zornig ob dieses Zusammenbruchs, auf die Seite und forsche nach der Ursache des Übels. Und der Übelkeit. Natürlich. Bling. Die Erkenntnis lässt nicht lange auf sich warten. Trotz Nebelhirn. Wie ein Nebelhorn tutet es in mir: Heute ist Tag 10. Der zu zweifelhaftem Ruhm gekommene Tag 10 nach einer Infusion, an dem die Leukozyten beinahe traditionell, weil erfahrungsgemäß und bei fast allen Patienten, am allerniedrigsten sind – und dann gerne mal den kompletten Motor Mensch runterfahren. Ich bin gerade in so einer stillgelegten Phase. Zwar habe ich auch hier im Urlaub meine Medikamente dabei und sie auch benutzt. Aber der Körper kapituliert. War wahrscheinlich ein bisschen viel. Jule ruft an: »Was ist los, Liebes? Soll ich kommen, dich pflegen, irgendetwas tun?« – »Nein, nein. Ich kenne das schon. Nicht so heftig. Aber die Symptome sind immer dieselben. Ich muss versuchen zu schlafen. Morgen ist alles wieder gut.« Das ist ein bisschen Selbstbetrug. Ich versuche gerade, mich selbst zu überlisten. Morgen wird nämlich noch nicht alles wieder gut sein. Denn eigentlich ist so sicher wie das Zusammenklappen am bösen Tag 10, dass der hilflos desperate Zustand ziemlich genau 36 Stunden anhält: eine Nacht, ein Tag, eine Nacht.

Ich fühle mich elend. Allein, kraftlos, hungrig. Ich muss es nicht sein. Ich weiß. Hab aber keine Energie für Gesellschaft. Kurz bevor ich es mir in diesem Sessel Selbstmitleid bequem machen kann, rufe ich mir ins Gedächtnis zurück, was mich schon so manches Mal über die unangenehmen Momente gerettet hat: Es geht vorbei. Unglaublich, aber wahr. Es – geht – vorbei. Das sind nur Nebenwirkungen. Die sind nicht schön. Aber sie gehen wieder weg. Hundertprozentig. Welch heilende Wirkung die Hoffnung hat. Deutlich entspannter schlafe ich gegen vermutlich 8 Uhr abends ein.

Als ich mit den ersten Sonnenstrahlen wach werde, rumpeln Kopf und Bauch. Der Magen vor Hunger. Der Schädel vor Schmerz. Was für eine ätzende Nacht. Ich habe das Bett zerwühlt vor lauter Unruhe. Das Laken steckt an keiner Ecke mehr unter der Matratze. Richtig erholsam schlafen geht irgendwie nicht in diesen jammervollen 36 Stunden. Ich musste auch dieses Mal viel wimmern und immer neue Schlafpositionen suchen. Gut, dass niemand neben mir diesen Feldzug gegen mich selbst mitbekommen musste. Ich setze mich auf, fühle mich stabil und steuere direkt meine Medikamentenkiste an: schnell eine Spritze Neupogen. Jungleukozyten. Eine Armada weißer Blutkörperchen in der Ausbildung sozusagen, die meine angeschlagene Gesundheitspolizei im Körper unterstützen. Gestern schon und morgen noch. Dann sollte auch dieses letzte Kapitel der beeinträchtigenden Nebenwirkungen geschlossen werden können. Nach einem Eisenkrauttee – bildet Blut, also gut – und Obst zum Frühstück fühle ich mich fit genug für die Autofahrt zum Strand. Denn alleine in der Bude mag ich heute nicht rumlungern.

Jule erwartet mich schon mit einem Kräuselstirn-Gesicht. Sehe ich so zerschmettert aus? Ich beruhige sie: »Mach dir keine Sorgen. Sieht fies aus. Weil ich so schlapp daherkomme. Ist aber morgen um diese Zeit um.« – »Sollen wir nicht doch lieber zu einem Arzt oder ins Krankenhaus?« Tja. Ich sehe offenkundig sehr zerschmettert aus. Bemühe mich um ein lustiges Gesicht: »Müssen wir nicht. Ich habe meine Arznei bei mir. Ich trinke wieder viel Wasser. Und schlummer den Kummer weg. Wenn nicht hier, wo dann kann man bestens gesund werden: Schatten, Meeresrauschen, nackte, eingeölte Spanier, die uns Luft zufächeln ...« Jule muss glücklicherweise lachen: »Apropos nackt und eingeölt ...« Wir erzählen uns von Freundinnen und deren Männergeschichten. Warum die Guten fast immer vergeben sind. Und das auch noch nicht selten an böse Frauen. Und: Warum die lieben Frauen so oft an Dreckskerle geraten. Die die lieben Frauen schlecht behandeln. Und die eigene Ehefrau übrigens auch. Herrliche, unerschöpfliche Themenwelt.
Diese und die Welt des Sandkorns verlassen wir erst gegen Abend. Als meine müden Lebensgeister wieder erwacht und Farbe in die Wangen zurückgekehrt ist. Ich recke mich wie nach einem Winterschlaf und

spüre die neue Energie in jedem Körperwinkel. Es geht vorbei. Alles Schlimme geht vorbei. Und jetzt ist es vorbei. Hoffentlich für immer.

Für immer auf der Insel bleiben. Joggen, Bücher, Strand. Das wär es doch. Ich hätte nichts dagegen. Für immer dauert dieses Mal eine kleine Woche. Danach fliegt Jule heim. Und Thom kommt her. Mit galantem Fummel im Gepäck und vielen, weißen Anziehsachen. Paul und Nina wollen für immer zwar nicht auf der Insel, aber zusammenbleiben und haben sich eine White Wedding gewünscht. Wobei dabei nicht nur die Braut in weiß erscheint, sondern ihr Zukünftiger inklusive der gesammelten Gästeschar auch. Ich trage ein weißes Häkel-Hippie-Kleid und einen Sonnenhut aus Baumwolle, der eine so breite und tiefe Krempe hat, dass man auf den ersten Blick gar nicht sieht, dass ich darunter nackt bin. Schön, so ein Modemotto.

Die Zeremonie wird von einer Frau durchgeführt, die die Verbindung nach keltischem Brauch segnet. Auf einem Felsplateau 100 Meter über dem Meer. Und in die tief stehende Sonne hinein hauchen beide ihr Liebesversprechen. Es tropft aus vielen Gesichtern. Erst recht aus meinem. Wieder so eine Highscore-Hochzeit in Sachen Romantik. Zum vierten Mal in diesem Jahr haben Thom und ich dabei zuhören dürfen, wie andere, verliebte Menschen den gleichen Pakt schließen, der uns bisher wirklich gut durch die vergangenen Monate geholfen hat: In guten wie in schlechten Tagen. Wobei die schlechten – dessen bin ich mir in diesem Augenblick sicherer denn je – jetzt definitiv um sind.

40

STRAHLEN, BITTE! (WOCHE 20)

Das Muster der etablierten Therapieform im Kampf gegen meine Krankheit klingt wenig sanft. Ein Blick in die Asservatenkammer des Feldzuges gegen den Krebs: Stahl, Strahl und Chemo. So bekämpfen die Schulmediziner seit Jahren alle möglichen Karzinome. Zwei Drittel des Plans habe ich erfüllt. Wenn auch in anderer Reihenfolge. Zunächst der Stahl, die OP. Dann die Chemo. Passé, juchhe! Und zum Schluss noch ein paar Strahlen. Keine zwei Wochen nach meinem letzten Zyklus ist es so weit. Ich wollte, dass es ohne große Pause weitergeht. Darum hatte ich mich schon frühzeitig während der Chemotherapie gekümmert. Heute morgen lag ich zum ersten Mal, angemalt an den Bestrahlungsfeldern und fixiert, auf einer Liege und ließ die erste Dosis über mich ergehen. Außer einem Summgeräusch aus der riesigen, mich umfahrenden Apparatur habe ich nichts gemerkt, gespürt oder gesehen. Noch nicht mal nach erhitzter Haut riecht es. Dabei hatte ich fest damit gerechnet. Dieser markante, etwas beißende Geruch, den die vorzeitig alternde Haut annimmt, wenn man 5 Minuten zu lange auf der Sonnenbank liegen geblieben ist. Fehlanzeige. Die ganze Bestrahlungsarie dauert noch nicht einmal 5 Minuten. Mir ist danach etwas schwummerig. Alles normal, erfahre ich. Schön. Ich bin beruhigt.

Fröhlich wegen des kostenlosen und watteweichen Zustands wunschloser Glückseligkeit, mache ich mich auf den schlingernden Heimweg. Viel schneller als vermutet findet mein Körper den Weg zurück zum Normalzustand. Das ist insofern ganz besonders erfreulich, weil ich heute Nachmittag noch eine weitere Station mit diesem Reiseziel

(Normalzustand) erreiche. Ich lasse mir den Port wieder entfernen. Dr. Christiansen hatte zwar empfohlen, noch sechs Monate zu warten. Damit waren ich und meine Ungeduld aber nicht einverstanden. In Erwartung eines Rückfalls lasse ich das Ding sicher nicht in mir. Und je schneller ich mich von allen sichtbaren Erinnerungen an das Schreckliche trennen kann, umso besser finde ich das. Und meine Ungeduld.

Die kleine Operateurin mit den großen, dunklen, warmen Augen nimmt mich wieder herzlich in Empfang. Wie wenig Angst ich habe! Weil ich mich auf das Ergebnis so freue. Und sie freut sich, dass ich mich freue. Eine Stunde und ein paar Schnitte später wache ich auf, taste nach meinem Schlüsselbein. Nichts. Ich fühle nichts. Kein Knubbel mehr unter der Haut. Nichts mehr zum an und aus stellen. Auch dieser Fremdkörper ist jetzt wieder weg.

Zwei Tage später steht eine Veranstaltung an, zu der wir eingeladen sind, die mir wichtig ist. Es handelt sich um den alljährlichen Dreamball der Deutschen Knochenmarkspende und ihrer Gruppe DKMS life. Während ich sämtliche öffentlichen Auftritte in den vergangenen Wochen abgesagt habe, besprechen Thom und ich, ob wir unsere Zusage einhalten oder nicht. Ich habe mich verunsichern lassen, weil mir zugetragen wurde, dass die Tatsache, dass ich chemotherapeutisch behandelt werde, jetzt angeblich doch zur Presse durchgedrungen sei. Auf den dann zu erwartenden Sturm habe ich überhaupt keine Lust. Was also tun? Thom zeigt mir die Möglichkeiten auf. Derer gibt es nur zwei: Hingehen und darüber reden. Oder zu Hause bleiben. »Und wenn sie dann trotzdem schreiben, dass ich Chemo bekomme – obwohl ich gar nicht da war und gar nichts zu diesem Thema gesagt habe? Und sie reimen sich irgendetwas zusammen, was gar nicht stimmt?« – »Dann kannst du es nicht verhindern.« Dieser Gedanke gefällt mir nicht. Noch weniger als der an einen Auftritt, bei dem ich mehr oder minder freiwillig erzähle, was eigentlich los ist. Wenn ich die Lage richtig analysiere, wird, ob ich will oder nicht, in den kommenden Tagen in mehreren Zeitungen etwas zu meiner Therapie erscheinen. Irgendjemand hat mich mit meinem Tuchkonstrukt laufen sehen. Und auch Fotos davon gemacht.

Ich habe letztlich nur eine Chance, das Ganze einigermaßen zu kontrollieren. Und das ist die Kontrolle über selbstbestimmte Informationsweitergabe. Also: hingehen.

Während ich mich im Badezimmer zurechtmache, steigt die Nervosität. Ich ziehe mir mit feinen Strichen die noch nicht wieder vorhandenen Augenbrauen nach. Will mir, wie so oft, Wimpern ankleben. Was nur mäßig gut gelingt. Das Händchen ist nicht nur eiskalt, sondern auch zittrig. Ironie oder Fügung des Schicksal, dass ich mein monatelang streng gehütetes Geheimnis ausgerechnet beim Dreamball lüften muss. Einem Event der DKMS life, die Frauen in Chemotherapie mit Schminkkursen und Make-up-Tipps zu mehr Selbstbewusstsein verhelfen will. Na, dann geh ich auch gleich mal los, meine brandaktuellen Beautygeheimnisse zu verraten, was?

»Ich trage eine Perücke. Die Augenbrauen sind gemalt und meine Wimpern aufgeklebt.« Ich strahle die Reporterin mit größtmöglichen Augen an. Aber ich habe einen Herzschlag, so hart und heftig, dass ich mir sicher bin, man müsste ihn weit über die Grenzen meines Körpers hinaus hören können. Selten war ich so aufgeregt wie in diesem Augenblick, als ich jene Worte zum ersten Mal in ein Mikrofon und eine Kamera spreche. Die Reaktion ist wie erwartet: Verblüffung. Wenigstens kein Entsetzen. Es hatte wohl keiner mit so viel Offenheit gerechnet. Oder hat sie es nicht gewusst? Ich habe mich ja sogar selbst ein wenig von mir überrumpelt gefühlt. Dementsprechend zügig schaffe ich es auch, allen Kollegen einen Kommentar dazu zu geben, ohne stundenlang auf dem roten Teppich zu verweilen. Es geht so flott, weil allzu viele Fragen logischerweise niemand vorbereitet hat. Niemand hat vorbereiten können. Überraschungsmoment genutzt. Und im Saal selbst sind keine Kamerateams zugelassen. Als sich die Tür hinter mir schließt, atme ich tief durch. Geschafft. Es ist fast ein bisschen befreiend, diese meine Geschichte jetzt nicht mehr ganz so mühevoll verstecken zu müssen. Keine Angst mehr davor zu haben, dass irgendjemand Fotos von mir mit schlecht sitzender Perücke oder anderer, entlarvender Kopfbedeckung macht. Dass mir jemand beim Nachhausekommen auflauert. Dass wieder irgendein Mitarbeiter des Krankenhauses Details zu meiner Person verkauft, die ich lieber für mich behalten hätte. Jetzt ist es raus. Und ich habe hoffentlich ein für alle Mal meine Ruhe. Reicht. Der Rummel. Der Abend wird sehr schön. Es gibt köstliches Essen und ansprechende Populärmusik. Unsere Tischnachbarinnen sind sehr charmant und unterhaltsam, sodass ich es sehr bedauere, gegen Mitternacht den Aufbruch einzuläuten. Aber ich muss ins Bett. Nicht nur, weil ich durch den Verlauf des Abends doch aufgewühlter bin, als ich mir das eingestehen mag, sondern auch weil morgen früh schon wieder die nächste Strahleneinheit ansteht.

Am nächsten Tag bringe ich zunächst meinen Pflichttermin hinter mich und dann meine Ärztin zur Verzweiflung. Zumindest wäre sie aufgebracht, wenn sie ahnte, was ich hier tue. Doch das, was ich vorhabe, muss jetzt sein. Was sie nicht weiß, macht sie nicht heiß. Ich dafür aber das Badezimmer. Ich lasse mir eine Wanne mit Wasser einlaufen. Eigentlich ist es verboten, die bestrahlten Stellen und auch die Markierungen mit Wasser und erst recht mit seifehaltiger Lösung in Berührung kommen zu lassen. Das ist mir im Moment ziemlich egal. Die angemalten Felder sind mit einem wasserfesten Pflaster verklebt. Mir geht es sehr gut. Die Haut zeigt (noch?) keine Reaktion. Warum also nicht ein kleines Entspannungsbad? Wenn ich das nicht gut vertrage, lass ich es eben demnächst. Doch das Gegenteil ist der Fall: Da ich eigentlich eine verhinderte Ente bin, mit Schwimmhäuten auf die Welt hätte kommen müssen, stellt sich auch jetzt unmittelbares Wohlbefinden ein. Tut das gut. Ich strahle. Nicht nur innerlich.

41

GROSSMUTTER (WOCHE 21)

Ich habe Sehnsucht nach meiner Großmutter. Viel zu lange habe ich sie schon nicht mehr gesehen. Besuche habe ich in den vergangenen Monaten bewusst vermieden, weil ich ihr meinen Anblick ersparen wollte. Ich weiß, dass sie das nicht gut verkraften würde. Immerhin ist sie bald 90. Und sie soll mich im Herzen und im Kopf mit Haaren auf dem Kopf behalten, wie bei der letzten Stippvisite vor der Diagnose. Sie weiß zwar von meiner Krankheit. Aber ich setze ein bisschen auf die heilsame Wirkung der Vergesslichkeit und hoffe, dass sie sich nicht so oft daran erinnert. Wir telefonieren dieser Tage sehr viel. Einer inneren Stimme und Dringlichkeit folgend rufe ich sie seit einigen Wochen beinahe täglich an. Wir reden über Gott (der ihr sehr wichtig ist) und die Welt (die ihr zu groß geworden und nicht mehr ganz so wichtig ist). Ein täglicher Plausch zum Morgen, der für mich so kostbar ist wie das Gespräch am Abend mit meinem alten Herrn. Nur noch ein paar Wochen, dann werden meine Haare wieder so in Form sein, dass ich mich ihr gerne und bedenkenlos zeigen kann. Im Zweifel wird sie kurz den Verlust der langen Wellen beklagen, nur um im gleichen Atemzug den Vorzug einer praktischen Kurzhaarfrisur herauszustellen. Nicht umsonst trägt sie seit bestimmt 40 Jahren auch eine. Sie wird einen Scherz darüber machen, dass ich ja auch keine üppige Haarpracht mehr brauche – von ihr stammt:»Mädchen, mach dir Locken. Sonst bleibste hocken« –, weil ich ja bereits einen Liebsten an meiner Seite habe. Dann wird sie mir über den Kopf und die Wange streichen. Und mich in den Bauch zwicken. So wie sie es seit 30 Jahren tut. Und mit mir über Neues aus dem Dorf oder der Nachbarschaft plaudern. Manchmal dieselbe

Geschichte zweimal hintereinander. Darauf freue ich mich, weil sie mir fehlt. Nicht mehr lang, also. Omi, ich komme! Bevor ich zu ihr kommen konnte, ist sie gegangen. Still und leise. Und ohne Tschüss zu sagen. Genau wie mein Großvater ziemlich genau zehn Jahre vor ihr. Ich höre die Worte meiner Schwester am Telefon, die mir die traurige Nachricht überbringt. Ich höre mich einigermaßen gefasst antworten. Aber wirklich fassen kann ich das Gehörte nicht. Unsere Großmutter ist tot. Meine Omi. Omi ... Der Schock wird abgelöst von Tränen. Ich weine um einen sehr geliebten Menschen. Um verpasste Chancen und falsche Entscheidungen. Um Fragen, die keine Antworten mehr bekommen. Um Gesagtes und Ungesagtes. Ich weine vor Schmerz, den die sich nie mehr erfüllende Sehnsucht ausmacht. Und vor Wut über schlechtes Timing. Tja. Stimmt das des Todes jemals? Sie hat es gut gehabt. Sagt der Kopf. Ich hätte ihr so gerne noch gutgetan. Sagt das Herz. Sie durfte ein gesegnetes Alter erreichen. Der Kopf. Aber noch ein bisschen älter, wäre auch ein Segen gewesen. Das Herz. Es tut so weh. Erwachsen werden fängt spätestens damit an, kein Enkelkind mehr zu sein, denke ich bei mir. Und fühle bleiern schwere Ketten um mein Herz oder was auch immer gerade so brennt gelegt. Und wieder dieses dicke, unerwünschte Ding in meinem Hals, das einem das Atmen und Schlucken so schwer macht. Verdammt. Es tut weh. So weh. Nie wieder Enkeltochter. Nie wieder Oma. Ich muss daran denken, dass sie mir Fahrrad fahren beigebracht hat. Und häkeln. Dass wir früher gerne *Dalli Dalli* zusammen geguckt haben. Und Rommé gespielt. Oder die vielen, bunten Socken, die sie mir gestrickt hat. Die habe ich heute noch. Natürlich. Ich bewundere sie dafür, dass sie mit fast 70 noch schwimmen gelernt hat. Und ein paar Sätze englisch. Ihre Haut im Gesicht war bis zuletzt zart wie Babypuder. Niemand konnte besseren Käsekuchen backen als meine Großmutter. Oh, Mann. Der Tod ist gemein. Auch und immer für die, die zurückbleiben.

Seit einer Stunde weiß ich, dass ich nun gar keine Großeltern mehr habe. Eine Stunde lang habe ich mich der Traurigkeit und meiner eigenen Schwäche hingegeben. Ich halte inne, richte mich auf und hole tief Luft. Ich muss versuchen, mich ein wenig zu sammeln. Wie war das noch? Seelische Pein ist ein bekannter Auslöser für diese vermaledeite

Krankheit. Gram, Leid und Depression schlagen eben nicht nur aufs Gemüt, sondern manchmal auch auf gesundes Gewebe. Hm. Das hätte sie nicht gewollt. Also muss ich jetzt sehr schnell eine Strategie entwickeln, wie ich mit dem Kummer umgehe, ohne dass daraus ein neuerlicher Knoten entsteht. Absonderliche Situation. Mir ist nach Trauern und Klagen zumute. Gleichzeitig macht es mir aber angst und bange, diese Gefühle wirklich zuzulassen. Chaos in meinem Oberstübchen. Das Weinen muss über die Hemmschwelle der Panik vor einer neuen Gesundheitskatastrophe. Der verstopfte Hals brennt. Ich weiß nicht, in welchen Raum meines Kummers ich rennen soll. Hinter mir Flammen. Vor mir auch.

Bevor ich im Türrahmen zwischen den Zimmern meiner Gefühle, dieser beiden Herzkammern, Feuer fange, renne ich wirklich los. Am Tag darauf. Und zwar raus ins Grüne. Ich laufe nicht wirklich zügig. Aber ziemlich lang. Wenn ich mir vor lauter Angst schon die Tränen nicht gestatte, werde ich die angestaute Flüssigkeit eben auf andere Art und Weise los. Ich rede viel mit ihr, während sich meine Beine bergauf und bergab durch den Park mühen. Ich lasse sie wissen, wie sehr ich sie vermisse. Und liebe. Wenn dann doch mal ein Tropfen aus meinen Augen fällt, dann tröste ich mich damit, dass es auch Anstrengung sein könnte. Der Hals ist freier und auch der Herzschmerz lässt nach der Einheit nach. Wenigstens für eine Weile. Kurzum: Das Joggen beweist sich in diesen Tagen mal wieder als die eine Lösung für mich. Spannungslösung in diesem Fall. Jeden Morgen steige ich in meine Schuhe und lasse Gedanken, Gefühle und Wehtuendes auf der (Jogging-)Strecke. Und ich berichte ihr von all dem, was ich ihr gerne auch von Angesicht zu Angesicht gesagt hätte. Weil es viel zu erzählen gibt, bin ich daher mindestens eine Stunde unterwegs. Das bedeutet, in einer Woche lege ich um die 70 Kilometer zurück. Das Laufen lohnt sich doppelt. Ich bekomme eine Ahnung davon, dass die Entzündung der Seele verheilen wird. Irgendwann. Langsam. Aber sicher. Auch wenn die Wunde jetzt immer noch und immer wieder ihren Schorf verliert. Ein weiterer Nebeneffekt: Das Training tut meinen Muskeln gut. Denn der etwas sehr ehrgeizige Plan mit dem Halbmarathon steht noch. Angemeldet habe ich mich bereits. In der nächsten Woche will ich mein Pensum für sieben Tage auf 87 Kilometer erhöhen. Für jedes ihrer Lebensjahre einen.

42,195
GETEILT DURCH 2 =
HALBMARATHON (WOCHE 22)

Die Nacht vor meinem großen Tag ist eine durch und durch unruhige. Das ist aber auch aufregend. Ich habe erst ein einziges Mal einen Laufwettbewerb mitgemacht. Doch die Strecke war damals noch nicht mal halb so lang. Und das Ganze fand in Berlin statt. Also Heimvorteil. Hier in Braunschweig bin ich richtig hibbelig. Habe die Nacht bei meinem Schwager und seiner Frau verbracht. Als ich aufwache, sieht das Bett inklusive Zeug so aus, als wäre ich die Runde heute Nacht schon einmal abgelaufen. Puh. Erholsam war das nicht. Übertriebener-, aber nicht mehr verhinderbarerweise macht sich in mir deutlich wahrnehmbare Nervosität breit. So ist das eben, wenn ich sonst nicht viel zu tun habe, dann ist noch genug Zeit für eine hübsche Panikattacke. Hoffentlich reicht die Kraft. Hoffentlich macht der Kreislauf mit. Hoffentlich komme ich im Ziel an. Auch ohne zu 100 Prozent aufgeladene Akkus.
Gegessen habe ich so, dass es jedem Sportmediziner ein ökotrophologisches und zelluläres Fest hätte gewesen sein müssen. Ein thailändisches Hühnchengericht mit viel Reis. Kohlehydrate für die Energiespeicher. Außerdem gibt es an der Strecke regelmäßig Wasser und Bananen. Habe ich im Internet nachlesen können. Da schaue ich mir auch jetzt noch einmal die Route an. Die ersten 10 Kilometer gehen durch städtisches Wohngebiet und an einer Schrebergartensiedlung entlang. Dann führt der Weg in eine Grünfläche, einen Park, nehme ich an, und um einen See herum. Diese Wasserrunde müssen wir zweimal machen.

Wenn ich das hinter mir habe, sind stattliche 17 Kilometer geschafft. Die letzten 4 Komma irgendwas Kilometer, oder übersetzt in die Einheit MP3: etwa sieben Lieder, sollte ich dann auch noch hinkriegen. Ich kopf-jogge noch ein bisschen und logge mich kurz später aus. Gleich brechen wir auf Richtung Start. Meine Entourage besteht aus dem Liebsten und den Liebsten. Familie und Förderer sozusagen. Blutsverwandtschaft von Thom und Freunde. Ich wärme mich hüpfend und Arme unkontrolliert schleudernd ein bisschen auf. Mit mir und um mich herum etwa 700 andere Läufer. Das Grüppchen meiner Unterstützer wird sich nach dem Start aufteilen und an verschiedenen Streckenabschnitten auf mein Vorbeilaufen warten. Die Armen. Das ist doch pure, bewusst in Kauf genommene Langeweile. Erst recht, weil ich so langsam laufe und daher eine lange Weile brauchen werde. Sie müssen mich wohl wirklich doll lieb haben. Mitten in meine verschlafen-verklärten Gedanken über diese feinen Menschen ertönt der Startschuss.

KM 1

Ich sprinte los. Wie ein aufgezogenes Auto für die Darda-Bahn, das jemand losgelassen hat. Ein zurückschnellender Gummizug. Viel zu eilig. War ja klar. Nur, weil ich mit den anderen mithalten will. Was nicht nur ein fast unmögliches, sondern auch ein sehr dummes Unterfangen ist. Denn bei dem Tempo klappt nichts sonderlich gut. Und ich spätestens nach 10 Kilometern zusammen. Also bremse ich mich. Was erst einmal sehr demotivierend ist, da das gesamte Teilnehmerfeld an mir vorbeirennt. Egal. Die Vernunft ruft mich zur Räson, also schön schnell zu sich zurück. Holla-di-o, die Ratio. Ankommen ist das Ziel. Und davon bin ich am denkbar weitesten entfernt. Mithilfe meines Geschwindigkeitsmessers bringe ich mich in den mir ureigenen Rhythmus. Ich horche kurz in mich hinein. Zu den Füßen und Knöcheln. Da ist alles geschmeidig. Die Knie – warm und weich. In den Oberschenkelmuskeln piekst es noch etwas. Aber das kenne ich. Das ist spätestens beim dritten Kilometer weg. Die Lunge atmet recht frische, autofreie Sonntagsluft.

Und mein Gemüt ist auf Vergnügen eingestellt. Miriam, du läufst deinen ersten Halbmarathon. Genieße es. Entspann dich. Und freu dich, dass du läufst und lebst. Die ersten 1000 Meter sind abgehakt. Jetzt »nur noch« 20 Mal so viel.

KM 2

In meinen Ohren klingt Musik. Ich habe mir für die heutige etwas längere Laufsession die Lieder eines alten Bekannten ausgesucht. Die von Thom. Quasi mein Halbmara-Thom. Hehe! Die Songs sind von seiner ersten Soloplatte »Gods & Monsters«. Ich finde, dass der Albumtitel ziemlich gut zu unseren vergangenen Monaten passt. Und vielleicht werde ich auch heute während meines Laufs die Götter, den einen Gott bitten wollen, Monster zu vertreiben. Die der Vergangenheit. Und aktuell vor allen Dingen die, die sich gerne als Monsterkrämpfe in den Muskeln bemerkbar machen. Gerade läuft *Where you are*. Eine Nummer, die er mir geschrieben und geschenkt hat, bevor wir zueinandergefunden haben. Er hatte sich gedacht, das könnte eine prima Methode sein, mein Herz zu gewinnen. Hat funktioniert. Rockstar-Rechnung aufgegangen. Jetzt, wo ich die Zeilen nach längerer Zeit wieder höre − sein Versprechen, immer da zu sein, egal, wo ich bin −, werde ich sentimental. Er hat Wort gehalten. So sehr. Und damit ich noch eine Zeit lang da bin, für ihn bin, hier bin, nicht so schnell verschwinde von dieser Welt − deswegen laufe ich mir seit Monaten die Seele aus dem Leib. Damit sie am Ende wieder im Körper am rechten Fleck sitzt. Ich lächele vor mich hin. Heute ist das, mehr denn je zuvor, mein Lebenslauf. Nicht um mein Leben. Aber dafür.

KM 3

Wir sind mittlerweile in einer richtig attraktiven Villengegend angelangt. Breite Bürgersteige, baumbestandene Straßen und klassizistische Altbauten, die es locker mit Hamburg-Blankenese aufnehmen können.

188

Teures Pflaster. Günstig, dass es was zu gucken gibt. Da zieht die Zeit beziehungsweise die Strecke schneller an einem vorbei. Noch etwas anderes zieht im Moment. Und das ist irgendetwas in der Brust. Macht nicht ängstlich, nur aufmerksam. Das Pieksen ist, das habe ich mir ärztlich bestätigen lassen, völlig normal. Weil sich Nervenenden suchen und finden und innerliche Narben immer noch verheilen. Außerdem hinterlässt die Bestrahlung auch kleine, spürbare Spuren. Dennoch tasten meine Hände wie von einem unstoppbaren Automatismus gesteuert nach der Zwickstelle. Ich mache den Quickcheck: alles weich. Und da, wo kleine Knubbel sind, waren früher auch schon welche. Auch, wenn ich das früher sicherlich nicht mit der Sicherheit hätte sagen können. Denn obwohl ich den Kummer-Kamerad damals selbst ertastet habe, so trieb mich, wie alle meine Freundinnen, immer die Sorge, nicht wirklich erkennen zu können, wenn da etwas so ist, wie es nicht sein sollte. Ich habe mit meinen Mädels in den vergangenen Monaten oft über dieses Problem gesprochen. Die einzige Idee, die übrig blieb, war die, sich das professionelle Busengrapschen anzugewöhnen. Unter der Dusche, im Bett, mal morgens, mal abends: die eigenen Melonen so gut kennen- und fühlen lernen, dass man es möglichst sofort merkt, wenn darin etwas faul wäre. Die Achseln nicht vergessen. Und auf harte, unnachgiebige Elemente achten. Apropos: Der Asphalt erweist sich auch als unnachgiebig. Kein knorpelfreundlicher Untergrund. Noch merke ich nichts. Aber ich konzentriere mich auf diszipliniertes Abrollen. Nicht dass die Knie frühzeitig wegknicken. Ein Siebtel hinter mir.

KM 4

Für jeden, der seinen Körper in irgendeiner Form regelmäßig fordert, ist diese Anpassung der Technik an die gegebenen Umstände ganz normal. Wohlfühlen, beibehalten. Schmerz fühlen, verändern. So simpel. So neu. Für mich. Typisch alte Miriam in der eben geschilderten Laufsituation wäre gewesen: »Ach, was. Das bisschen Bürgersteig. Das halten die Knochen schon aus. Zähne aufeinander und Tempo, Quengelliese.« Heute weiß ich, meine Muskulatur und meine Kondition, dass es kein unangemessenes Eingeständnis der Schwäche ist, auf die eigenen Bedürfnisse und Zeichen des Körpers zu hören. Im Gegenteil: So ein Bauchgefühl zum Beispiel, das sich nicht nur mitteilt, sondern auch von mir wahrgenommen und nicht verdrängt wird, kann etwas sehr Gesundes sein. Das war ein gar nicht so leichter, monatelanger Prozess, die Sinne wieder für mich zu schärfen. Und damit auch festzustellen, dass ich oft so ungnädig mit mir selbst war, wie ich es zu niemandem sonst gewesen wäre. Körperlich und seelisch. Immer mehr wollen, fordern, leisten, ertragen, anliefern, bieten, aushalten, machen – als guttut. Aber, und das ist der schöne Teil der Erkenntnis: Ich werde allmählich immer besser darin, in mich zu horchen. Und mich in Gehorsam zu üben. Was die innere Stimme betrifft. Wie ein Schleier, der mir von meinem Urgefühl genommen wurde. Eben war es noch etwas bedeckt. Jetzt ist es heiter bis sonnig. Das Gefühl. Und das Wetter.

KM 5

Keine Frage: Bei Sonnenschein läuft es sich wirklich am leichtesten. Die Natur zeigt sich von ihrer besten Seite. Denn selbst ein halbnackiger Baum im Herbstlook macht was her, wenn goldene Strahlen durch die Äste fallen. Meine Mundwinkel wandern unweigerlich nach oben. Hach. Die Welt ist schön. Gerade jetzt. Und gerade hier. Ich laufe einen Halbmarathon, obwohl ich den Kampf gegen eine tückische Krankheit noch nicht einmal komplett hinter mich gebracht habe. Mir geht es super. Die Beine treten immer noch kraftvoll auf. Meine Seele trägt rosa. Und ich bin froh drum. Denn das war natürlich nicht immer so, im vergangenen halben Jahr. Die schwarzen Momente sind vermutlich so etwas wie ein Pflichtbestandteil in dieser Lebensphase. Aber ich wusste wenigstens immer, wie ich rauskomme aus dem Blues und rein in den rosa Zustand. Eine Studie über den Zusammenhang von Mimik, Körperhaltung und Emotionen hat mich da sehr inspiriert. Und zwar besagte das Ergebnis, dass bewusst aufgesetzte Gesichtszüge tatsächlich spektakuläre Auswirkungen auf die eigene Gefühlswelt haben. Wer mit einer eingefrästen, vertikalen Stirnfalte durchs Leben geht, wird nicht zum Berufsoptimisten werden. Oder konkret heißt das für meine Phasen der leichten bis mittelschweren Depression: Ich lächle, obwohl es mir eigentlich miserabel geht. Dann halte ich das vermeintliche Glücksgesicht auch eine Weile aus. Der Effekt ist aufsehenerregend. Denn siehe da: Die Laune zieht nach. Das hat viele Male bestens funktioniert. Das heißt: Über zunächst vorgespielte Freude, gelogenes Glück, hole ich mich selbst aus dem Loch des Leidens raus. Das ist fast wie die Geschichte vom Baron von Münchhausen, der sich an seinem Zopf aus dem Sumpf zog. Nur besser. Weil es stimmt. Und klappt.

KM 6

Vom Sumpf, Teich oder See bin ich noch ein gutes Stück entfernt. Im Augenblick geht es vorbei an den Kleingartenkolonien, die ich schon auf der Flurkarte im Internet gesehen hatte. Ich gebe, wenn auch nur ungern, zu: Ja, ich habe Familien oder ältere Leute früher etwas überheblich belächelt, die sich mit Hingabe und Liebe zum noch so kleinen floralen Detail ihren Schrebergärten widmen. Die ihren größten Frieden im wochenendlichen Reihengarten-Besuch sahen. Das muss ich revidieren. Ich laufe an den Parzellen der gepflanzten und gezüchteten Alltagsfreude vorbei und registriere sie als das, was sie sind: grüne, manchmal bunte Fluchten aus der Eintönigkeit des Lebens. Der Garten Eden des kleinen Mannes. Ich mag die Vorstellung, dass hier Sonntag für Sonntag runde Bäuche an die frische Luft gehalten werden. Dass Frauen mal die Hühneraugen hochlegen. Oder die Männer auf dem tragbaren Fernseher den Auftakt der Bundesliga-Rückrunde anschauen. Ist das nicht auch eine? Eine kleine, einfache Formel des Glücks? Schon, oder? Ich erlebe gerade eine andere. Auch ganz brauchbare. Denn trotz meines gemütlichen, aber sehr konstanten Tempos überhole ich gerade einige Läufer, die vorhin noch ehrgeizig an mir vorbeigespurtet sind. Ich kann mir ein fröhliches, möglicherweise sogar freches Grinsen nicht verkneifen. Leider ernte ich nur irritierte, verstörte oder sich abwendende Blicke. So sehr ich mich selbst an mein Tuch-Toupet gewöhnt habe, so sehr ist es eben doch mein menschlicher Makel. Ein

Merkmal der Andersartigkeit. Und für die, die die Indizien kombinieren: zu oft ein Zeichen von verlorenem Kampf. Da passt es nicht ins Bild, dass ich mit anständiger Geschwindigkeit durch die Walachei laufe. Wobei ich mich zwar redlich mühe, gazellenhaft auszusehen. Allein, es mag nicht so recht gelingen. Die Starrer und Weggucker. Auch hier. Wenn einen dieses Phänomen über die Monate nicht total fertigmacht, dann am Ende in jedem Fall stärker. Ich gehe in die Offensive und zeige alles an Zähnen, was in meinem Mundraum so rumsteht. Das hilft ein bisschen. Hin und wieder bekomme ich ein freundliches Gesicht zurück geschenkt: Unsicherheiten lassen sich also auch weglachen. Bei mir. Und bei anderen.

KM 7

Mein Musikgerät spielt mir gerade, meine angenehme Stimmung mal geflissentlich ignorierend, eine sehr melancholische Weise. *The Last Time*. Ein Lied, das Thom für die Überlebenden, die Hinterbliebenen der Tsunami-Katastrophe geschrieben hat. Ein Abschiedssong und Gruß an die Toten, denen wir und denen ihre Familienangehörigen nicht mehr »Auf Wiedersehen« sagen konnten. Hui. Das gibt der Leichtigkeit Gewichte an die Hand. Macht aber nichts. Ich mag Melancholie grundsätzlich, als intensives Gefühlserlebnis, nämlich auch sehr gerne. Außerdem habe ich ja noch einige Kilometer vor mir, während derer ich mich wieder in eine stabile Gemütslage bringen kann. Mir fällt eines meiner für immer absoluten Lieblingsgedichte ein. Eines, das ich so gut leiden mag, dass ich es auswendig gelernt habe:

Stoppt jede Uhr, lasst ab vom Telefon,

Verscheucht den Hund, der bellend Knochen frisst, die roh'n.

Lasst schweigen die Pianos und die Trommeln schlagt,

Bringt heraus den Sarg, ihr Klager klagt.

Lasst die Flieger kreisend – Trauer sei Gebot,

An den Himmel schreiben: Er ist tot.

Straßentauben gebt um den Hals starre Kreppkragen,

Polizisten, lasst schwarze Handschuh' tragen.

Er war mir Nord, mir Süd, mir Ost und West;

Des Sonntags Ruh' und der Woche Stress,

Mein Tag, mein Gesang, meine Rede, meine Nacht.

Ich dachte, Liebe währet ewig – falsch gedacht.

Sterne sind jetzt unerwünscht, will nichts sehn davon,

Verpackt den Mond, zertrümmert die Sonn'.

Fegt weg den Wald und des Meeres Flut,

Nie wird es sein, so wie es war. Nie wieder gut.

(W. H. Auden)

Was für eine Gabe, einem so schweren, qualvollen, zerreißenden Gefühl wie der Trauer passende Worte zu schenken. Die jeder versteht,
jeden berühren. Die das Unbeschreibliche beschreiben. Das Gedicht
wurde meines Wissens bekannt durch den Film *Vier Hochzeiten und ein
Todesfall.* Vier. Ich hätte damals, als der Film in die Kinos kam, natürlich nie gedacht, dass ich eines Tages auch so ein Jahr erlebe. Mit vier

Hochzeiten, einem Todesfall und noch ein bisschen mehr Aufregung. Nur noch ein Viertel, dann ist auch dieses Jahr um.

Und das erste Drittel Strecke liegt auch gleich hinter mir. Die Muskeln sind noch weit entfernt von müde. Aber meine Gedanken sind etwas trüb. Da sich das gegenseitig ganz gut aufhebt, ist der Allgemeinzustand: okay.

KM 8

Ich will mich nicht bremsen. Die Füße und die Gedanken nicht. Ich lande mit meinem ziellosen hin und her sinnieren mal wieder bei meiner Großmutter. Das Wissen um das Nimmerwiedersehen fällt plump und bitter in den Bauch. Ich mache mir Vorwürfe. Wer sagt eigentlich, dass ich mich ihr nicht doch hätte zumuten können? Auch ohne Haare. Ich hab das gedacht. Ich weiß. Zum (wenige) Haareraufen. Oh, Wut. Ich hätte sie so gerne noch einmal umarmt. Ihr noch einmal einen Kuss aufgedrückt auf die weiche Wange. Wäre gerne einmal noch mit ihr zu dem Flüsschen spazieren gegangen, in dem ich als Kind im Sommer baden war. Ich hätte gerne mit ihr über kauzige Dorfbewohner getratscht. Oder ihr eine Suppe gekocht. Wir hätten das Vogelfutter an dem kleinen Häuschen, das ich vor über zehn Jahren zusammen mit meinem Großvater gebaut und angemalt habe, gemeinsam aufgefüllt und gewartet, bis die Zaungäste herangeflogen kommen.

Omi hat es sehr gemocht, die Vögel zu beobachten. Und sie hat ihre Enkelkinder sehr geliebt. Auch wenn sie die Namen der Jungs und auch die von uns Mädchen regelmäßig so durcheinanderbrachte, dass sie sich dreimal korrigieren musste, bis sie bei der richtigen Ansprache gelandet war. Dann hat sie sich glucksend über sich selbst kaputtgelacht und vom Thema abgelenkt: »Na, haste auch ein bisschen Speck angesetzt?« So war sie zuletzt. So will ich sie in Erinnerung behalten. Und wenn sie recht hat, und das, woran ich glaube, stimmt, dann sehen wir uns ja ohnehin alle wieder. Auch wenn es noch ein bisschen dauert. Erst

194

einmal ist meine Aufgabe, es auch bis zur Großmutter zu schaffen. Das ist angesichts der Umstände schon Ziel genug.

KM 9

Ich möchte und werde nicht sterben. Zumindest nicht so bald. Wie übrigens die überwiegende Mehrheit der Frauen nicht, bei denen Brustkrebs diagnostiziert wird. Wenn die Chancen auf restlose Heilung grundsätzlich günstig stehen, dann bei dieser Form. Dennoch hilft es ja nichts, vor der Tatsache des möglichen Todes davonzulaufen. Auch wenn ich den Eindruck vermittelt haben könnte, genau das zu tun. Wegzulaufen. Tag für Tag. Ich erinnere mich an meine eigenen Todesgedanken. Und die Gefühle dabei. Geholfen hat mir die Visualisierungstechnik nach Dr. Simonton. Er empfiehlt, sich den eigenen Tod, die eigene Beerdigung – trotz aller Scheu und Hemmungen – so bildhaft wie möglich vorzustellen. Genauso die Zeremonie. Menschen, die da sind. Dinge, die noch erledigt werden müssen. Diese sehr praktische Auseinandersetzung mit der eigenen Endlichkeit nimmt der Angst davor deutlich an Kraft. Ich habe für mich festgestellt: In starken Augenblicken hätte ich wahrhaft sagen können:»Ich habe keine Angst mehr vor dem Tod.« Das, was so wehtut, ist der Gedanke an die Seelenqual der (Über-)Lebenden. Für die ist der Tod grausam. Der Verlust schmerzhaft.

Was nicht heißt, dass ich eine Sehnsucht nach dem Ende entwickelt hätte. Oh, nein. Ich hänge am Leben. Mit Liebe und Leidenschaft und allen zehn kräftigen Fingern. Außerdem habe ich doch noch so viel vor. Da käme mir ein vorzeitiges, krankheitsbedingtes Ableben überhaupt nicht recht. Ich möchte das so klar ausdrücken, nur falls Monsieur da oben Protokoll führt. Diese Überlegungen rund um Omis Abreise und meine eigene irgendwann haben mich zu einem längst bekannten Schluss kommen lassen: Es kann so schnell gehen! Und letztlich jederzeit passieren. Ich will mit den Menschen, die ich liebe, keine großen Themen unbesprochen in der Luft stehen lassen. Keine ausstehenden Antworten, keine verschwiegenen Fragen, keine unvollendete Diskussionen. Ebenso: keine versäumten Entschuldigungen oder vernachlässigten Liebesbeweise. Carpe diem eben. Aber das sagen einem römische Dichter wie Horaz oder altgriechische Philosophen ja schon seit über 2000 Jahren.

KM 10

Ich nähere mich der 10 000-Meter-Marke. Die kleinen Gärtchen habe ich mittlerweile rechts liegen gelassen und seit einigen Minuten arbeite ich mich über recht federnden Waldboden vorwärts. Dieser kalt-nasse Duft von Laub und Erde in der Nase versöhnt meinen Geist und vertreibt die nebeligen Gedanken. Ich konzentriere mich auf meinen Atem und die Bewegung der Beine. Natürlich weiß ich nicht, was es genau war, das mich so verhältnismäßig leichtfüßig durch diese schwere Therapiezeit getragen hat. War es meine Weigerung, klein beizugeben, Thoms Energie-durch-Liebe-Strategie, Glück, Gottes Werk oder hat Joggen seinen Beitrag geleistet? Es wird keine gesicherte Antwort geben, die einer wissenschaftlichen Überprüfung standhielte. Ich kann aber zweifelsfrei festhalten, dass mir das Laufen – auf die Gefahr hin, dass diese Anmerkung mittlerweile eine Nervgrenze erreicht haben könnte – in vielen Momenten sehr zum Wohlbefinden beigetragen hat. Ich habe mich aus psychischen Death Valleys rausbekommen. Weil ich der Angst wirklich abgehauen bin. Und weil die körperliche Anstrengung und Leistungsfähigkeit genau das Gegenteil von dem zeigt, was die Begleiterscheinungen der Medikamente suggerieren: Ich kann eben doch noch was. Ich bin kein lahmender Gaul. Durch das Joggen habe ich auch die anderen Nebenwirkungen, besonders Anämie und Müdigkeit, ganz gut kontrollieren können. Für den Fall, dass man es bis jetzt noch nicht gemerkt hat, hehe: I love the Laufen.

KM 11

Und genauso liebe ich meine Liebsten. Wo die jetzt wohl gerade stehen? Ich hatte ihnen gesagt, dass die ersten zehn bis zwölf Kilometer unproblematisch sein dürften. Sprich: Wenn sie sich schon für eine Position zum Anfeuern und Abklatschen aussuchen, dann vielleicht ab Kilometer 13. Ich denke, dass spätestens nach zwei Dritteln des Rundkurses der erste herbe Einbruch kommt. Ist so ein Gefühl. Für den Fall habe ich mir die Superwoman-Taktik zurechtgelegt. Das hat während der Chemo auch einwandfrei funktioniert. In der Behandlungszeit bedeutete das Folgendes: Von Anfang an habe ich, sobald ich unter Menschen war, die Zähne zusammengebissen und allerorts Tapferkeit demonstriert. Das führte dazu, dass ich ziemlich schnell das Etikett der »bissigen Tapferen« bekam. Unbemerkt von vielen war ich das natürlich nicht immer. Sondern wie viele andere Patientinnen auch manchmal: saftlos, kraftlos, machtlos. Aber wann immer ich in Gesellschaft war, erinnerte ich mich daran, dass ich einen guten Ruf zu verlieren hatte. Also Luftholen, Kinn hoch und Schultern zurück. Wer eine Superwoman erwartet, soll – und möchte meine Motivation sein – auch eine bekommen. Heißt übertragen: Ich habe meiner Familie und vielen Freunden aufgeregt von dem Vorhaben Halbmarathon erzählt. Selbst die Skeptischen unter ihnen waren sich meines Reüssierens sicher. Die Erwartungen will ich im Dienste meines Ansporns nicht enttäuschen. So. Halbzeit. Kurz dahinter.

KM 12

Nur noch 500 Meter, dann müsste eigentlich die Linkskurve kommen, die mich in den Park und an den See bringt. Ich habe soeben beschlossen, dass das jetzt mein nächstes Vorfreude-Ziel ist. Immer kleine Etappen machen. Das hilft. Wohngebiet – oooh, wie schön ist Braunschweig! Kleingärten – oooh, so große Rhododendren. Waldwege – ooooh, das riecht nach Abenteuer. Oder eben: der Südsee – immerhin der, wenn schon nicht die. Ich beobachte meine Mitläufer. Einen Stereotypen kann ich nicht ausmachen. Die durch und durch drahtigen Exemplare sind, wie sich das für ihren beneidenswerten Konditionszustand gehört, jenseits jeder vorstellbaren Erreichbarkeit. Nämlich um diese Zeit wahrscheinlich schon längst im Ziel. Darüber hinaus gibt es Läufer in allen Darreichungsformen. Lange und kurze (wie mich), schmale und breite. Ein Schelm, wer sich jetzt mit Häme die kurvigeren Kämpfer mit hochrotem Kopf, am Rande des Weges und der Kräfte vorstellt. Jeder Mopsi ist genauso fit wie sein Trainingsprogramm vor dem Lauf. Und das scheint, wovon ich mich überzeugen kann, oftmals ein ehrgeiziges gewesen zu sein. Die Brummkreisel, die ich beobachte, laufen zwar in einem nachvollziehbaren Tempo, aber sie schnaufen und prusten nicht. Sondern sie atmen. Ganz normal. Sie teilen sich ihre Kräfte ein. Sie trinken (Wasser). Und essen (halbe Bananen). Jämmerlich ist eher der Anblick von zwei klapperdürren Gestalten. Anfangs sind die beiden losgespurtet, als sei jemand sehr Böses hinter ihnen her. Jetzt sitzen sie mit weißer (der Mann) beziehungsweise grünlicher (die Frau) Gesichtsfarbe im Gras. Fachpersonal vom Malteser Hilfsdienst kümmert sich um die beiden. Ich bin mit meiner Beobachtung noch nicht fertig. Drei weitere Frauen habe ich bemerkt, die mir an unterschiedlichen Stellen meines Laufs aufgefallen sind. Der Grund: Alle trugen raspelkurze Haare. Definitiv zu kurz, sogar für einen maskulinen Haarschnitt. Eine neue Frage in meinem Fragenspektrum für dieses Leben drängt sich mir auf, wenn ich über die drei nachdenke: Ob deren Härchen wohl auch erst vor Kurzem das Licht der Welt erblickt haben? Oder waren sie niemals entwurzelt, sondern immer bei fiesen Friseuren? Natürlich werde ich das nie erfahren. Es ist letztlich auch egal. Ich halte für mich zweierlei fest: Zum einen wird diese Sensibilisierung für meinesgleichen wohl ab jetzt ein Begleiter sein. Und außerdem hat mich deren Anblick froh gestimmt. Vielleicht noch welche, die auf die Barrikaden gehen. Und einer (möglichen) Krankheit davonlaufen. Verbündete in Sicht.

KM 13

Familie, Freunde in Sicht? Bis jetzt noch nicht. Ich bin am Südsee angelangt und arbeite mich gerade durch eine gold-rote Herbstlandschaft vorwärts. Hoffentlich haben sie überhaupt hierhergefunden. Konnten die Autos irgendwo parken. Die Sorge wird abgelöst von ersten Muskelzickereien im Oberschenkel. Die Geschwindigkeitsanzeige meiner

Kontrolluhr bestätigt, was ich mir gerade gedacht habe. Ich bin über die vergangenen Kilometer schneller geworden. Da hab ich mich doch von den Läufern hinter mir treiben oder von denen vor mir ziehen lassen. Kein gutes Tempo für mich. Die Füße, das fühle ich jetzt auch, haben Blasen geworfen. Der Magen murrt und weiß nicht so recht, ob er was zu essen oder seine Ruhe will. Also einen Gang runter und in den lockeren Dauerlaufmodus. Zumindest so lange, bis mein Körper wieder mehr kann. Meine Zipperlein in ihrer Gesamtheit betrachtend ist die Bestrahlungstherapie bisher ein regelrechter Sonntagsspaziergang gewesen. Ich habe nur noch eine Woche vor, also das meiste schon hinter mir. Müde war ich, ging zur Ruh und schloss beide Äuglein zu – wenn es gar nicht mehr ging. Aber das kam nicht wirklich oft vor im vergangenen Monat. Hin und wieder war mir mal ein bisschen mulmig nach der kurzen 2-Minuten-Strahlen-Sitzung. Und die Haut hat sich etwas dunkler verfärbt. Aber meine Pigmente sollen im unmittelbar bevorstehenden Kur-Urlaub sowieso noch Arbeit bekommen. Insofern auch das kein Kummergrund. Was mich kümmert, ist nur die Frage, wo wohl die Liebsten abgeblieben sind.

KM 14

Naja, die sind ja alle schon groß. Da soll die Mama Miriam sich einfach mal ein kleines bisschen in Lässigkeit üben. Gell? Mit Schokolade oder Klebebildchen lässt sich keiner von denen mehr in den dunklen Wald locken. Also, keine Aufregung. Es fällt mir immer noch schwer, diese manchmal mütterliche Überverantwortung abzulegen. Es nervt mich sehr an mir selbst. Und anderen geht das mit Sicherheit auch auf den Geist. Daher arbeite ich daran, diese außerordentliche Fürsorglichkeit abzulegen. Genauso wie ich die Summe und Qualität meiner Erwartungen an mich selbst einem normalen Maß angepasst habe. Weg von den unerreichbaren Zielen. Das ist auf Dauer so ermüdend und entmutigend. Niemals anzukommen. Ich habe viel mit meinen Freundinnen über dieses Thema gesprochen. Während die einen sich im Schlaraffenland der stressfreien Erwartungslosigkeit befinden, schmoren die anderen im Vorhof der Karrierehölle. Und drohen, wie ich einst, am eigenen Anspruch, der Ungeduld und überdimensionalen Erwartungen an sich und andere zu verbrennen. Ich will gar nicht behaupten, dass ich schon ganz raus bin aus diesem Fegefeuer der Eitelkeiten. Aber zumindest den Kopf habe ich schon rausgereckt in eine Welt mit klarer Luft und nicht so viel Hitze unterm Hintern. Und da will ich hin. Auch wenn ich noch viel Weg vor mir habe.

KM 15

Langsam werde ich sauer. Meine Beine stellen sich gerade fürchterlich an. Und ich weiß nicht so genau, warum. Während meines Trainings bin ich zweimal sogar 17 Kilometer gelaufen. Warum also machen die beiden jetzt seit fast zwei Kilometern schon so einen Aufstand? Verstehe ich nicht. War es vielleicht doch ein Fehler, die gesamte Strecke nicht wenigstens einmal vor diesem Lauf zu testen? Bin unsicher. Mein Computer-Trainingsprogramm hatte keine 21-Kilometer-Einheit vorgesehen. Das bedauere ich gerade ein bisschen. Die Muskeln schmerzen. Meinem Empfinden nach sitzt die Kniescheibe locker und wabbelt sich von links nach rechts und zurück. Jeder Schritt hat etwas von einem Gang durch Wackelpudding.

Und die Füße, die brennen. Das heißt, die Blasen dürften kaputt gescheuert sein. Immerhin. Ich seufze gerade einmal mit hörbarem Jammerton, als ich hinter einer großen Eiche Thoms Bruder und seine Frau sehe. Oh, welch Freude! Sie springen laut lachend von der Bank auf. Sie winken und klatschen, sie machen Fotos und rufen meinen Namen. Ich muss juchzen. Zwischen dem Keuchen. Wie schön, sie haben es doch noch geschafft. Als ich nah genug bin, fragen sie mich kurz, wie es mir geht. Ich rufe: »Bestens. Alles bestens!« Und das ist noch nicht einmal geschwindelt. Denn wirklich: Ich spüre nichts mehr. Keinen Schmerz, kein Zwicken, kein Ziepen. Stattdessen drehe ich mich noch ein paarmal um und wedele ihnen ein strahlendes »Auf Wiedersehen« zu. Plötzlich läuft es wieder. »Es« bin in dem Fall ich. Dr. Glücksgefühl und Dr. Liebe sind meine Lieblingsärzte.

KM 16

Wie gesund Zuwendung, positive Gefühle und erst recht Glücksmomente machen, oder zumindest wie viel Kraft ich daraus schöpfen konnte, das habe ich in diesem Jahr wirklich oft genug gemerkt. Auch wenn es diese Form der Medizin nicht auf Rezept gibt und ihre Wirkung bestimmt noch nicht ausreichend wissenschaftlich nachgewiesen wurde. Ich fühle mich wie der lebendige Beweis für ihre Effektivität. In den vielen Stunden zu Hause, in denen ich meinen Gedanken nachhing, bin ich aber auch noch zu anderen Erkenntnissen gekommen. Natürlich habe ich mir auch trotz und wegen aller – vielleicht sogar überstrapazierten – Selbstdisziplin die Frage gestellt, die ich eigentlich nie hätte formulieren dürfen. Die ich mir selbst verboten hatte. Die nach dem Warum. Es gibt keine Antwort darauf, sagen alle, die meinen, etwas dazu sagen zu müssen. Ich habe dennoch meine Antwort gefunden. Für mich hat dieser Schicksalsschlag, sofern man ihn denn überhaupt als solchen bezeichnen soll, einen Sinn gehabt. Klingt hart. Ich weiß. Bin aber nicht alleine, mit so einem Gedanken.

Lance Armstrong zitiert in seinem Buch einen Mitpatienten, der ihm trotz der tragischen, unaufhaltbaren Entwicklung, die die Krankheit Krebs nehmen kann, sagt: »Wir sind Glückspilze.« Ich war zunächst entrüstet. Denn mein Glück finde ich nicht, wenn ich dem Gevatter in die Augen schaue. Was er meint, wird mir erst später klar. Ich habe meinen Sinn gefunden. Denn es fällt mir leichter, mit einem sinnvollen Schmerz umzugehen als mit einem unsinnigen. Das Leben, Gott, wer auch immer hat mich durch die Krankheit vor einer Zukunft bewahrt, in der für mich vermutlich alles möglich und machbar gewesen wäre. Nur nicht die Liebe zu mir selbst. Die Pille war bitter, die Medikamente brutal. Aber so geheilt und gesund, physisch und psychisch wie in diesen Tagen, habe ich mich mein halbes Leben nicht mehr gefühlt. Deswegen habe ich meinen Frieden gemacht mit der Tatsache, dass meine Zellen eine Zeit lang Krieg untereinander hatten. Und ich gehe noch einen vielleicht schwer nachvollziehbaren Schritt weiter und sage: Danke für diese guten Sorgen.

KM 17

Meine Überlegungen drehen sich, ob ich will oder nicht, immer noch oft um das eine Thema. So wie ich gerade jetzt meine Runden um den See. Die zweite habe ich gleich geschafft und merke, dass die Füße anfangen zu schlurfen. Es wird Zeit, dass dieser Lauf ein Ende nimmt. Mir geht ein bisschen die Puste aus. Das gilt in meinem Alltag auch für das Gedankenkarussell um den Krebs. Ich spüre mit fast körperlichem Unwohlsein, dass, wenn von Bekannten nachgefragt, meine Erfahrungsberichte mit der Krankheit immer kürzer und vereinfachter werden. Je schneller die Story rausgeplappert ist, umso besser. Und am liebsten auch nicht mehr so viele Nachfragen. Ich mag jetzt, wo fast alles (die Therapie) um ist, nicht mehr ständig darüber reden. Und auch nicht mehr ständig darüber nachdenken. Das ist natürlich extrem unfair. Denn die, die fragen, die tun das ja in der Regel, weil sie besorgt sind oder besonders an mir als Mensch interessiert. Eigentlich verdiente jeder eine zufriedenstellende Antwort. Nur habe ich die einfach zu oft geben müssen.

Interessanterweise fällt mir das Erzählen bei zurückhaltenden Gesprächspartnern immer leichter als bei den penetranten. Wenn keiner fragt, dann sage ich am meisten. Das ist bei anderen anders. Bestimmt. Vielleicht auch nicht. Gleichermaßen weiß ich, dass mich diese Sache so schnell nicht loslassen wird. Allein die engmaschigen Untersuchungen, die immer noch häufigen Arztbesuche und nicht zuletzt die Kurzhaarfrisur, die mich einige Monate begleiten wird, sind lebhafte Erinnerer an das, was jetzt hinter mir liegt. Diesen Umstand muss ich einfach akzeptieren. Ich werde noch eine Weile die Ex-Krebspatientin sein. Ob ich will oder nicht. Denn mit der Ungeduld, dieses Kapitel am liebsten jetzt schon als verjährte Vergangenheit abzuschließen, komme ich auch nicht weiter. Genauso wenig nützt mir Ungeduld trotz Erschöpfung bei Kilometer 17. Vier weitere muss ich mir noch erlaufen.

KM 18

Fünf weitere Tage Bestrahlung stehen noch auf meinem Plan. Und dann habe ich es geschafft. Wobei von »schaffen« nicht wirklich die Rede sein kann. Denn sonderlich anstrengend war die Radiatio, wie schon beschrieben, wirklich nicht. Gut, ich musste die werktägliche Strahleneinheit in meinen Tagesablauf integrieren wie das Postholen oder Einkaufen. Aber für einen absehbaren Zeitraum von insgesamt fünf Wochen lässt sich auch so etwas organisieren. Der Akt selbst ist, wie gesagt, recht unromantisch und ziemlich schnell erledigt. Alles in allem bin ich nach spätestens 20 Minuten mit allem fertig. Wenn es lange dauert. Die Therapie dauert jedenfalls nicht mehr lang. Und dann? Tja, dann kommt das große, schwarze Loch. Sagen die, die in ebenjenes reingeplumpst sind. Die Zeit nach den Behandlungen sei nicht leicht. Monatelang hatte man eine Aufgabe, und auf einmal ist da nichts mehr. Nichts ärztlich Verordnetes, was man tun kann, um diesem Krebs auf Lebenszeit den Garaus zu machen. Was bleibt, ist Angst. Die alte Angst kommt wieder, dass der Krebs wieder kommt. Darauf habe ich nicht die geringste Lust. Also bespreche ich die Angelegenheit mit meiner Dr. Lauckmann. »Wir haben das Maximum dessen getan, was wir tun konnten. Sie haben das geschafft. Das hat Ihnen richtig was gebracht. Also keine Angst.« – »Keine Angst?« – »Nein. Keine Angst.« So einfach gesagt. So schwer getan. Ich weiß nicht, ob es mich erwischt oder ob ich davonkomme. Eine Sache behalte ich jedenfalls bei, um die Angst nicht mehr in mein Leben zu lassen, und das ist das Davonlaufen. Das hilft meiner Seele und meinem Körper. Und ich habe doch noch etwas zu tun.

KM 19

Die Knochen tun weh. Die Fasern auch. Aber ich empfinde es nicht mehr als beeinträchtigend. Es sind nur noch so wenige Kilometer. Ich habe den größten Teil der Herausforderung gemeistert. Beider Herausforderungen. Wenn ich auf die Zeit der Chemotherapie zurückblicke, muss ich sagen, dass die Geschichten darüber grausamer, beängstigender und einschüchternder waren als jede Realität. Was auf der einen Seite verwundert, da man mich ja freundlicherweise mit der extrastarken Dosis bedacht hatte. Andererseits aber auch den großen Fortschritten der Wissenschaft zu danken ist, die mit immer besseren Mitteln die Nebenwirkungen minimieren kann. In Sachen Müdigkeit – Fatigue-Syndrom – habe ich mich von Anfang an quergestellt. Und sie nur bedingt zugelassen. Oder ihr nachgegeben. Wenn es nicht anders ging. Und auch die Übelkeit, häufig als fieseste aller Begleiterscheinungen genannt, hielt sich bei mir sehr in Grenzen. Ob ich Glück, eine brauchbare Gesamtkonstitution oder Gott einen guten Tag hatte, weiß ich nicht. Ehrlicherweise müsste ich für mich sogar feststellen, dass jeder Magen-Darm-Virus, der länger als zwei Tage zu Besuch kommt, zermürbender und demoralisierender ist als alles, was ich während der Chemo erlebt habe. Wann immer es allerdings so gemein wurde, dass sich mein Elend groß und der Optimismus klein machte oder mir das Selbstmitleid an der Unterkante Oberlid stand, habe ich mich gezwungen, ans Durchhalten zu denken. Durchhalten. Einfach noch ein bisschen durchhalten. Denn: Was, in aller Welt, sind sieben Monate schon im Verhältnis zu einem ganzen Leben?

KM 20

Ich atme hörbar. Keuchen nennt man so etwas wohl. Durchhalten. Bloß nicht aufgeben. Alles Schlimme geht vorbei. Und es gibt Schlimmeres als schmerzende Kniee oder ein Stechen im Bauch. Du hast es gleich geschafft. Alles Schlimme geht vorbei. Jeder gelaufene Meter verkürzt den Rest. Was ist ein kleiner, kurzer, verbleibender Kilometer im Verhältnis zu fast 20, die hinter dir liegen? Nicht stehen bleiben. Das Schlimme geht vorbei. Zähne zusammenbeißen, Superwoman. Nicht stehen bleiben. Lass die Beine laufen. Die können das ganz gut alleine.

KM 21

Die letzten knapp hundert Meter. Ich sehe das Ziel. Und meine Familie und Freunde. 21,0975 Kilometer werde ich gleich hinter mich gebracht haben. Großzügig gerundet beinahe 22 Kilometer ohne eine einzige Pause. Genauso viele Wochen Therapie, 22, habe ich durchlaufen. Im wahrsten Sinne des Wortes. Die letzten Meter verschwinden unter und hinter meinen Füßen. Ich sehe euch schon, ihr Lieben! Seht, ich komme! In wenigen Augenblicken habe ich es geschafft. Gleich bin ich da. Gleich. Ich fange an zu schmunzeln. Dann lache ich. Mit Ton. Und bekomme mal wieder etwas feuchte Augen. Dieses Gefühl muss großes Glück sein, was sich da gerade so wohlwollend in mir ausbreitet. Ich hatte Krebs. Ich hatte Angst. Ich hatte keine Haare mehr. Aber jetzt habe ich allen Grund, stolz auf mich zu sein. Es gibt noch nicht einmal ansatzweise einen vernünftigen Einwand, der dagegenspräche. Stolz auf mich sein. Das, was mir Zeit meines Lebens immer schwerfiel. Nur noch 20 Meter. Der Sprecher auf der Bühne ruft in sein Mikrofon:»Und da kommt die nächste Zieleinläuferin. Zeig mal deine Startnummer ...« Ich öffne meine Weste, sodass er die Zahlen lesen kann. Er blickt auf seine Teilnehmerliste:»Ah ja ... Moment. Das ist ... herzlich willkommen: Miriam aus Berliiiin.« Das Publikum applaudiert höflich. Meine Liebsten schreien hysterisch. Die wenigen Härchen, die ich habe, stellen sich auf. Ich schicke einen atemlosen Dank gen Himmel. Danke. Für alles. Ich bin am Ziel. So oder so. Und heute nach 2 Stunden, 23 Minuten und 1 Sekunde.

EPILOG

Eine Woche nach Therapieende bin ich zur Kur gefahren. Allerdings nicht in eine ärztlich verordnete. Ich konnte mir, ehrlich gesagt, nur schlecht vorstellen, in einem winterkalten Kurbad irgendwo in Deutschland, weit weg von zu Hause mit im Durchschnitt 20 Jahre älteren Patientinnen tatsächlich mein Glück und Erholung zu finden. Also haben Thom und ich beschlossen, gemeinsam vier Wochen in Thailand zu verbringen. Was sich als hervorragende Idee herausgestellt hat. Wir haben zum wiederholten Mal die Beluga School for Life besucht. Ein Hilfsprojekt, das es erst seit der Tsunami-Welle gibt und um das wir uns seitdem kümmern. In der School for Life nahe Khao Lak leben Tsunami-Waisen und Halbwaisenkinder. Hier werden sie psychologisch und pädagogisch betreut, sie dürfen zur Schule gehen und eine Ausbildung machen. Für Urlauber wurden moderne Bungalows gebaut. Mit ihrem Aufenthalt unterstützen sie das Projekt. Mitten im Grünen liegen die Hütten.

In so einem Häuschen haben wir gewohnt, uns ins Dorfleben eingebracht, entspannt – und viel Abstand zu diesem herausfordernden Jahr gewonnen. Dort, in der School for Life, sind übrigens viele dieser Seiten entstanden. Nach diesem, meinem persönlichen Reha-Aufenthalt habe ich schnell wieder angefangen zu arbeiten. Mit meiner montäglichen Sendung. Das war so auch (von mir) geplant. Nicht nur, dass es mir die körperliche Konstitution gestattete. Es hat auch meinem Bedürfnis nach Normalität Rechnung getragen. Die Perücke habe ich, nach einer langen, intensiven Diskussion mit mir selbst, vom ersten Tag an weggelassen. Und das, obwohl die Haare wirklich noch sehr kurz waren. Ich denke, ich werde einige (Zuschauer) damit überfordert haben. Aber ich selbst habe mich so am wohlsten gefühlt. Und das zählt. Das habe ich gelernt. Und nicht zuletzt hat es hoffentlich der einen oder dem anderen in einer ähnlichen Situation auch Mut gemacht. Sich nicht zu verstecken. Sich nicht zu schämen. Durchzuhalten. Mut und Durchhaltewillen sind nämlich meiner kleinen Erfahrung nach ganz schön wichtig, wenn man vom Leben so eine Aufgabe gestellt bekommt. Und Leute, die einen entmutigen, gibt es ohnehin genug.

Apropos: Ich hatte Prof. Dr. Fragwürdig etwa eine Woche nach dem sehr unglücklich verlaufenen Gespräch eine versöhnliche E-Mail geschrieben. Tenor war in etwa: »Gespräch nicht zufriedenstellend ... Sicher auch für Sie ungewöhnlich ... Hatte mich auf den Termin sehr gefreut ... Sie wurden als Koryphäe empfohlen ... Daher lag mir Ihr Ratschlag am Herzen ... Leider sehr enttäuscht ... Vermutlich haben andere Dinge als mein Besuch, Sie veranlasst, so unerwartet zu reagieren ... Im Sinne eines zukünftigen guten Miteinanders würde ich mich freuen, diese unerquickliche Sache friedvoll abzuhaken.« Das hat mich viel Überwindung gekostet. Weil der angerichtete Schaden sehr groß war. Und weil ich mich nicht wirklich in der Bringschuld sah. Ich warte bis heute auf eine Antwort. Wobei: Nein. Eigentlich (er-)warte ich nicht mehr. Ist gesünder für mich.

Miriam Pielhau, im April 2009

DANKE SCHÖN!

Liebe, Kraft, Worte der Hoffnung, wortlose Hoffnung, Umarmungen, Küsse, Streicheleinheiten, Mut machende E-Mails, aufmunternde Anrufe, Wir-stehen-hinter-dir-Parolen ... Sehr viele Menschen haben mir geholfen, durch diese nicht immer leichte Zeit zu kommen. Daher danke ich von Herzen meinem Vater, meiner gesamten, großen, wundervollen Familie und Freunden und Kollegen und Bekannten. Die Welle der guten Wünsche und positiver Energie hat mich aus allen Teilen Deutschlands erreicht. Die viele Post natürlich auch. Sonst hätte ich vermutlich niemals so stark sein können. Schön, zu fühlen, dass einen viele Leute lieb haben. Auch einige, von denen ich das nicht wusste. Ein paar möchte ich an dieser Stelle noch einmal explizit Danke schön sagen. Für all das aus der ersten Dankeschön-Zeile und für noch so viel mehr Unausgesprochenes. Weil es gut getan hat und gesund war für mich:

- Mama: Ich war noch einmal klein. Du, wie immer, meine Größte.

- Claudi, meine Managerin und Freundin: Für dich war es viel, viel schwerer, als die meisten ahnen. Dennoch hast du mir vieles wirklich leichter gemacht.

- Die fantastischen Fünf: Flo, Diana, Emily, Jenny und Dani. Jede von euch war auf ihre Art Medizin und Balsam und Trost und toll. Ick liebe euch sehr!

- Die Ärztinnen. Ihr wisst, dass ihr gemeint seid: Danke für Genauigkeit, Vorsicht und Zuversicht. Für Geduld, Freiraum und Mitgefühl.

- Schwester C.: dein immer fröhliches Wesen war besser als jede Dosis Jungleukos. Danke für so viel Optimismus. Du bist ein Engel im Kittel.

- Julia und Axel, Pamsi, Rainer und Borris: dass Ihr so unerschütterlich und bedingungslos zu mir gehalten habt. Uff! Der Flurfunk hat es mir geflüstert: Ihr hättet mich sogar mit ohne Haare und Perücke moderieren lassen. Ihr traut euch was :-) Danke fürs Machenlassen.

- Danke an Olaf Heine, Gisela Schober und Sabine Brauer, dass ich eure Fotos in dieses Buch nehmen durfte.

- Danke an Heidi und Katja von Adidas. Die Schuhe und die Klamotten habe ich gut gebrauchen können, wie ihr wisst.

- Und das letzte Dankeschön dem Einen. Jedes Wort, das es gibt, ist zu klein für die Größe des Gefühls. Wenn du nix dagegen hast, niemals mehr ohne dich. Dein Mädchen.